淘宝店铺网络营销赢家手册

第3版

崔恒华 编著

電子工業出版社
Publishing House of Electronics Industry
北京•BEIJING

内 容 简 介

本书是一本系统讲解如何进行网上店铺营销的技巧合辑，共收录了 200 个技巧，各技巧之间相对独立，便于读者随时学习。本书针对网店商品的销售，介绍了掌握商品发布技巧让网店推广事半功倍、让生意火爆的商品定价潜规则、优化手机淘宝提高转化率、手机淘宝无线营销工具、淘宝网营销工具推广的妙招、淘宝直通车推广打造爆款带动全店、利用淘宝客推广店铺、设置钻石展位展示流量滚滚来、聚划算引发团购狂潮、借力供销平台扩大销售渠道、在店铺外进行推广的技巧、提高网店流量的营销策略、通过良好的售前沟通提高商品的销售量、售中服务绝招、用完善的售后服务吸引回头客、维护客户关系在网上获得永续财富等内容。

本书适合已经开办自己的网店，想提高营销水平、扩大经营的淘宝店主阅读，也适合希望拓展网络市场的企业及有意进行网络营销的个人阅读，同时本书也可作为电子商务营销培训的参考教材。

图书在版编目（CIP）数据

淘宝店铺网络营销赢家手册 / 崔恒华编著. —3 版. —北京：电子工业出版社，2016.6
ISBN 978-7-121-28951-4

Ⅰ. ①淘…　Ⅱ. ①崔…　Ⅲ. ①网络营销－中国　Ⅳ. ①F724.6

中国版本图书馆 CIP 数据核字（2016）第 120307 号

策划编辑：林瑞和
责任编辑：潘　昕
印　　刷：北京京师印务有限公司
装　　订：北京京师印务有限公司
出版发行：电子工业出版社
　　　　　北京市海淀区万寿路 173 信箱　邮编 100036
开　　本：787×980　1/16　印张：18.25　字数：360 千字
版　　次：2010 年 6 月第 1 版
　　　　　2013 年 11 月第 2 版
　　　　　2016 年 6 月第 3 版
印　　次：2016 年 6 月第 1 次印刷
定　　价：49.00 元

凡所购买电子工业出版社图书有缺损问题，请向购买书店调换。若书店售缺，请与本社发行部联系，联系及邮购电话：（010）88254888，88258888。

质量投诉请发邮件至 zlts@phei.com.cn，盗版侵权举报请发邮件至 dbqq@phei.com.cn。

本书咨询联系方式：（010）51260888-819，faq@phei.com.cn。

前言

中国互联网络信息中心统计显示，截至 2015 年 6 月，我国网民规模达 6.68 亿，网络购物用户规模超 4 亿，网络购物成为增长最快的应用。2015 年“双 11”的 24 小时内，淘宝和天猫全天交易额达 912.17 亿元，其中无线端交易额为 626.42 亿元，无线端成交占比 68.67%。

随着网络购物的不断发展，开网店的人越来越多。然而，好不容易开了店铺，如果不懂营销，最终难逃关门的命运。虽然近年来在网上开店的用户越来越多，但是很多店主的收入并不是很高。这是因为没有很好地解决一些棘手的问题，如店铺宣传推广、销售策略、售后服务。为了更好地帮助卖家在网上开店，提高产品的销售量，赚取更多的利润，我们编写了这本书。

在众多淘宝开店书籍中，《淘宝店铺网络营销赢家手册》历经 6 年，仍然显示出强大的生命力：2010 年第 1 版重印了 10 多次，出版不到 1 个月便销售一空；2013 年 11 月升级到第 2 版，也是多次重印。5 年来，本书在淘宝网、当当网、京东商城和各大新华书店销售一直在同类书中名列前茅，好评率达到 99.5%。虽然销售一直很好，但是淘宝网平台经历了多次升级更新，并且目前无线端流量远远高出 PC 端，卖家们的重心逐渐转向手机淘宝无线端。为了保证书中内容的与时俱进，我们改版升级了本书。作者将这些重要问题的相关知识与技巧一一展示出来，融实用性与理论性为一体，内容既讲究广度，也注重深度，引导读者从中发现经营技巧，从而在竞争激烈的网络环境中立于不败之地，赚取真金白银。

本书主要内容

本书是一本系统讲解如何进行网上店铺营销的书籍。本书所讲的淘宝网络营销方法都是非常简单、实用的营销技巧，读者可以在很短的时间内完全掌握并套用到自己的网店中去。

本书针对网店商品的销售，介绍了如何进行网店宣传推广让自己的网店众人皆知以及如何制定销售策略。主要内容包括掌握商品发布技巧让网店推广事半功倍、让生意火爆的商品定价潜规则、优化手机淘宝提高转化率、手机淘宝无线营销工具、淘宝网营销工具推广的妙招、淘宝直通车推广打造爆款带动全店、利用淘宝客推广店铺、设置钻石展位展示流量滚滚来、聚划算引发团购狂潮、借力供销平台扩大销售渠道、在店铺外进行推广的技巧、提高网店流量的营销策略、通过良好的售前沟通提高商品的销售量、售中服务绝招、用完善的售后服务吸引回头客、维护客户关系在网上获得永续财富。

本书特色

对于网上开店的创业者来说，这是最好的时代，也是最坏的时代：开办一家网店已不再困难，难的是在日益激烈的竞争中生存下去，难的是从遍地开花的网店中脱颖而出，难的是在虚拟的网络空间中拉来顾客、赚到真金白银。

- 目前国内许多网店对解决工作中实际问题的实战书籍存在巨大需求。现在书店里有关网上开店的书籍虽然不少，但真正讲“实战”的并不多，很多都是初级开店的图书，关于网店的营销策划、推广宣传、售后服务方面也少有介绍，本书则主要介绍了这些营销和推广方面的技巧。
- 增加了手机淘宝方面的内容，包括移动时代手机淘宝最前沿、最实用、不为人知的推广方法。
- 本书招招是窍门，其中既有成功店主的营销和服务经验，更有简明的操作方法，多层次、多方位地阐释了网上开店的艺术、技巧和策略。
- 本书作者中既有皇冠卖家，也有从业多年的电子商务培训班教师。本书收录的 200 个技巧都是作者在日常开店过程中经验的精华，涵盖了网店推广宣传、营销及售后服务过程中遇到的许多细节问题。
- 本书把目前最流行的营销理念运用到淘宝平台，所有经验都在淘宝店铺中得到实际验证，已经获得了巨大的成功。
- 本书按照 2016 年新版的淘宝网界面编写，介绍了淘宝网最新出的一些营销工具和营销案例，让读者不会有过时或找不到界面的困扰。

本书适合读者

本书适合已经开办了自己的网店并想提高营销水平、扩大经营的淘宝网店主阅读，也适合希望拓展网络市场的企业及有意进行网络营销的个人阅读。同时，本书可作为电子商务营销培训的参考教材。

本书的作者中既有拥有多年开店经验的网店店主，又有淘宝大学的老师。除了署名作者崔恒华，参加编写和提供素材的还有郭海旺、马武帮、邓静静、葛俊科、孙东云、张连元、孙素华、徐洪峰、王冬霞、刘桂香、何海霞、葛俊彬、孙起云、吕志彬、孙良军。

由于作者水平有限，加之创作时间仓促，本书不足之处在所难免，欢迎广大读者批评指正。

目录

第 1 章 掌握商品发布技巧，让网店推广事半功倍……1

第 13 章　通过良好的售前沟通提高商品的销售量……212

第 14 章　售中服务绝招——成功搞定准客户……231

第1章 掌握商品发布技巧，让网店推广事半功倍

开店指导

发布商品是网店经营者的基本功，但是商品的名称、图片和描述却是网店出现问题最多的地方。网上开店远不是把商品上传到网上后就等待成交这么简单，发布商品时要运用很多销售技巧，这也是网店经营者必须掌握的基本功。如今网上店铺林立，要想将自己的商品成功销售出去，必须掌握合理的发布技巧。

第1讲　宝贝标题怎样组合最好

在淘宝网开店，要想让宝贝被顾客搜索到，应该重点优化宝贝的标题。在影响淘宝站内搜索结果排名的诸多要素中，宝贝标题描述绝对是最重要的。建议将标题设置得生动、可爱一些，从而吸引买家的注意。

淘宝网每天都会有大量商品上架，只有让商品脱颖而出才能取得成交的机会。而买家要想在众多商品中尽快找到自己想要的商品，一定会使用关键词进行搜索。

在淘宝网以“皮鞋”为关键词进行搜索，所有名称里包含“皮鞋”两个字的商品都会出现在搜索结果里，如图 1-1 所示。因此，商品名称里一定要有对商品属性的简单描述。例如，需要购买裙子的买家一定会用到“裙子”这个关键词，需要购买笔记本电脑的买家会输入“笔记本”来搜索商品。

图 1-1　搜索关键词“皮鞋”

商品关键词的设定，可以直接影响商品的浏览量，进而影响商品的销售量。商品的关键词设定有以下几种方式。

- 促销、特性、形容词+商品关键词。
- 地域特点+品牌+商品关键词。
- 店铺名称+品牌、型号+商品关键词。
- 品牌、型号+促销、特性、形容词+商品关键词。
- 店铺名称+地域特点+商品关键词。
- 品牌+促销、特性、形容词+商品关键词。
- 信用级别、好评率+店铺名称+促销、特性、形容词+商品关键词。

这些组合不管如何变化，一定要包含商品关键词，因为买家在搜索时首先使用的就是商品关键词。在这个基础上再增加其他关键词，可以使商品在搜索时得到更多的入选机会。至于选择什么关键词来组合最好，需要我们通过分析市场、商品竞争程度和目标消费群体的搜索习惯来最终确定，从而找到最合适的组合方式。

商品名称关键词是不能乱用的。淘宝网对商品命名有很多规则，如果违反了这些规则，商品就会被删除甚至受到处罚。所以，在研究商品名称之前一定要去了解、熟悉、理解相关的规则。这些规则在淘宝网的“使用帮助”中很容易找到。

第 2 讲　如何让宝贝标题更吸引人

淘宝网对宝贝标题的字数是有限制的，一般在 30 个汉字（60 个字符）以内。在成百上千的搜索结果中，也许你的宝贝很便宜，质量很好，宝贝描述也是精心设计的，但是，如果宝贝标题不吸引人，其他的一切就完全失去了意义。

在这里，最重要的就是把产品的核心卖点用精练的语言表达出来。可以列出 3～5 个卖点，然后选择最重要的 3 个，想方设法将它们融入宝贝标题。

要把产品的优势、特色、卖点融入宝贝标题。只有切中买家所想，才能产生效果。下面是撰写具有吸引力的宝贝标题的注意事项。

- 只有确实需要的东西，买家才会购买，所以，宝贝标题不要让人产生误解，应该准确、简明，让买家一目了然。一个完整、全面的标题能够让买家清晰地解读宝贝，而且宝贝也更容易被搜索到。
- 买家在查看搜索结果列表时，经常是一扫而过。适当添加一些醒目的符号，可以吸引买家的注意力。如果宝贝标题比较长，使用符号也可以达到分隔的目的，从而使宝贝标题更容易理解，可读性更强。
- 吸引消费者眼球的感官词的使用也是有技巧的。如果是皇冠店铺或者店铺信誉比较高，就可以使用类似“皇冠信誉”、“百分百好评”等词。新手也可以使用“特价”、“促销”、“超值”、“新品上市”等词。还有很多具有煽动性的感官词，如“疯抢”、“月销上千”、“限量”、“热销”、“明星推荐”、“淘宝销售冠军”、“镇店之宝”、“亏本热卖”、“秒杀包邮”、“保证 100% 正品”等。用好这些能够调动人情绪的词，对提高店铺的成交量是非常有帮助的。
- 除非店铺名和品牌名一样，不然就不要把店铺名或者关于店铺的描述放在宝贝标题中。因为宝贝标题只是介绍产品，所以没有必要让店铺的名字占用宝贵的标题字数。

第 3 讲　设置关键词让店铺拥有高访问量

如果商品中包含某一关键词，当买家搜索这个关键词时，很可能会搜索到你的商品，从而为你带来无限商机。本节将介绍如何有效地设定关键词，使商品被更多的买家看到。

1. 选择有效的关键词

关键词是描述店铺商品及服务的词语，选择适当的关键词是建立一个高访问量店铺的第一步。选择关键词的一个重要技巧是选取买家在搜索时经常使用的关键词。

2. 找到有效关键词

在收集所需的关键词之前，了解买家如何使用关键词进行搜索是十分重要的。要思考买家会使用哪些关键词，以及这些关键词与你出售的商品是否有直接或者间接的关系。

> 应该换位思考——假设你是买家，你可能会搜索什么关键词？这个关键词就是理想的关键词，要把这个关键词放在商品名称里面。

3. 选取关键词的技巧

- 认真思考并记下与店铺或商品有关的所有关键词。尽量站在买家的角度考虑——假如你是买家，你会怎样搜索？
- 多问问周围人的意见。例如，多问问家人、朋友、同学，什么样的关键词适合描述你的商品，很可能会找出一些你没想到的关键词。
- 设置热门的关键词，如一些电视剧中的流行饰品、明星代言的商品等。如果有可能，应该合理利用这些关键词来为商品争取更多的流量。
- 参考其他网店。参照同类店铺，看一下他们的商品名称，这样有可能得到意料之外的关键词。
- 如果商品名称中有错别字，也会增加买家的搜索难度。例如，把“生肖”写成“生俏”，这样的失误在无形中就将商品淘汰了。
- 同类商品不要都用少量的几个关键词，可以在同类商品里把能想到的关键词都用上。

4. 关键词设置的原则

- 阐明商品基本特征

例如，女装店铺的商品名称设置成“魅力女装*漂亮完美连衣裙”，这里只有一个关键词

"连衣裙"，可以添加一些商品的基本特征，如颜色、图案、质地等。再如，一件漂亮的水晶工艺品名叫"金鸡报晓"，如果发布商品时名称时就用"金鸡报晓"，则属于商品属性不明确，这样的商品只能在进入商品分类后才会凭运气被买家发现，买家使用"水晶"、"工艺品"等关键词根本就搜索不到这件商品。

- 标明商品卖点

即使商品标题中含有"连衣裙"这样的关键词，但是由于竞争对手太多，很多卖连衣裙的店铺都排在你的前面，而淘宝网的默认排名又是"按人气排名"，凭什么你的"连衣裙"关键词能排在前面呢？这时需要将卖点标出来。可以选择将品牌作为卖点，并加上"专柜"字样，如"芮琪格专柜正品连衣裙"，这样买家搜索"芮琪格 连衣裙"、"正品连衣裙"时，范围就缩小了，排名也就靠前了。

- 标明商品优势

在商品名称中添加"特价"、"包邮"、"让利"、"促销"等关键词会提高买家进入店铺的概率。

5．处理关键词

现在你已经收集了很多关键词，接下来的工作就是把收集的关键词组合成常用的词组。因为很多人在搜索时会使用 2 个或 3 个词组成关键词，所以不要用普通的单个词作为关键词，这样的关键词很难排到搜索结果的前十位。例如，将关键词"雅诗兰黛"、"抗皱眼霜"、"女用护肤品"试着组合为"女用护肤品雅诗兰黛抗皱眼霜"，这样的关键词短语有利于提高商品被搜索到的概率。

> 在给商品起名字时最好加上买家搜索比较多的关键词，如"优惠"、"促销"、"新款"、"时尚"、"漂亮"等，但不要违反淘宝网的规则。在淘宝网允许的前提下，关键词越多，越容易取得好的效果。

只要关键词选好了，店铺就已经成功了一半，因为大多数买家都是先搜索关键词，再购买商品的。如果你的商品价格合适，那么买家肯定会选择你的商品。

第 4 讲　撰写宝贝描述的注意事项

新手卖家往往不会在宝贝描述上下工夫，殊不知宝贝描述的详尽与否关系着宝贝成交量的高低。新手卖家常常急于将宝贝上架，但是急急忙忙将宝贝上传到网站以后，就能带来理想的效果吗？事实上并非如此——店铺的生意依然平平，偶尔有一两个人咨询，成交量也很低。如果我们的店铺也属于这种情况，就需要端正自己的态度，认认真真地在宝贝描述的撰写上花一些时间。

网上购物，影响买家是否购买商品的一个重要因素就是商品描述，所以很多卖家会花费大量的心思在商品描述的撰写上。但经过一段时间有些卖家就会发现，虽然在商品描述的撰写上面花费了大量的时间，但是效果并不好，用户的转化率还是不高，原因是什么呢？主要还是商品描述不够详细。

好的商品描述可以大量节省回答买家提问所花费的时间，更可以留住不想咨询的"懒惰"买家。多花一些时间创作属于我们自己的全面而又精彩的商品描述，相当于请了 10 个客服，能让我们节省时间去做更多事情。每写一个成功的商品描述就是一次营销，要让看到描述的人觉得这就是他一直想要的东西。我们需要用一切办法为潜在客户寻找一个购买我们的商品的理由——给他们一个合理的"借口"，让他们心甘情愿地购买我们的商品。如图 1-2 所示的页面中就有详细的商品描述信息。

在填写商品描述信息时要注意以下几个方面。

- 向供货商索要详细的商品信息。商品图片不能反映的信息包括材料、产地、售后服务、生产厂家、性能等。相对于同类商品的优势和特色一定要详细地描述出来，这本身也是商品的卖点。
- 内容要全面。一定要站在买家的角度去思考：如果我们要买这样的商品，会关心哪些问题？例如，材质、尺寸、市场价、重量、颜色、适合人群、寓意、使用与保养注意事项、相关文化、基础知识、真假辨别方法、赠品、服务承诺、支付方式等。
- 商品描述一定要精美，要能够全面概括商品的内容、相关属性，最好能够介绍一些使用方法和注意事项，更加贴心地为买家考虑。
- 商品描述应该结合文字、图像、表格 3 种形式来进行，这样买家看起来会更加直观，购买的可能性也会增加。
- 参考同行网店。可以去其他同行的皇冠店铺转一转，看一看他们的商品描述，要特别重视同行中做得好的网店。
- 在商品描述中可以添加相关推荐商品，如本店热销商品、特价商品等，让买家更多地接触店铺的商品，增加商品的宣传力度。
- 条理要清晰。为了做到这一点，很多人都会使用现成的模板。这样做是节省时间的一种方式，但要注意，描述页面的任务是详尽地解释商品，尽量减少顾客的疑问。

图 1-2　页面中有详细的商品介绍

第 5 讲 写好售后服务内容，防止产生纠纷

不论是商品名称、商品图片还是商品描述，其实就是卖家和买家之间交易的条款和契约。这是一件什么样的商品，是全新的还是二手的，它的具体商品信息有哪些等，所有这些买卖双方关心的问题都应该真实、详细地体现在商品的描述里。

例如，一双鞋，是皮鞋还是布鞋，是棉鞋还是凉鞋，是什么面料、什么颜色、什么尺码，适合什么体型的人穿，出现质量问题应该怎么办，退货要求和退货费用有哪些，关于这件商品的所有疑虑，买家都需要在商品描述中找到答案。所以，描述越详细，以后出现纠纷的可能性就越小，也越容易打动买家并促成交易。

一般除了商品的详细情况以外，买家还会关心商品的售后服务，如什么情况下可以退货、什么情况下可以换货，以及退货产生的邮费由谁承担。不同地区及不同的物流方式会产生不同的邮费，对于邮费的说明相信每一个买家都会仔细查看。这些详细的说明对商品的成功销售能起到积极的推动作用，如图 1-3 所示页面的商品描述中就介绍了退换货原则。

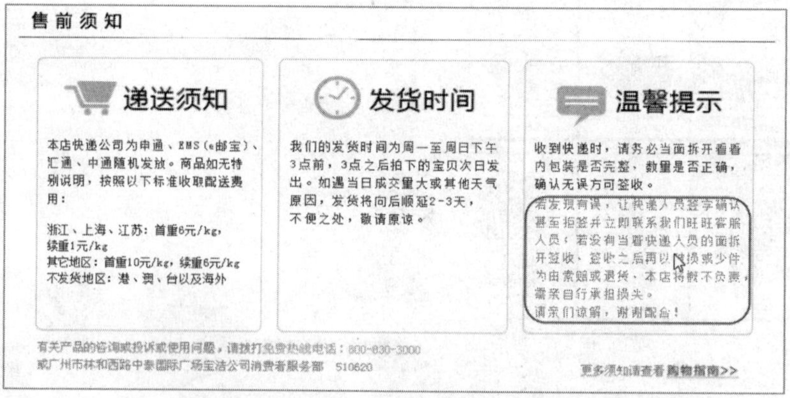

图 1-3 退换货原则

第 6 讲 展示权威证书，证明这不是“黑店”

在商品描述页面中放上权威证书，可以让买家感觉我们的店铺很专业。如果是功能性的商品，还需要展示能够证明自己技术实力的资料。提供能够证明这不是虚假广告的文件，或者如实展示人们所关心的商品制作过程，都是提升店铺可信度的方法。如果所售商品在电视、报纸等新闻媒体上曾有报道，那么收集这些资料展示给买家也是一种很好的方法。如图 1-4 所示的页面中展示了商品的相关证书和证明资料。

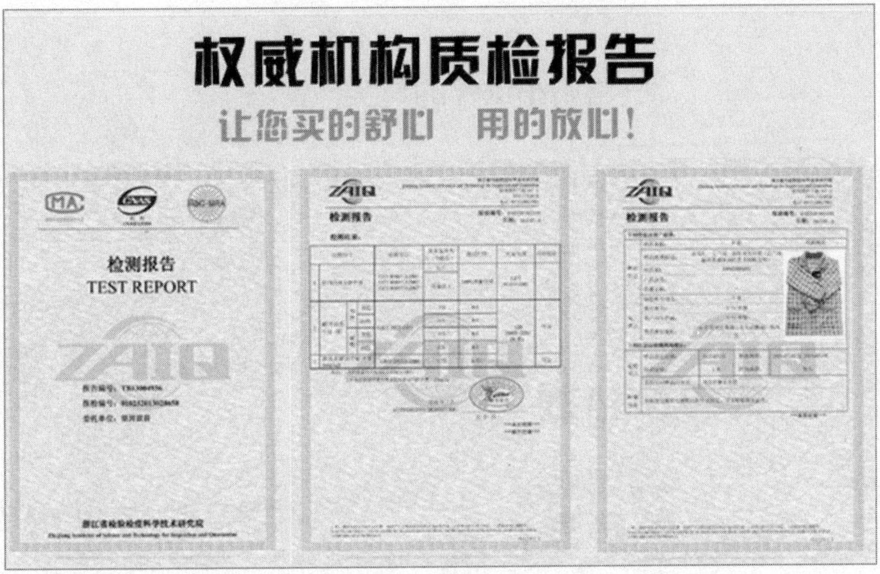

图 1-4　页面中展示了商品的相关证书和证明资料

第 7 讲　用买家的真实评价证明宝贝货真价实

网店与实体店不同，买家无法触摸宝贝，心里难免会产生怀疑，所以，我们销售的第一步就是冲破买家的心理防线。

淘宝网用户在使用支付宝成功完成每一笔交易后，双方均有权对对方的交易情况进行评价，这个评价亦称信用评价。信用评价良好是交易成功的重要因素。已经购买了商品的买家的评价，可能会对正在犹豫是否购买商品的顾客起到决定性作用。因为卖家提供的商品信息可能宣传性太强，而买家留下的评价却是真实的。如图 1-5 所示的页面中添加了以往的买家评价截图——没有任何信息比买家的评价更有说服力。

第 8 讲　用骄人的成交量证明店铺人气旺

一般人都有从众心理，成交量越大的商品购买的人往往越多。店铺的成绩主要包括店铺销售量、单品销售量、快速冲钻经历等，把这些内容添加到宝贝描述中，可以大大提高买家的购买概率，如图 1-6 所示。

商品图片的好与坏会直接影响买家查看商品详细信息时的心情，也会直接影响宝贝页面的流量。同时，好的图片是刺激买家产生购买行为的首要因素。

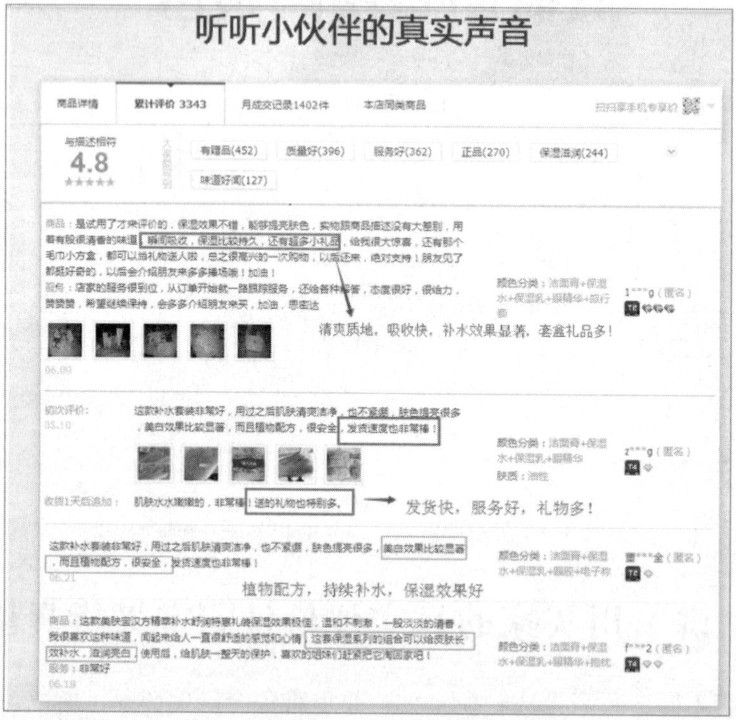

图 1-5　买家评价

图 1-6　骄人的成交量

第 9 讲　准备出色的商品图片，让买家心动促成交易

网上开店有别于日常的面对面交易，买家难以亲身感受商品的质地、做工、细节及商品的其他特点，在这种大环境下，商品图片就变得至关重要了。图片的好坏直接关系到交易的成败，一幅好的商品图片能向买家传递很多东西，起码能反映商品的类别、款式、颜色、材质等基本信息。在这个基础上，还要求图片拍摄清晰、主题突出、颜色还原准确。具备这些要素后，可以在图片上添加货号、装饰品、店铺防盗水印、店铺链接等。商品图片包括以下内容。

- 要有商品的整体效果图片。通过整体效果图片，买家可以对商品有一个总体了解。如图 1-7 所示是一幅整体效果图片。
- 注意图片背景。在拍摄照片时，适当加入背景可以更好地展示商品。但背景千万不要喧宾夺主，要牢记图片是用来表现商品的，应主次分明。如图 1-8 所示是添加了适当背景的图片。

图 1-7　商品整体效果图片

图 1-8　添加了适当背景的图片

- 商品照片的配件（就是点缀和衬托商品的小东西）所用的图片不能太大，不然就可能喧宾夺主，如图 1-9 所示。
- 有条件的卖家可以使用真人模特。因为商品图片只是给买家一个商品的概念，但是真正佩戴或穿着起来是什么样子，买家心里没底，不知合适不合适，如果有真人示范，就是给买家最好的定心丸。如图 1-10 所示的商品图片采用了模特实拍。
- 外景拍摄。有些商品图片需要外出拍摄，可以给人一种自然的感觉。如图 1-11 所示的商品图片采用了外景拍摄。

一幅好的图片能起到事半功倍的效果，但前提是图片质量要过关。模糊的图片不仅会影响买家对商品的认知，还会极大影响买家浏览时的心情。

图 1-9　商品搭配

图 1-10　采用模特实拍

图 1-11　采用外景拍摄

第 10 讲　用详细的商品细节图更好地留住买家

商品的整体图片只是宏观上的展示，买家可能有购买意向，但缺乏对细节上的认知就有可能放弃，所以适当加入商品的细节图有助于买家对商品的细部认知。只有这样，顾客才有可能毫不犹豫地购买。在如图 1-12 所示的商品细节图中，使用多幅图片详细地展示了商品的不同部位。

很多新手卖家不注重细节图的拍摄，甚至在页面上没有细节图，这样做是很难让买家信任的。要想提高商品的成交量，除了商品自身的特性、商品本身的性价比外，细节图也起到了关键的作用。所以，为了店铺的生意，商品细节图的拍摄一定不能少。服装类商品需要拍摄的细节部分有吊牌、拉链、线缝、内标、领口、袖口及衣边等。细节图越多，买家看得越清楚，当然对宝贝产生好感及购买欲望的可能性也就越大。

图 1-12　使用多幅图片详细展示商品的不同部位

第 11 讲　使用模特实拍，增加商品的直观视觉效果

商品图片不仅要吸引人、清晰、漂亮，还要向买家传达丰富的信息，如商品的大小、质感等让人看不准、摸不着的信息。如果想用心地经营一个属于自己的品牌店，采用模特实拍图片是必不可少的。建议经营服装、包、饰品等商品的卖家用真人做模特拍摄图片，以便向买家传达更多的信息。

图 1-13　真人实拍效果

一些服装店采用真人实拍的方式展示商品时，往往采取尺寸和模特展示相结合的方式。除了手工测量尺寸外，还会公布模特的身高、体重、三围等指标，这样不但可以明确服装尺寸，还可以方便消费者对比穿着的效果。而且，模特的姿势各式各样，更能显示出服装的版型和试穿效果。相比平铺照片，使用真人模特拍摄的照片更能体现衣服的试穿效果。如图 1-13 所示为真人实拍效果。

利用人体模特或者真人模特进行拍摄，不仅能更好地展现商品的线条和样式，还能美化店铺，吸引买家的眼球，店铺浏览量也会随之提高。

第 12 讲　为照片添加相框来提高商品档次

为照片添加相框可以提高商品档次，吸引买家更多的关注。本节介绍一款简单实用的相框添加软件——光影魔术手。

光影魔术手是一个用于改善照片画质和个性化处理照片的软件，简单、易用，每个人都能用它制作精美相框、艺术照、专业胶片效果，而且完全免费。为照片添加相框的具体操作步骤如下。

（1）启动光影魔术手软件，如图 1-14 所示。

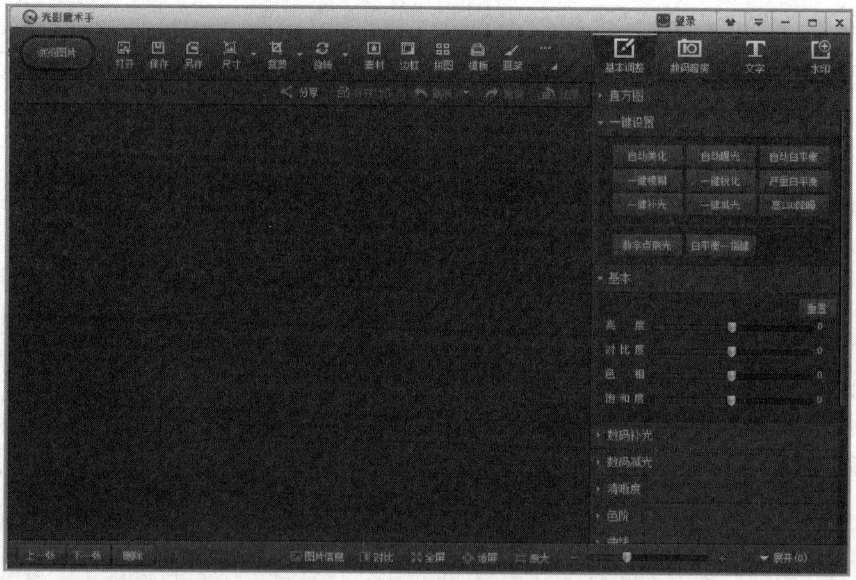

图 1-14　启动光影魔术手

（2）单击“打开”按钮，在弹出的“打开”对话框中选择相应的图像文件，如图 1-15 所示。

（3）单击软件界面上面的“边框”按钮，在弹出的列表中单击“轻松边框”选项，如图 1-16 所示。

（4）弹出“轻松边框”对话框，在该对话框中选择相应的边框样式，如图 1-17 所示。

（5）单击“确定”按钮，即可为图像添加边框，如图 1-18 所示。

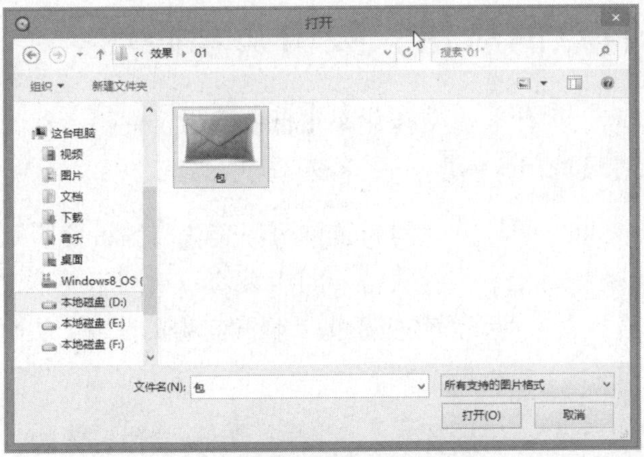

图 1-15　“打开”对话框

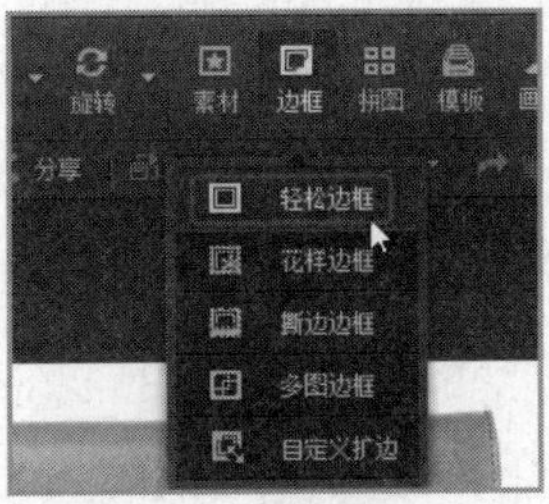

图 1-16　单击“花样边框”选项

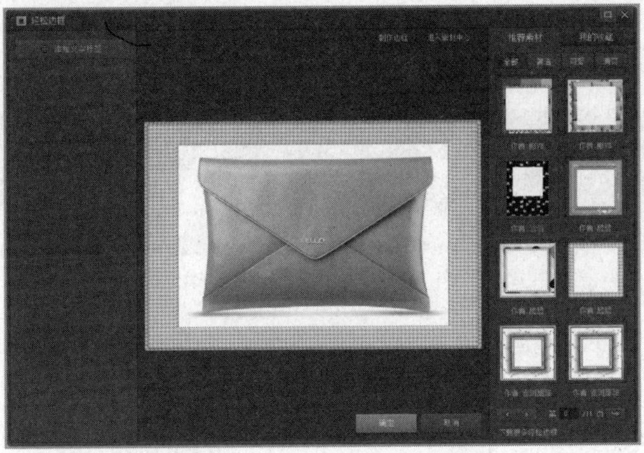

图 1-17　“轻松边框”对话框

图 1-18　添加边框

第13讲　设计有特点的店招，吸引买家眼球

常常有卖家困惑：我的店铺流量挺高，为什么成交转化率很低？我做了促销活动，为什么买家没有看到？究其原因，多数是店铺装修出了问题，没有成功吸引买家的眼球。

网店装修是网上开店过程中一个至关重要的环节。网店装修可以美化店铺，使店铺获得更多的视觉销售力，从而创造出网店装修费用几十倍的收益。网店装修带给网店的不仅是美观，还创造出了一个精美的店铺形象，给买家一种强烈的吸引力，刺激其购买欲望，从而提升销售业绩。

店招是店铺的招牌，是店铺文化的浓缩，在店铺首页上方出现。因为其位置关键，所以一定要精心布置，既要让新买家印象深刻，又要让经常来的买家有新鲜感。这里就要认真地思考一下，要展示哪些内容，哪些是最重要的，哪些需要突出显示。店招设计要大气、精致，如图1-19所示为设计精美的店招。

图1-19　设计精美的店招

店铺的店招要注意以下问题。

- 店招上如果有商品展示，要注意挑选店铺中最有卖点的商品。
- 店招色彩不要过于单一，不要让买家在视觉上感觉单调、乏味。
- 使用英文字母，要有设计感和层次感。
- 整体风格要与店内产品统一，不要相差太大。

第14讲　巧用店铺公告提升流量

店铺公告是每家店铺必备的栏目。公告是用来向买家展示自己店铺里的新品和新优惠政策的绝佳平台，同时也是买家获取店铺信息的重要渠道。

淘宝店铺公告是介绍店铺最重要的地方，是买家了解店铺的窗口，因此写好店铺公告很关键。因为淘宝店铺公告的区域有限，所以文字一定要言简意赅，最好能一针见血，如图1-20所示为店铺公告。

图 1-20　店铺公告

常见的店铺公告内容有：“新店开张，欢迎过路的朋友到此歇歇”；“本店秉承诚信待客，一流的服务为宗旨”；“顾客至上，质量为本”；“钱来货到，效率第一”；“新店新开张，好店好生意，顾客顾到位”。

第 15 讲　通过促销区提升购买转化率

在店铺首页店招下面的位置，可以自定义一些图片，该区域称为促销区。店铺促销区比店招有着更重要的广告价值。在页面显示范围内，促销区通常是宽度越大越好，但不能太高。其中的内容要具有动感，要给买家一种像是在看电视的感觉，内容也不要过于单一。动态的内容最好置于整个促销栏的左上方，因为这里处在买家视野的正中央，最容易引起注意。

事实上，在淘宝网开店做的就是图片营销，买家通过各种渠道进入店铺之后，如果没有合适的图片导购，只能看到一系列的小图片，就没有足够的视觉冲击力刺激购买欲望。

70% 的用户一般在浏览图片 30 秒后就自动离开了，只有 30% 的人会在找到感兴趣的图片后继续看下去。所以，促销区是一个非常重要的展示区，众多有经验的卖家会使用尽浑身解数在设计上突出推荐相关产品，千方百计地留住买家。据统计，淘宝网上一些好的卖家，店铺购买转化率可以达到 10% 甚至更高。卖家们可以算一笔账：同样是 1000 个买家到店，有的店铺有 100 个人买了产品，有的店铺只有 10 个人买了产品，销量的区别非常大。如图 1-21 所示为店铺促销区。

图 1-21　店铺促销区

那么，促销区怎样设计才能吸引人呢？以下几个地方是需要注意的。

- 要把产品的精美度呈现出来

在促销区隆重推荐的产品一定是店铺的重点产品，产品图片的尺寸也相对较大，拍摄和设计时要把精美度呈现出来。例如，饰品要强调产品的视觉效果，可以增加一些闪光特效；化妆品强调的是产品的成分，可以增加一些晶莹剔透的效果；服装强调的是穿着的品位，可以强调模特拍摄出来的意境及美感。

- 要把产品的热度体现出来

例如，通过“狂销××件”或某杂志推荐等信息，促使买家仔细地浏览下去。

- 要适当地把优惠信息体现出来

买家需要直接的信息刺激，网络购物更是如此，如“特惠××元”、“打×折”、“包邮”等。

第 16 讲　设置分类，方便买家快捷购物

店铺页面左侧的分类模块，也是提高店铺浏览量的一个非常重要的位置，其中的类目排

列更是重中之重。通过分类模块可以向买家展示店铺销售商品的分类，通过合理的排序可以让买家快捷地寻找需要的商品。此外，还可以把广告词或重要的公告做成宣传图片，添加到分类里，使买家不仅能在店铺首页看到我们的广告和公告，也能在商品页面看到这些信息。这样，在优化分类搜索的同时，能更有针对性地向买家进一步展示广告，增加客户黏性。

如图 1-22 所示为制作清晰精美的商品分类。

图 1-22　清晰精美的商品分类

第 17 讲　合理安排上架时间，让流量多翻几倍

在淘宝网上发布商品之后，怎样才能使我们的商品很容易地被买家搜索到？怎样才能让我们的商品以最大的概率展示出来？这些就是本节所要讲解的内容——宝贝发布的时间。

很多开网店的新手总是认为商品的上架时间越早越好，所以商品一到货，就迫不及待地发布商品。但是有经验的卖家不这样认为，他们的成功经验就是：选对商品发布时间，才能让买家在第一时间搜到你的商品。

要选对商品的发布时间，必须做到以下几点。

1．熟悉网店搜索的时间排序

在淘宝网有过购买经历的人都知道，搜索商品时，淘宝网会根据商品的上架时间进行排序，商品离下架时间越近，排名就越靠前。也就是说，剩余时间越短，排名就越靠前，越容易被买家看到。

了解淘宝网的搜索排序规则后，就应该充分利用它。因此，对于新手来说，到货的商品不要同时发布，最好分几次发布。如果同时发布商品，一个星期中商品只有一天会排在前面；如果隔天分几次发布，效果就不同了，一个星期中商品就有多次排在前面的机会了。

2．抓住商品发布的黄金时间段

买家上网也是有黄金时间段的，只有抓住黄金时间段发布商品，才能够增加商品的“曝光率”，从而提高成交量。因此，发布商品时还要考虑什么时候上网的人最多。据统计，一天中上网人数最多的时间段为 10:00～11:30、15:00～17:30 和 19:30～22:00，所以发布商品一定要选择这些黄金时间段。这样，在上网人数较多时，商品的浏览量就会上升，成交量也会提高。如图 1-23 所示为设置商品在黄金时间段定时上架。

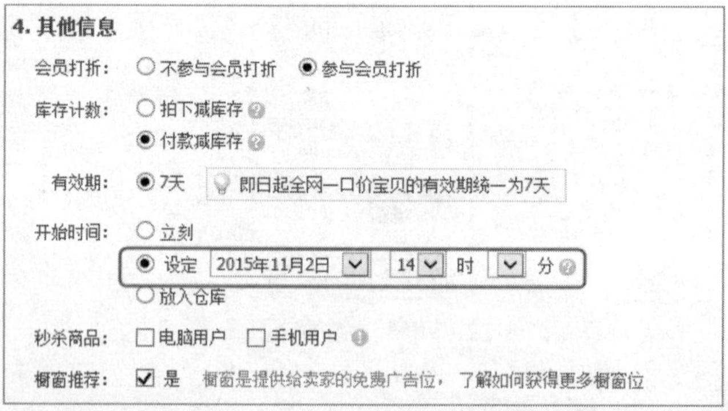

图 1-23　商品在黄金时间段定时上架

即便已经抓住黄金时间段发布商品信息，为了达到最佳效果，还要注意在黄金时段内每隔半小时左右发布一次商品。这样做也是为了避免同时发布的商品排名同时下降。如果隔开发布，那么在整个黄金时段内，店铺都有商品获得较高的搜索排名，这样可以为店铺带来可观的浏览量。

当然，最难做到的就是坚持每天都在黄金时段发布新商品，这要求卖家不仅要有充足的时间，而且要有足够的商品来支持自己这么做。每天都有新商品上架，那么一周之后就会每天都有商品下架。当然，对于那些商品种类繁多的卖家来说，还可以在其他时间段发布。只要卖家坚持每天这样做，那么每天的黄金时段内，都会有自己的商品获得最佳的宣传位置。如此一来，浏览量想不暴增都难。

第 18 讲　做好橱窗推荐，增加店铺浏览量

橱窗推荐是淘宝网为卖家设计的特色功能，也是淘宝网提供给卖家来展示和推荐宝贝的功能之一。橱窗推荐的宝贝会集中在宝贝列表页面的橱窗推荐位显示，卖家可以根据信用级别和销售情况获得不同数量的橱窗推荐位。合理利用这些橱窗推荐位，将极大提高宝贝的点击量。

1．选择推荐商品的原则

- 有很多买家购买的商品，也就是店铺中的人气商品。
- 性价比高的商品。
- 价位最低的商品。买家搜索商品时，为了找到便宜的商品，经常会按照价格来搜索，所以，价格低的商品往往会排在前面。
- 标题“成熟”的商品。商品的标题由关键词组成，只有标题中出现了买家搜索的关键词，才有可能被搜索到。
- 图片制作精美的商品。这会影响浏览量。
- 可以考虑将部分“包邮”的商品放在橱窗推荐位展示。

2．橱窗推荐的时间原则

- 优先把即将下架的商品放在橱窗推荐位，因为淘宝网默认按照剩余时间由少到多的顺序来显示商品。
- 如果没有足够的时间来对店铺的橱窗进行管理，可以选择离下架时间还有 1～2 天的产品进行橱窗推荐，每 2 天进行一次管理。
- 把商品上架时间调整为 7 天。
- 当发现商品连续 7 天的访问量都很低时，要考虑关键词的使用是否恰当。

合理地应用橱窗推荐位，可以增加浏览量，并间接增加交易量。如图 1-24 所示为在淘宝网搜索页面显示橱窗推荐的商品。

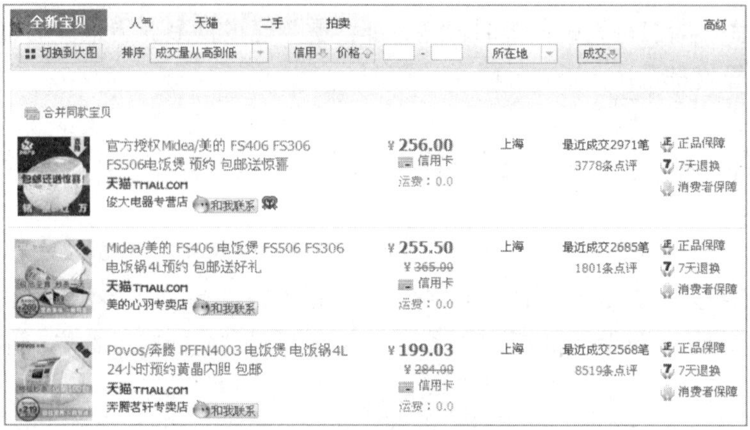

图 1-24　橱窗推荐的商品

第 19 讲　使用店铺推荐位，增加宝贝曝光率

店铺推荐宝贝出现在每个宝贝介绍页面的底部或者店铺页面中间的推荐位上，买家浏览宝贝及店铺时很容易就能看到这些被推荐的宝贝，如图 1-25 所示。该推荐位的商品同时也会出现在阿里旺旺对话框的“推荐宝贝”中，与淘友聊天时对方可直接在阿里旺旺对话框中看到推荐的宝贝。店铺推荐宝贝数量为 6 件（旺铺为 16 件），由卖家自行选择。

图 1-25　店铺推荐宝贝

第 20 讲　利用工具快速优化宝贝标题

标题在宝贝权重中也占了很大一部分，如果标题优化不好，可能导致宝贝流量降低、搜

索排名下降、销量下降。所以，宝贝标题的优化也是至关重要的。

淘宝指数对于很多卖家来说并不陌生，尤其是一些高手卖家。对每个宝贝的标题进行确定和优化之前肯定要对一些关键词做比较，这时淘宝指数就非常好用了。

打开网址 http://shu.taobao.com/，进入淘宝指数首页，如图 1-26 所示。

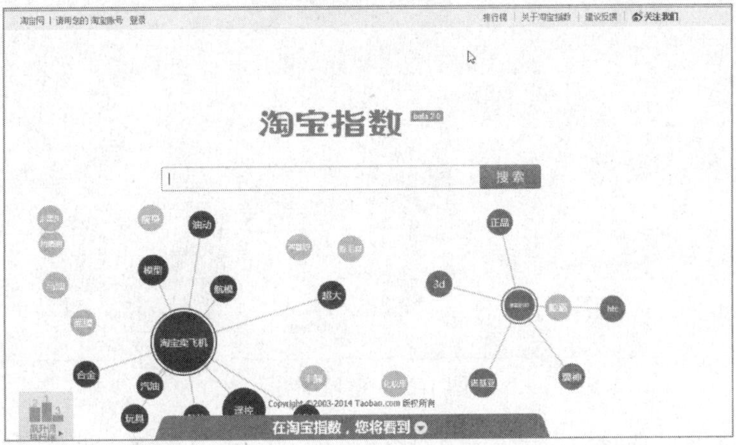

图 1-26　淘宝指数首页

输入 3 个关键词，将光标移至任一点，会出现搜索指数，数值越高说明搜索的人数越多，同时这个词的竞争也就越激烈。如图 1-27 所示，最近一个月关键词“时尚 套装 秋冬”的搜索量最大，而“2015 套装 女秋”和“2015 套装女秋装时尚潮”的搜索量差不多。因此，我们可以把“时尚”放在前面。不过这只是这个类目的关键词，很多类目的关键词如果颠倒放置，效果也会差很多，所以需要逐一测试，找出最适合我们标题的关键词。

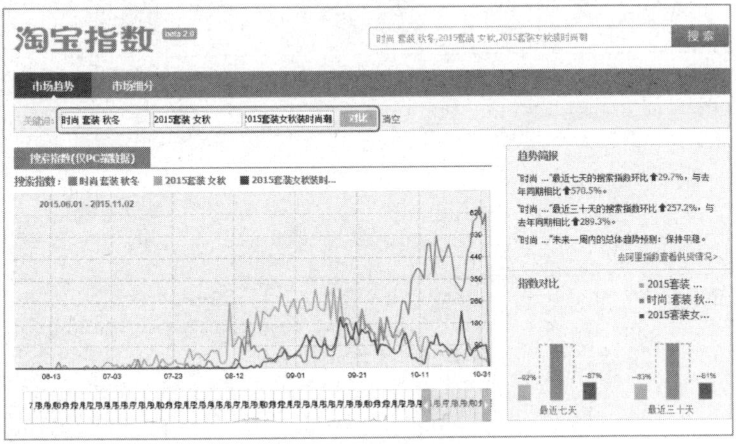

图 1-27　市场趋势分析

在不同地域搜索对应关键词，消费者的比例也不相同。如图 1-28 所示为这个类型的宝贝在不同城市的购买力度，从中可以挑选排名前几位的城市，通过降低运费来提高成交量。

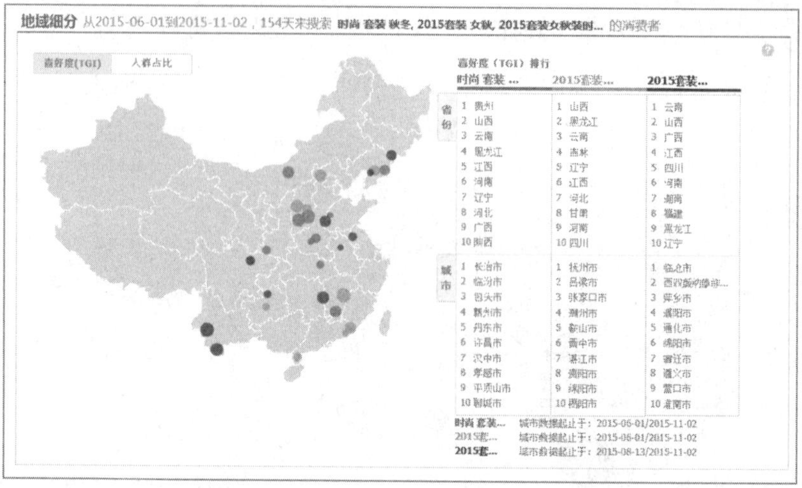

图 1-28 地域细分

通过人群定位可以查看消费者的性别比例、爱好、买家等级、消费层次等，如图 1-29 所示。

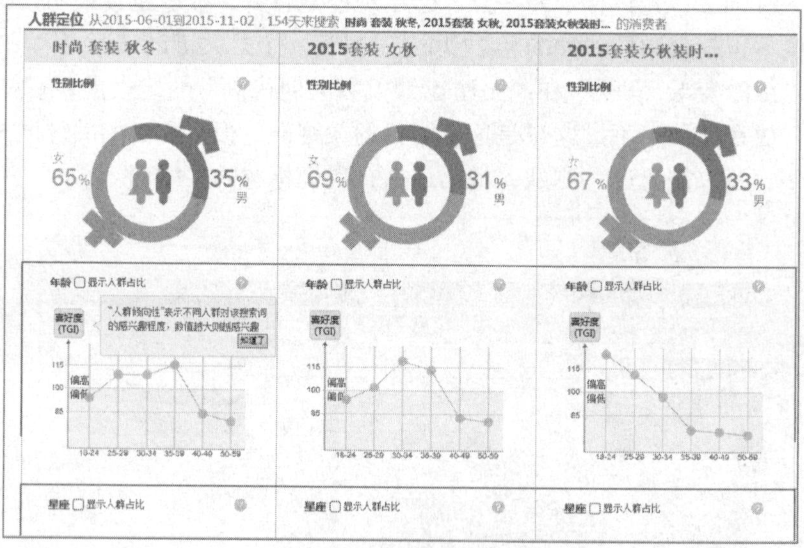

图 1-29 人群定位分析

第 2 章 让生意火爆的商品定价潜规则

开店指导

不少人在开始经营网店时，对自己的商品如何定价有些茫然，或参照别人的定价，或先大致确定一个价格卖卖看，然后再调整。其实，商品的定价是有方法和策略的，我们可以运用一种或多种方法给自己的商品定价，或者运用一种或多种定价策略来争取买家，促进自己商品的销售。

第 21 讲　商品定价应考虑哪些要素

商品定价是网上开店最简单的一件事情。然而，越是简单的事情，如果不加考虑，办起来也越有难度。有一些人自认为对定价了如指掌，不必再费尽心思考虑，其实这样做往往会让客户大量流失。定价时需要考虑的因素很多，具体来说，有以下几点。

1. 市场竞争情况

为商品定价时应该考虑市场上同类商品是如何定价的，仔细权衡后，再为自己的商品定价。商品定价诱惑力的高低，直接决定着消费者购买意愿及数量。如果商品具有一定的吸引力，那么其销售数量会大大增加；如果商品没有吸引人的地方，那么不论如何促销、降价，都很难成功售出。

2. 市场的性质

- 考虑顾客的消费习惯

一旦顾客习惯使用某种品牌的商品，就会形成购买习惯且不易改变。

- 考虑销售市场的大小

销售一种商品时，要准确定位自己的客户群，了解客户群构成的市场走向。

3. 销售策略

商品销售策略要根据商品性质、企业形象及店铺的特性制定。例如，销售品质优良的名牌产品，需要定高价，人们才觉得物超所值。再如，一些流行的商品，也需要定高价，因为一旦流行期过后，就要降价销售。如果销售过时的商品，则需要定低价，才会顺利打开销路。

4. 商品形象

一些开店时间较长、商品品质优良的品牌店铺已经闯出了名号，顾客在逢年过节要买礼品时，一般会想到这些店铺，因此价格可以稍高。

5. 经销路线

一件商品由生产商生产后，要经过多个中间商才能到达消费者手中。因此，为了保障消费者的合法权益，使价格不会太高或无意义地涨价，就要采取公定价格制度，以保证交易的公平。

第22讲　网店商品定价技巧

定价无非是一组数字，但在营销上，定价会给商品促销增添神奇的魅力，从而间接达到推广的作用。

1．“尾数”的妙用

精明的店主一般不会把价格定为整数。实践证明，这种“非整数价格法”确实能够激发消费者的购买欲望，获得明显的效果。例如，一双鞋子想卖 100 元，可以标价 99.9 元，目的是让人感觉此价格是经过仔细核算的。再如，为了数字吉利，某部手机定价为 998 元，这是为了满足很多人的心理需求。

2．降价不如返钱

有这样两个店铺：A 店铺的产品卖不动就降价、“亏本大甩卖”，然而问津者寥寥无几；B 店铺则不同，价格一旦定了，就不做任何更改，但店方承诺，下次购买本店商品时，按上次付款金额的 10% 退给买家，结果买家纷至沓来。

这是一种巧妙的心理战，买家认为上一次支付的价钱是应该的，这次退给自己的 10% 是意外的收获。买家为了领回那 10% 的钱，还会一次次地来买东西。其实，那 10% 的优惠，还是从买家那里赚来的。卖家利用了买家的心理弱点，“略施小计”，生意当然越做越旺。

3．给同类商品标上不同价格

一般的店铺习惯给同类商品标上同一个价格。如果为同类商品标上不同的价格，结果会怎样呢？有一家专门出售皮鞋的网店，由于积压的货物较多，产品也很单调，生意一直不景气。店主的一位朋友见状，让店主把仓库里的所有皮鞋都上架，即使质量相同、进价相同，只要样式、号码、色泽甚至鞋跟高度不同，都要标上略有差别的价格。这样一来，商品品种竟然翻了 1 番。

4．价格分割

价格分割的主要目的是让买家感觉商品便宜，容易接受。例如，黄金都是按照克来报价的，不会论斤来卖，如果卖一条黄金手链，标出 30 万元/公斤，会把买家吓跑的，而用 300 元/克来定价效果就很好。

5．折扣定价

折扣定价包括以下 3 种方式。

- 会员折扣——留住买家

设置买家级别，只要买过东西的就是会员，以后再来买就给一定的优惠，从而留住买家。只要价格策略执行得好，就能让买家感受到真实的优惠。例如，会员打 9.8 折，高级会员打 9.5

折，VIP 会员打 9 折。

- 数量折扣——鼓励多买

例如，“满 200 元减 20 元”，“满 88 元包邮”。

- 季节折扣——减轻库存

不建议直接把价格标低，而是以活动的方式打折，如“换季满 200 元送 200 元”比直接打 5 折的方式好。

6．对比法的妙用

如果把质量差不多的商品放在一起，而价格差别很大，也会使价格低的商品顺利出售。

第 23 讲　高价定位与低价定位法则

网店商品定价大有学问。如果定价太低，容易让买家对商品的质量产生怀疑。由于看不到实物，所以价格定得过低，买家会认为“便宜没好货”，怕上当受骗。同时，卖家的定价低利润也低，卖出去无利可图，表面看店铺生意兴隆，其实亏损严重。如果定价太高，虽然利润能得到保证，但是买家却被吓跑了，卖家不仅难以获得期望的利润，而且不利于打开市场。消费者一定会货比三家，再三考虑，才会做出购买决定。没有成交量，价格定得再高也不可能赚到钱。最稳妥可靠的方法是将商品的价格定得适中。

1．高价定位法则

高价定位法则是针对一些买家的攀高心理而实施的。采用高价策略，将商品的价格定得很高，能够在短期内获取尽可能多的利润。同时，高价又满足了买家求新、求异和求品位的心理。

- 从买家角度进行的高价定位

许多买家追求的是自己独占某些奢侈品，所以有时高价也是增加需求的重要原因之一。而降价则会导致需求的下降，因为降价意味着商品拥有者社会地位的贬值。当店铺的目标买家是上流社会人士时，必须高价定位商品。

- 标志商品高品质而进行的高价定位

在商品价格与需求关系中，存在一种“便宜没好货”的效应，即消费者通常把高价看成优质商品和优质服务的标志，因而在商品价格较高的情况下，也能起到刺激和提高需求的作用。

在许多情况下，许多消费者往往以“一分钱，一分货”、“好货不便宜，便宜无好货”的观念去判断商品的质量，因此，高价能给人留下高级商品、优质商品的印象。

- 标志服务高水平而进行的高价定位

如同商品高价能体现商品高品质一样，高价同样能体现服务的高水平。对于以高价定位的店铺，除了要时刻关注消费者对商品的反应，不断提高商品质量、增加商品功能、增加新的款式外，还要搞好服务工作，增强消费者对商品的安全感和依赖感。高价所标志的高水平服务，也能满足一些人的需求。

采取高价策略时应非常慎重，只有具有独特功能、独占市场、仿制困难且需求弹性小的商品，才能在较长的时间内保持高价，否则会因价格太高而失去买家。

2. 低价定价法则

现在许多商家都采用“每日低价”的法则，此法则强调的是把价格定得低于正常价格，但高于竞争对手打折后的价格。最成功的零售商沃尔玛使用的就是低价策略。

低价法则在通常情况下是具有竞争力的，但是并非“价格低廉”就一定有较高的销量。这是因为过低的价格会造成买家对商品质量和性能的不信任感和不安全感。买家会认为，这么便宜的商品，恐怕很难达到想象的质量水平，性能也未必好。要有效地运用这一策略，必须具备以下条件。

- 进货成本低，业务经营费用低。低费用才能支撑低价格。
- 存货周转速度快，商品都能卖掉。经常降价尽管利润受损，但可以尽快把商品销售出去。
- 买家对商品的性能和质量很熟悉，价格便宜会促使卖家大量购买，如日常生活用品、食品等。
- 向买家充分说明价格便宜的理由。
- 店铺必须在买家心目中享有较高的信誉，不会有经营假冒伪劣商品之嫌。

第 24 讲　进货如何保证利益最大化

一个店铺的经营能否成功，与进货有很大关系。如果进货太多，存货就相对过多，不仅影响资金流动，而且可能因销售不畅而亏损。如果进了假冒伪劣商品，不仅会对消费者权益造成侵害，而且会给自己造成不可估量的损失。相反，如果进货太少，很可能导致缺货，从而失去更多的赢利机会。

进货时应注意把握以下要领。

- 进货数量包括多个方面，如进货金额、进货商品种类、单个商品种类及数量等。第一次进货应该尽可能地选择多个种类的商品，因为我们需要给买家多样化的选择。当买家对我们的店铺有了一定的了解时，我们就可以重点推广某些种类的商品了。资金总是有限的，只有把资金集中投入有限的商品种类中，我们才可能加大单个商品的进货量，进而要求批发商给予更低的批发价格。
- 要想将进货工作做好，就要洞悉店铺的经营状况，这样才不至于采购到买家不喜欢的商品。我们需要尽量在短时间内积累大量的店铺经营经验，从而提高对所购商品的判断能力。所以，在进货前需要深入了解买家的需求，在进货过程中需要给予批发商足够的诚意和信心，为自己争取更优惠的批发价格。
- 积累丰富的商品知识。一些卖家在进货时通常会一味地杀价，而对于其他交易条件从不考虑，这样十分容易跌入别人的“圈套”。倘若批发商知道进货者有这种习惯，一定会有所准备，提高价格来等待进货者杀价。因此，在进货时应该了解市场动向，熟悉商品知识，这样才不至于被骗。
- 按不同商品的供求规律进货。对于供求平衡、货源正常的商品，适销什么就进什么，快销就勤进，多销就多进，少销就少进；对于货源时断时续、供不应求的商品，应根据市场需要开辟进货渠道，随时了解供货情况，随供随进；对于大力推销而销量却不大的商品，应当少进，在保持品种齐全和必备库存的前提下，随进随销。
- 按商品季节产销特点进货。季节生产、季节销售的商品，季初多进，季中少进，季末补进；常年生产、季节销售的商品，淡季少进，旺季多进。
- 按商品供应地点进货。当地进货的商品，要少进、勤进；外地进货的商品，可以适当多进，适当储备。
- 按商品的市场生命周期进货。新产品要通过试销打开销路，进货要从少到多。
- 按商品的产销性质进货。季节生产、常年销售、生产周期较长、受自然条件影响较大、生产不稳定的农副产品，应寻找生产基地，保证货源稳定。对于大宗商品，可采用期货购买方式，以降低风险，保证货源，降低进货价格。对于花色、品种多变的商品，要加强调研，密切注意市场动态，根据需求确定进货量。
- 严格把好进货关。在进货时，要对生产商有初步了解，明确生产商为合法经营实体，严格考察生产商的商品质量。
- 进货时，至少选择两家以上的供应商。其好处在于：一是促使供应商之间在商品质量、价格和服务等方面形成竞争；二是有效防止进货人员与供应商之间的不正当交易，如收取回扣等；三是可以及时掌握商品信息、商品动态，从而做到有的放矢。

第 25 讲　批发市场的潜规则

不要在批发商店慢慢检查货物。提到货后，只要把数量点清就可以了，回去发现商品有问题可以要求更换（当然离进货时间不要太久）。若提货后当场点货，会让批发商觉得我们是很麻烦的顾客，从而不愿与我们长期打交道。

不要指望通过批发商换货来降低风险。进货时，千万不要对批发商提出“如果不好卖能不能换成好卖的”这类问题。如果这样问，会被批发商认定我们以前没有做过生意，是生意场上的新手，接下来，不用说都能猜到批发商会给我们什么样的报价了。批发商没有义务为我们承担进货的风险，能更换次品已经是有力的支持了。

第 26 讲　与批发商建立良好关系，获得足够的利润空间

影响批发商是否支持我们的因素有两个：一是首次进货金额，如果首次进货金额太少，批发商会认为我们没有实力，或者认为我们对他的产品信心不足；二是补货的频率，如果经常补货，即使数量不多，批发商还是会认为我们的货物周转速度快，能够为他带来长期的效益。

批发商的支持表现在：一旦有新货会尽快通知我们，可能在我们下次进货时主动把价格调低。另外，批发商如果认为我们是重要客户，一般都会向我们透露近期哪些商品热销。了解这些行情会让我们对市场和客户的判断更准确。

第 27 讲　如何让宝贝卖出高价

买家和卖家之间的信息是不对称的。信息不对称是指一些成员拥有其他成员无法拥有的信息。具体来说，就是买家对产品的了解没有卖家多，面对海量的信息，买家只能根据掌握的有限信息做出购买决策。在此前提下，就容易因为交易双方信息不对称和市场价格下降而产生劣质品驱逐优质品的现象，形成盲目的价格战，从而使买家开始以价格作为唯一判断标准——相同的商品，哪个便宜就买哪个——导致真正高品质的商品销售不出去。

举一个简单的例子：一件经典款女装热卖之后，其他卖家会跟着仿制，最直接的市场竞争方法就是降价。为获得价格优势，需要在面料、工艺等方面进行调整。但在相似度很高的图片和宝贝描述面前，买家无法分辨二者的区别，于是倾向于选择平均价格的宝贝。这样，品质

好但价格高的宝贝就很可能在推广时面临不被买家认可的困境，从而导致价格战的恶性循环。

如何使宝贝既不陷入价格战，又能卖出合理的价格？简单地说，一个新宝贝的价格具备双重属性：一是实际标价，即买家的支付价格，也就是直接的价格数字；二是品质信号，也就是人们所说的“一分钱，一分货”。高品质的商品通过高价向买家传递“我具备更高的品质”这一信号。

除了价格之外，销售高品质宝贝的卖家需要向买家发布更明确的品质信号。将页面做得精良，甚至在宝贝详情页面放上产品的加工流程图等，可以通过细节向买家传递明确的信息：宝贝的出处和品质与低价产品不同，它具有不可复制性。

品质信号的传递是需要卖家投入金钱和时间成本的。高品质产品有以下特点。

- 产品差异，简单地说，如同样是羽绒服，面/辅料、羽绒含量、工艺有很大的差别。产品品质差异是基础。
- 成本差异是指高品质和低品质卖家提供的产品属性的成本差异。例如，同样一款女装，甲卖680元，乙卖180元，但是甲承诺“不满意退货，同时邮费卖家承担”。这就传递了一个概念：高品质卖家对自己销售的680元的衣服品质更有信心，而这种信心意味着更高的服务成本，这是低品质卖家无法承担的——高品质卖家的定价中已经包含品质信号成本。
- 产品的品质差异必须是买家可以感受到的。现在，买家对产品品质的分辨主要通过商品图片实现，但图片的优劣取决于设计团队水平的高低，这是目前塑造感知差异的主要方法。除此之外，文案、证书、服务等也可以形成明显的对比。
- 实力信号，即第三方提供的资质证明，如淘宝网的“假一赔三”服务、“天猫商城”标志等，或者品牌授权、工厂实力等。
- 服务信号是指针对特定级别的VIP会员提供免运费、无条件退换货等服务。这是低品质卖家无法效仿的，因为过低的价格没有给运费留出空间。此外，产品独特的外包装设计也在告诉买家“我是与众不同的”。
- 销量及好评信号，如销量大、好评多对产品品质是很好的注释。

第28讲　让生意火爆的商品定价诀窍

要想生意兴隆，就得为宝贝确定一个有竞争力的价格。尤其是对竞争日益激烈的网络销售来说，买家要想比较商品和价格，无须跑断腿，只要一点鼠标，就可以将宝贝按价格从低到高或从高到低排序。所以，如何确定宝贝的定价就成了一件棘手的事情。

定价方法直接影响买家的消费意向，不同的定价方法对买家产生的心理影响也不相同。一般来说，以下几种定价方法需要掌握。

1．成本加成定价法

成本加成定价就是商品的成本加上期望的利润值形成的定价。当然，这个成本应该是包含所有销售成本和管理成本在内的总经营成本。因为每个人的心理期望值都不一样，所以在成本上增加的利润值不一样，最终产生的定价也就不一样。售价通常是由成本和正常利润构成的，这样消费者有能力购买，店家也便于推销。如果一件衣服的成本是 70 元，根据服装行业的一般利润水平，设定每件衣服能获利 30 元，那么这件衣服的保守定价就应该是 100 元。

成本加成定价法是多数商家采用的一种定价方法，其优点是计算方便。而且，在正常情况下，即市场环境的许多因素趋于稳定时，运用这种方法仍然能够保证商家获取正常的利润。同时，同类商品在各网店的成本和加成率都比较接近，价格不会相差太多，相互间的竞争不会太激烈。此外，这种定价方法会给买家带来一种合理、公平的感觉，很容易被买家接受。

2．习惯定价法

习惯定价法是指根据市场上已经形成的习惯来定价的方法。市场上有许多商品，销售时间一长就会形成一种定价习惯。定价偏高，销路不易打开；定价偏低，买家会对商品的品质产生怀疑，也不利于销售。

有许多日用品，由于买家经常购买而形成了一种习惯价格，买家就很容易按此价格购买。这类商品应遵守习惯定价，不能轻易改变价格，否则买家会产生不满。如果原材料涨价，提价时要特别谨慎（卖家可以通过适当减少商品重量等方法来解决这个问题）。

3．心理定价法

心理定价法是根据买家心理来定价的一种方法，也就是根据市场接受度来定价。卖家在定价时要考虑买家在购买活动中的特殊心理，从而激发买家的购买欲望，达到提高销量的目的。常见的价格心理有以价格区分商品档次的心理、追求名牌的心理、喜欢时尚的心理及对价格数字喜好的心理等。

4．折扣定价法

所谓折扣定价法，就是对商品的原价进行有条件的打折销售，以此鼓励消费者购买，适度增加销量。折扣有很多种，数量折扣是其中的一种，即买一件商品与同时买多件商品的价格肯定是有区别的，购买数量较多时，甚至可以享受批发价。

很多卖家会利用季节打折、降价保证及运费优惠等让价技巧，使消费者在心理上获得安全感与实惠感，从而刺激消费者的重复购买欲望。例如，现在很多店铺喜欢采用的“优惠价”、“特价”、“进价销售”、“处理价”、“跳楼价”及“打折”等都属于此类技巧，哪里有打折，买家就蜂拥而至。

商品定价是一门很深的学问。在商海缤纷变幻的时代，经营者要把自己的商品成功地销售出去，掌握定价方法是必然趋势。在定价方面能否有更好的技巧，将决定经营者能否成功。

第 3 章 优化手机淘宝，提高转化率

开店指导

近几年，手机淘宝成为阿里巴巴在移动端的战略重心，主要体现在商品浏览、检索、交易、沟通等环节。手机淘宝通过简化移动端的购物流程，面向移动场景开发新功能，如拍照购、语音搜索、摇一摇，让用户逐步习惯移动购物。淘宝转化率就是所有到达淘宝店铺并购买的人数和所有到达店铺的人数的比率。

第 29 讲　影响手机搜索权重的因素

2015 年第 2 季度，移动端交易额占网络购物总额的 50.8%，移动端网购交易规模首次超过 PC 端。那么，如何提高手机淘宝搜索的权重呢？下面是影响手机搜索权重的因素。

- 手机淘宝的默认排名延续 PC 端的人气排名算法，也就是说，在 PC 端人气排名高的宝贝，在手机淘宝的搜索排名普遍非常好，优化手机排名时可以按这个思路来操作。
- 无线搜索点击率。一张好的主图值千金，能带来无数点击。如果自己不会作图，可以找专业的淘宝店铺装修师来处理图片。

- 产品折扣和性价比是王道。产品在同类型中价格越低，产品的搜索排序就越靠前。
- 手机专享价。这也是手机淘宝比较重要的一个设置，现在只对部分 C 店和绝大多数天猫店开放。
- 无线成交占比控制好。在 PC 端详情页做好承接，一个小技巧就可以就转化大量订单。同时要加大无线端推广力度，保证无线端成交占比为 60%～80%。
- 手机搜索成交转化率。手机淘宝上通过搜索关键词进入店铺达成交易，这个比率越高，权重就会越大，排名一般就会靠前一些。
- 页面加载速度。产品介绍不要超过 10 屏，内容要简而精。顾客既然在手机端购买，也就决定了他不会看长篇大论，只要说清楚产品是什么即可。
- 使用精准的关键词。关键词决定人群，不要为了引流而使用一些热词，这样做对产品百害而无一利，就算引来了流量，也会带来转化率低的恶果。
- 付费推广是优化手机端个性化标签最快、最有效的方式。通过直通车及钻展的投放可以迅速锁定适合自己产品的买家人群。

第 30 讲　打造优秀的手机端创意图

手机淘宝使用的图片，一定要精美、细致，并能体现产品特点。主图适当放上一些产品的促销信息，因为手机端展示有限，所以图片上的信息也成为买家购买的一个关键因素。如图 3-1 所示为手机淘宝创意图。

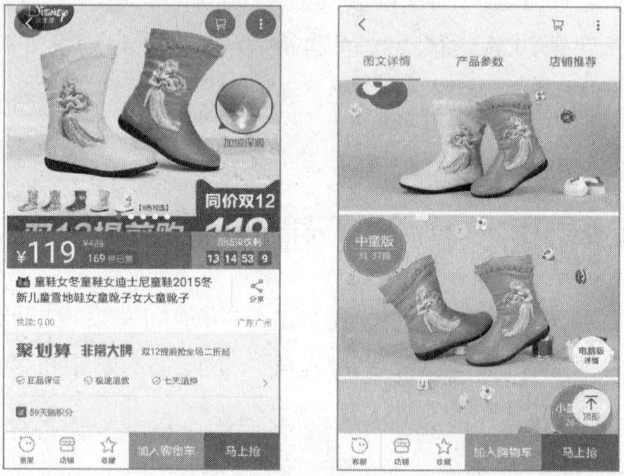

图 3-1　手机淘宝创意图

在手机端，每幅图片的尺寸及大小都有限制。一方面，在设计图片时要考虑图片的限制条件；另一方面，要在保证图片完整性及清晰度的前提下，最大限度地减小图片的大小。因此，手机端创意图的设计并不需要特殊手法，一切从简单做起。

- 注重图片放大后的效果，切忌图片模糊不清，并使图片放大后的效果与实物一致。
- 图片元素要简洁，包括店铺宝贝的展示图，以及店铺的整体色彩、使用的字体、文案等。
- 展示内容要突出。由于手机页面狭小，所以页面承载的信息不能太多，需要添加具有人性化色彩、带有角色引导性的图片。
- 内容从简，突出要推广的商品。以下是两幅手机端创意图，根据数据显示，如图 3-2 所示图片的点击率高于如图 3-3 所示图片，原因在于：手机屏幕小，显示的商品图片随之缩小，如图 3-3 所示图片没有突出要推广的商品。

图 3-2　突出推广产品

图 3-3　没有突出推广产品

- 搭配其他商品。如图 3-4 所示是点击率较高的创意图，虽然没有模特，但商品摆放恰当，并添加其他物品进行搭配，再配合背景图，整体视觉效果瞬间提升。

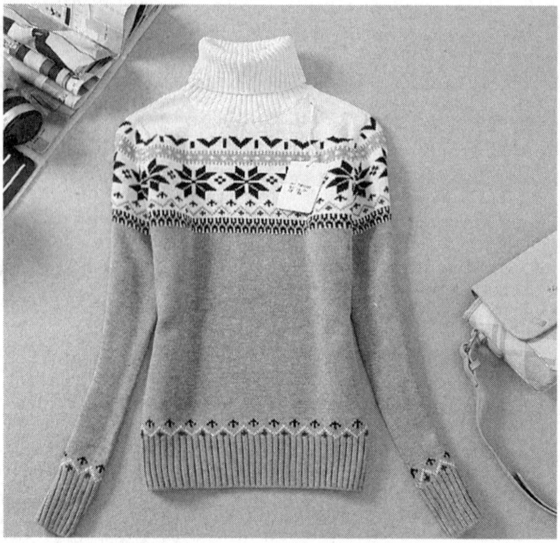

图 3-4　搭配其他商品

第 31 讲　优化无线端详情页

做好手机宝贝详情页描述，能增加宝贝的权重。很多店铺直接把 PC 端的描述图缩小，放到手机端描述里，这样就会导致描述页面过长。手机端访客在浏览宝贝详情页时，不像在 PC 端那样停留很长时间，如果手机加载速度很慢，就会导致跳失。切忌把 PC 端的详情页默认上传到手机端。手机端的宝贝详情页只要简单突出宝贝卖点就好，如图 3-5 所示。

很多店铺手机端的宝贝详情页都没有单独设置。将手机端详情页单独“装修”，不仅会给无线端加权，而且会提升无线端用户的打开速度。所以，宝贝详情页是提高淘宝无线端流量及转化率的重要手段。

无线端详情页的优化原则如下。

- 排版简洁明了：由于无线端屏幕面积较小，无法像 PC 端那样面面俱到，所以排版要简洁明了，可以采用拼接式的图片，既美观，又简单。
- 内容精简概要：内容应取 PC 端的精华，并有无线端自己的特色，在字体方面也要格外注意。
- 图片存储格式：详情页图片在切片时要储存为最小文件，这样做有利于缩短用户的打开时长。

图 3-5　手机端宝贝描述

第 32 讲　无线端店铺布局细化

很多商家花了不少时间装修手机店铺，却很少把时间花在布局上，用户体验很差，无法激起买家购买的冲动。然而，好的布局能提升销量和转化率。

1．无线端主图

“高大上”的封面主图是制作优秀套餐的必备元素。优秀的主图绝对是必胜的法宝，操作思路为：实拍图（最好用形象图、户外图）+大字价格+鲜明利益点。

2．无线端标题、副标题

无线端标题自动同步 PC 端标题，可以设置副标题。如图 3-6 所示为无线端店铺的副标题。

- 字符在 15 个之内，可以替换主标题进行展示，主要是对价格和优惠活动进行曝光，呈现一个让手机用户看起来舒适的标题，这是转化的基础。
- 如果无线端的商品卖点较多，可以在标题中全部列出。
- 如果是手机专享价的产品，可以利用副标题引导买家，提升转化率和销量。

3．搭配套餐

无线关联销售能有效提高客单价，增加顾客访问深度，提升浏览量。如图 3-7 所示是搭配套餐。

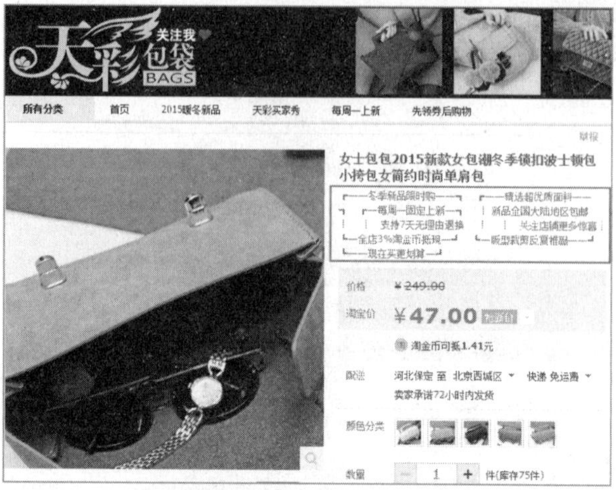

图 3-6　无线端店铺的副标题

图 3-7　搭配套餐

第 33 讲　为无线端店铺添加语音导购

随着科技的发展，语音导购与人们的生活具有越来越紧密的联系，并被广泛应用到经济生活等各个方面，在商城、网店等购物场所发挥着重要的作用。音频是无线端详情页的新玩法，随着无线端的发展，语音导购这种新型的购物方式必将成为趋势，起到锦上添花的作用。

手机音频的内容主要可以从顾客想要什么、产品的利益点、与别的店铺不一样的地方等方面充分发挥，如图 3-8 所示。

图 3-8　语音导购

调查显示，我们浏览一个店铺的平均时间是 3～6 秒。但是如果某一天，我们打开某个店铺时马上传来美妙的声音，无形之中，我们在这个店铺停留时间会加长，店铺产品被我们购买的概率也会提高。

第 34 讲　买家在详情页关注什么

商品详情页直接决定着网店商品的成交。商品详情页不能太简单，也不能太繁杂。在介绍商品的时候，一定要站在买家的角度，以非专业的眼光和视角来判定买家是否能看懂我们的宝贝描述，拉近买家和我们的距离。既然商品详情页是重中之重，那么买家在详情页更关注什么呢？

1．宝贝评价

宝贝评价对一个店铺、一件宝贝来说非常重要，很多掌柜把精力花在推广和 SEO 上，却忽略了评价的重要性。在评价上多花一些心思，也许会有意想不到的效果。如图 3-9 所示是好的宝贝评价。

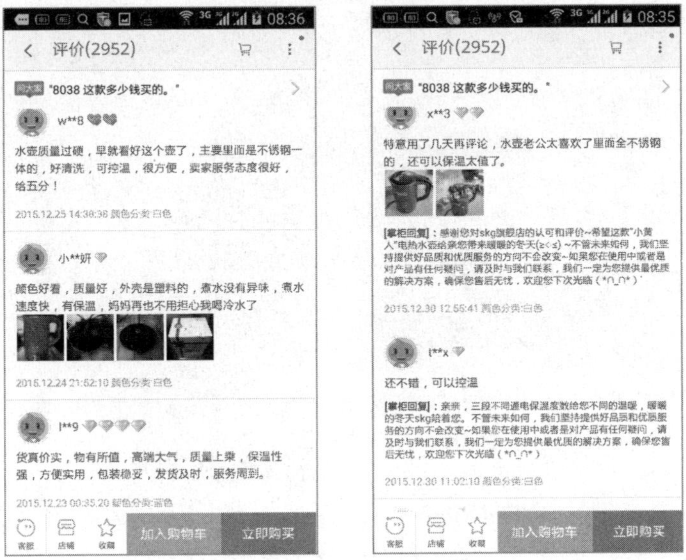

图 3-9　宝贝评价

2．卖点

如何吸引买家的眼球？卖点最重要。把手机端的优势告诉买家，才能促进销售。在详情页突出卖点、产品特点，以及手机专享价（如节省 20 元），刺激消费者的购物冲动，通过简单的描述告诉买家一个购买的理由，如图 3-10 所示。

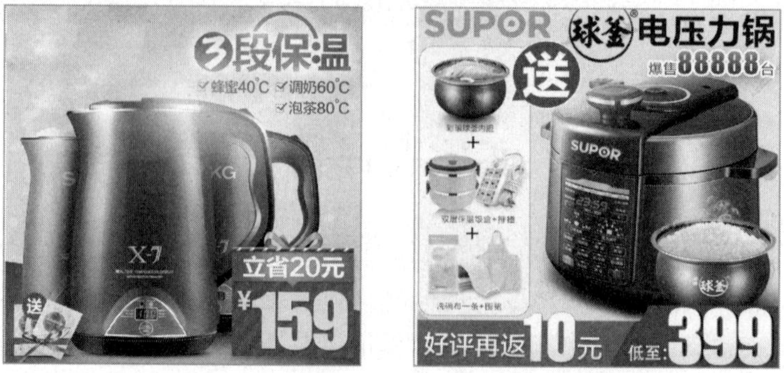

图 3-10　突出卖点

3．细节图

在无线端无法像在 PC 端那样把细节图做得面面俱到，因此要简而精，不宜像在 PC 端那样做得很多。要近距离展示商品亮点和细节，如服装类要呈现面料、内衬、颜色、纽扣、拉链、走线和特色装饰等细节，特别是领子、袖子、腰身和下摆等部位，如有色差需要说明，可搭配简洁的文字，如图 3-11 所示。

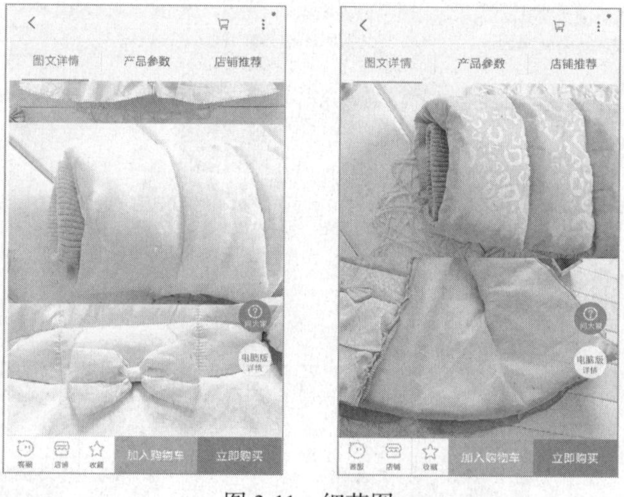

图 3-11　细节图

4．模特图

模特信息应突出身材参数，建议提供试穿体验，更宜激发购买冲动。模特形象应符合品牌的定位，用清晰的大图呈现正面、背面和侧面的穿着效果，每张图片都要有不同的信息。做无线段详情页的时候可以把男女尺码分开来，以提升用户体验，如图 3-12 所示。

图 3-12　模特图

第 35 讲　无线端宝贝标题优化的关键词选择

很多卖家其实都是刚开始接触手机端。既然如今淘宝大力发展无线端，那么每个卖家都应该致力于好好运营自己的手机店铺，首先要做的就是标题搜索优化。

手机端相对 PC 端来说，屏幕大小有限，因此能展示的产品信息也不多。所以，如何在大小有限的屏幕上展现产品特性和卖点的标题就显得格外重要。如何设置标题？可以加入一些主要属性词，也可以加入产品特色词。下面就和大家分享一些手机淘宝关键词的选词技巧。

1．手机搜索下拉框及类目属性词

如图 3-13 所示，在手机端搜索“羽绒服”，会出现热词列表及对应的类目属性词。可以把这些标题组合起来，这是在手机端寻找标题关键词的一种方法。

2．提示关键词组合

当我们搜索一个关键词时，在无线端的第三屏左右会出现一些提示关键词，如图 3-14 所示，单击就会发现这些词可以和主搜关键词相匹配，组成新的关键词，也可以进行关键词的组合及统计。

图 3-13　手机搜索下拉框及类目属性词

图 3-14　提示关键词组合

3．生意参谋后台关键词

生意参谋无线端选词助手统计出来的关键词也可以作为参考，如图 3-15 所示。

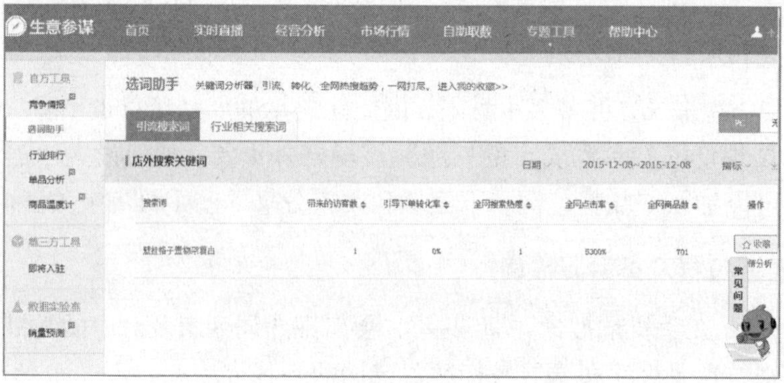

图 3-15　生意参谋后台关键词

第 36 讲　无线店铺做好关联销售

什么是关联销售呢？简单地说，就是在一个宝贝描述页面中加上其他商品的图片和超链接，吸引买家点击查看。为什么要设置关联销售呢？一方面可以提高流量的利用率，特别是对宝贝单价比较高、点击转化率低的店铺，掌柜要充分利用进入店铺的每一个流量，让更多优质的宝贝吸引买家的购物欲望，以便让买家一次性买得更多；另一方面可以增加其他主打宝贝的成交机会，在宝贝的详情页面关联几款主打宝贝的图片或者超链接，会让这几款宝贝有更多的机会展现，宝贝曝光多了——自然会增加其成交机会。

1．什么时候使用

➢ 活动时：聚划算、瞄一眼、手机抢购等大流量活动，使用关联流量互导。

➢ 爆款：在本身访客、流量转化都非常不错的情况下使用。

2．如何选择产品

- 关联产品价格

既然是关联产品，一般情况下要附属于主推产品。同一种产品的客户消费能力大都相当，如果关联产品价格和主推产品价格相差较大，就会引起消费者的反感，从而导致关联销售失败，不仅没有好处，还会让客户购买主推产品受到一定的影响。

- 关联产品类别

关联营销的产品尽量不要关联同样的产品。例如，我们卖的是裤子，关联的产品还是裤子，就会浪费自己的资源，如果能够关联外套或帽子更好。因此，在选择关联产品时建议选择非同类产品，并使其与主推产品有一定的相关性。

3．关联营销的位置

关联营销产品只有放对了地方才会显得更有威力。关联营销产品应该放在宝贝详情页面的哪个位置呢？建议放在宝贝详情页靠后的地方，如主推宝贝细节图之后、买家必读之前的位置。千万不要把关联营销产品放在宝贝详情页的开头处，这样很容易分散买家对原目标宝贝的注意力，造成喧宾夺主的错觉。如图 3-16 所示为外套关联毛衣销售。

图 3-16　关联销售产品

第 37 讲　标题效果的诊断分析

人们越来越习惯于轻松、便捷、随时随地的移动互联网购物方式，以手机和平板电脑等为主的移动终端成交几乎占据整个电子商务终端的半壁江山。宝贝标题的诊断优化对中小卖家来说是很头疼的一件事，很多卖家朋友经常复制别人的标题，或者自己创作一些根本没人搜索的关键字，这样做不仅浪费了时间，还有可能导致宝贝降权。那么，怎样进行宝贝标题的诊断分析呢？

使用宝贝团标题优化工具进行标题诊断的具体操作步骤如下。

（1）单击左侧导航栏“标题优化”下的“标题诊断”选项，单击需要优化的宝贝后的“立即优化”超链接，如图 3-17 所示。

图 3-17　单击“立即优化”超链接

（2）可以根据优化标准的提示对宝贝标题进行修改，下面会有热门推荐词，可以勾选进行填写，如图 3-18 所示。

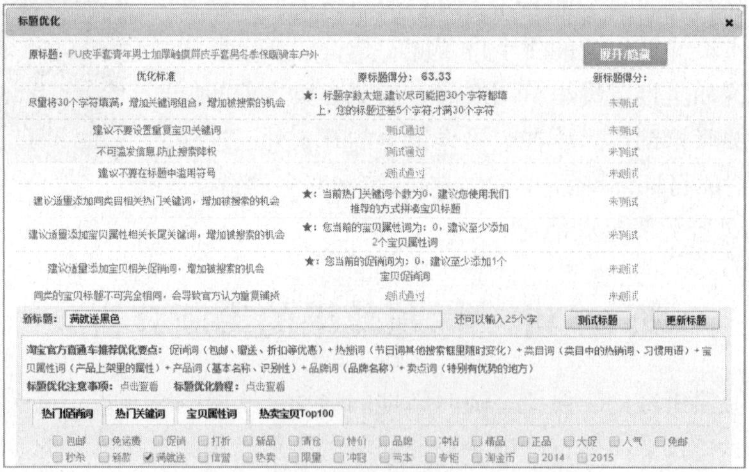

图 3-18　优化标题

（3）单击测试标题，会对新标题进行测试，如图 3-19 所示，如果依然存在问题，会进行提示。

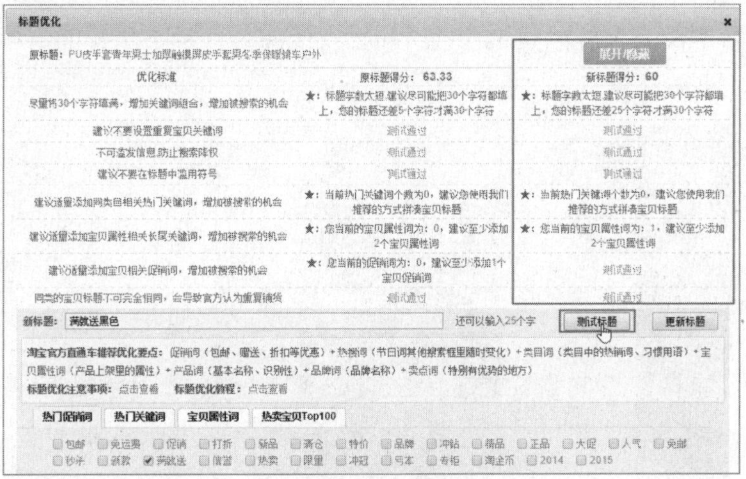

图 3-19　测试标题

（4）可以按照优化标准的提示对宝贝标题进行修改，评分为 95～100 分的标题就可以更新了。如果没有达到，需要继续修改标题。

第 38 讲　制作属于自己的手机海报

每次到电影院看电影，很大程度上是被电影院门口巨大的海报所吸引。之所以不进电影院，常常也是因为那张海报设计的够烂。淘宝海报是一个可以展示店铺特色和活动信息的好招牌。如图 3-20 所示为淘宝手机海报。

图 3-20　淘宝手机海报

海报设计的注意事项如下。

1．主题

主题就是要让买家看到我们想干什么。应该将主题放在整个图片的第一视觉中心点上，主题提炼应简洁、高效、单刀直入，如图 3-21 所示。

图 3-21　突出主题

2．风格

简单来讲就是要表里如一，切忌“挂羊头，卖狗肉”。图片要配合商品，做到两者合一，如图 3-22 所示。

图 3-22　商品与图片风格统一

3．构图

运用各种方式抓住和强调产品或主题本身与众不同的特征，并把它鲜明地表现出来，将这些特征置于广告画面的主要视觉部位，使买家很快感受到并对其产生注意和发生视觉兴趣，达到刺激购买欲望的促销目的，如图 3-23 所示。

图 3-23　精美的构图

4．细节

细节决定成败，一切效果都要在细节中实现。细节的重要性，往往要大过摆在门面上的东西，不漏掉每一个细节，才能达到出其不意的效果

第 39 讲　无线端流量的运营规划

网店掌柜除了要懂得如何运营无线店铺，还要对无线端进行有规划的运营。如何应对无线端的飞速发展？如何让无线端的运营更加全面、细致？对无线端进行全面的、有规划的运营就显得更加重要。

1．无线周期

首先要分析自己店铺的情况，才能有针对性地做好运营工作。第一步是要做好无线端的周期判断。每天无线端流量在 1000 以内，店铺处于导入期；每天 1000～3000，店铺处于成长期；每天流量 3000 以上，店铺处于成熟期。

知道了店铺的无线周期后，应该怎样进行无线端流量的运营呢？

- 导入期：店铺的流量较低。在这个时期，把重心放在抓转化上，主要的工作是详情页面装修、首页装修，必要的时候还要进行 PC 流量导入，引导一些有无线购物习惯的流量去转化。

- 成长期：这个时候，店铺急需流量补充，转化率也有了一定的保证。要不断优化搜索流量，增加推广流量、微淘流量及活动流量。
- 成熟期：在成熟期，店铺的流量和成交相对比较稳定。这个时候就要把更多的精力放在老客户的维护上，可以依靠无线端天生的社交特性策划更多的互动活动。

2. 人群分析

要做好人群分析工作。定位人群后，产品定位、推广定位、装修定位及营销定位都可以确定下来。

3. 总结分析

无线端的数据从每月到每天，流量、转化、客单都要仔细分析。但是，仅仅做无线端的数据分析是不够的，还要结合全店的数据做全方位的分析。

第40讲　淘宝无线端如何获得更多流量

1. 流量问题

无线端流量分3种：免费流量、自主访问、付费流量。

- 免费流量包括搜索流量和活动流量。买家进店搜索后，成功下单付款，生成搜索流量。活动流量是通过报名淘宝官方活动产生的流量。
- 自主访问有店铺互交、利用收藏、分享有优惠等。通过友情链接，引导别人的店铺流量进入自己的店铺。
- 付费流量有淘宝客、钻展、直通车、聚划算等。

2. 转化率问题

提升转化率，包括店铺装修、主图、详情页、店铺模块分布、客服服务、无线端活动等。

3. 客单价问题

客单价就是指买家平均购买商品的金额。提高客单价的方法如下。

- 店铺活动：自主活动，满就送，满包邮，限时打折，满就减，优惠券。
- 关联搭配：搭配套餐，利用关联营销和爆款制胜。
- 做好选款：最好选择几个主推爆款商品。
- 客服技巧：客服态度，做关联推荐。
- 老客户营销：做老客户的关怀和管理，做老客户的二次营销。

➢ 品牌文化：宣传品牌价值，通过品牌价值的提升，让客户认可品牌，而不是价格。

第 41 讲　导致手机淘宝转化率差的误区

有些店铺不重视手机淘宝的视觉设计，导致店铺的转化率越来越差。手机淘宝很重要，所以一定要重视详情页设计。导致手机淘宝店铺转化率差的误区有很多。

1. 信息不完整

很多的产品详情页，设计得很吸引人，视觉效果很好，但是信息不完整，总是缺少一些内容。如图 3-24 所示，详情页的图片设计得不错，视觉效果也很好，但是信息不完整，连最基本的服装尺寸都没有。

图 3-24　信息不全

2．逻辑混乱

商品详情页没有清晰的逻辑，没有明确的定位，思维混乱。

3．没有重点

想要表达的内容太多，没有重点，导致产品页面过长。如图 3-25 所示的产品详情看上去很乱。其实，一个产品详情页，最好就是围绕这款产品的卖点来做，这样既明确、又清晰。

4．把 PC 端的详情页同步到手机端

用这样的方法做出来的详情页会导致什么结果？图片经过压缩之后变得不清晰，字体太小看不清楚。手机端的产品详情页，最忌讳的就是文字一大篇且字体太小，这样顾客将无法阅读。

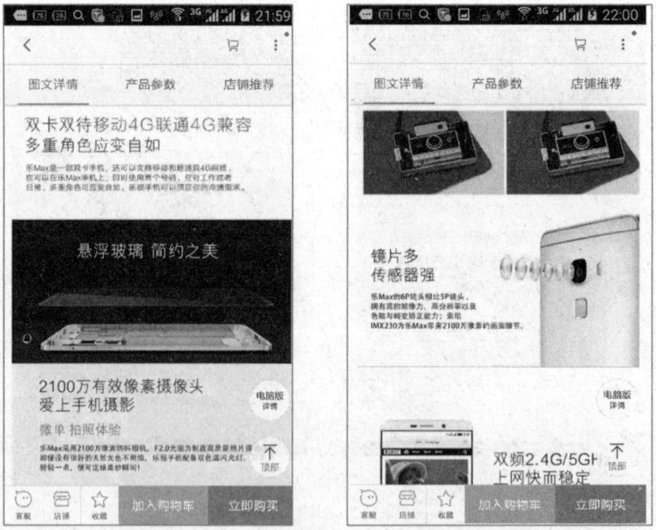

图 3-25　产品详情信息杂乱

第 42 讲　最容易被忽视的无线店铺基础运营

很多卖家习惯了 PC 端的运营方式，到现在也依旧把关注点放在 PC 端，往往忽视无线端的运营和维护。那么，哪些是卖家最容易忽视的呢？

1．无线店铺的装修

买家希望每一个页面都充满新鲜感。一般来说，建议页面要定期更新。从目前的数据来

分析，整体效果最好的是第三方模板，对整个店铺的访问深度和买家的停留时间都有很大的提升。因此，在卖家条件适合的情况下，建议选择第三方的模板。一定要注意观察数据的变化，选择适合自己风格的模板。

店铺 Banner 是买家对店铺的第一印象，因此，这个地方的素材一定要频繁更新。另外，店铺优惠券一定要放在最显眼的位置，便于买家领取。

一般来说，无线端的详情页建议设置在 6 屏以内。从买家的角度考虑，如果页面太长，买家的耐心会降低。同时，页面的加载速度也是需要考虑的。很多店铺的流量，卖家是没有利用好的，店铺首页和宝贝详情页的转化率也非常低。

2. 长图发布

上传宝贝的时候都需要上传 5 幅主图。主图要求是正方形的，分辨率为 700×700 或者等比例 700×700 以上的图片，还可以上传主图视频。

除此之外，可以上传第 6 幅主图。因为这幅图是长方形的，所以叫做长图。目前淘宝网默认开放了内衣、男装、女装类目的长图上传功能，其他类目的商品要看是否需要使用长图来更好地展示商品而定。

第 4 章 手机淘宝无线营销工具

开店指导

在淘宝网开店的店主都知道，现在店铺的很大一部分订单都是通过无线端得到的，无线端发展势不可当，所以无线端就成了淘宝店家抢夺的“肥肉”。为了抢占无线端流量，淘宝店家使用各种方法推广，其实，用好无线端工具引入流量才是关键。

第 43 讲　无线会员卡享受更多店铺权益

手机会员卡是店铺权益的集合载体，拥有手机淘宝高流量的入口，是增加店铺会员黏性的利器。会员卡的四大功能是无线端固定流量入口、会员专享活动专区、店铺无线积分功能和提升会员二次回购率，如图 4-1 所示。

无线会员卡功能从哪里进入呢？具体操作步骤如下。

（1）在手机淘宝中，登录“我的淘宝”，单击“卡券包”按钮，如图 4-2 所示。

（2）在卡券包中单击“会员卡”按钮，如图 4-3 所示。

（3）单击进入“我的会员卡”页面，可以显示会员卡折扣信息，如图 4-4 所示。

图 4-1　无线会员卡

图 4-2　单击“卡券包”按钮

图 4-3　单击“会员卡”按钮

图 4-4　会员卡

第 44 讲　千万级流量入口——店铺“宝箱”

“每日赢宝箱”是无线端重点打造的互动工具“宝箱”针对手机淘宝的特有活动类型，卖家在“宝箱”中选择“每日赢宝箱”，创建活动后，即可吸引千万流量。仅需 1MB 手机流量的钱，就能收获 1 个精准粉丝并曝光 3 个店铺热销宝贝——前所未有的流量入口。

（1）在“我的淘宝”中选择“卡券包”选项，如图 4-5 所示。

（2）在“卡券包”页面中选择“流量钱包”选项，如图 4-6 所示。

图 4-5　选择“卡券包”选项

图 4-6　选择“流量钱包”选项

（3）进入“阿里流量钱包”页面，选择“宝箱送”选项，如图 4-7 所示。

（4）进入“阿里流量钱包-开宝箱”页面，如图 4-8 所示。

图 4-7　选择“宝箱送”选项

图 4-8　进入开宝箱页面

第 45 讲　设置店铺宝箱引爆店铺流量

卖家设置店铺宝箱后，当用户浏览卖家的无线店铺首页或活动页时，就有一定概率出现宝箱。用户单击宝箱后，即可在卖家设置的宝箱奖品中进行抽奖，奖品、中奖率、中奖次数等都可以在后台设置。设置店铺宝箱的具体操作步骤如下。

（1）进入淘宝的“卖家中心”，单击“营销中心”下的“手机营销专区”选项，如图 4-9 所示。

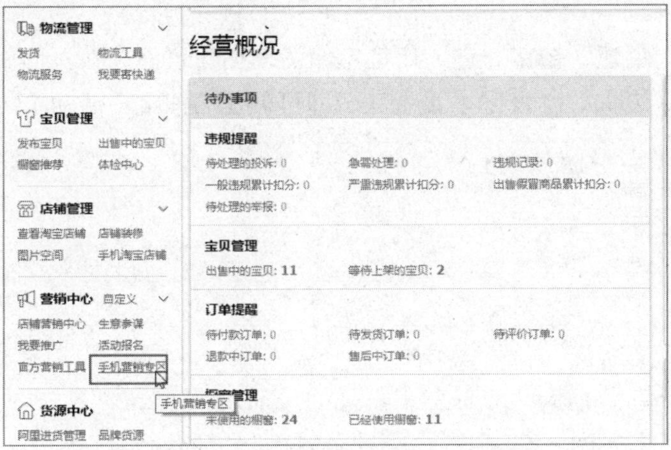

图 4-9　单击“手机营销专区”选项

（2）选择“互动营销工具”下的“店铺宝箱”选项，单击“马上创建”按钮，如图 4-10 所示。

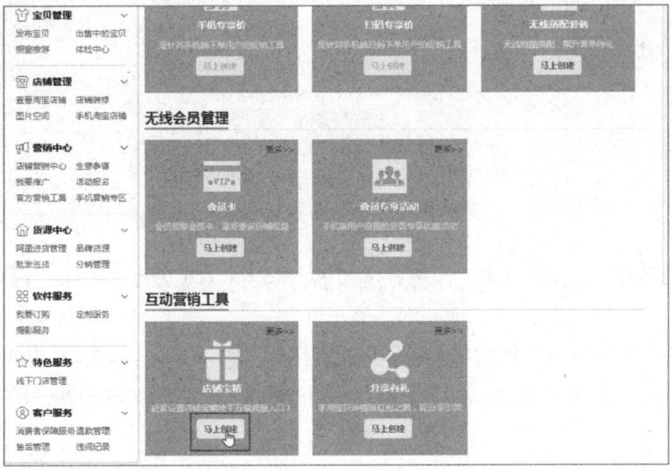

图 4-10　单击“马上创建”按钮

（3）单击进入之后，是店铺宝箱的介绍，以及已经设置的店铺宝箱活动的列表，可以在这里进行活动的创建及删除，如图 4-11 所示。

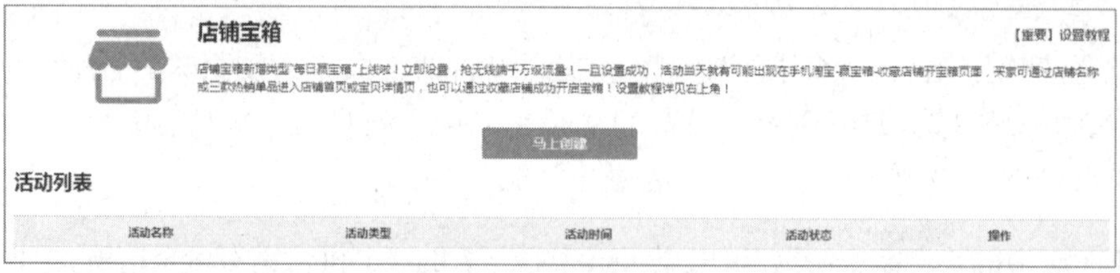

图 4-11　店铺宝箱

（4）单击“马上创建”按钮，进入店铺宝箱活动创建页面，在页面中设置活动名称、活动时间和奖励规则，如图 4-12 所示。设置完成即可创建店铺宝箱活动了。

图 4-12　店铺宝箱活动创建页面

第 46 讲　设置“码上淘”让店铺马上有流量

扫码作为目前 O2O 中非常重要的连接入口，已经成为上线与线下联通的新的流量渠道，成为消费者获取商品信息、享受优惠、便捷生活的途径。如图 4-13 所示为扫码优惠。

扫码专享价是一款专门针对手机淘宝扫码下单的促销工具，需要卖家在商品上设置“折上折”优惠，结合条形码和二维码使用。消费者只有通过手机淘宝扫描条形码和二维码才能享受专享优惠，价格比在 PC 端下单更便宜。设置“码上淘”的具体操作步骤如下。

图 4-13　扫码有优惠

（1）进入淘宝的“卖家中心”，单击“营销中心”下的“手机营销专区”选项，如图 4-14 所示。

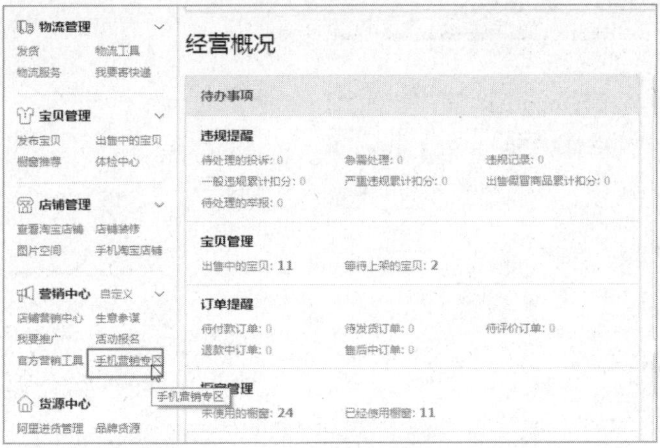

图 4-14　单击“手机营销专区”选项

（2）在“无线营销工具”页面单击“扫码专享价”下的“马上创建”按钮，如图 4-15 所示。

（3）创建活动，填写活动名称。此处的活动名称是卖家在后台设置用于辨认活动的，不在买家前台展现，活动时间最长为 30 天，如图 4-16 所示。

（4）设置宝贝。因为设置扫码专享价的宝贝数量有限制，且扫码和手机专享互斥，所以只能二选一。限制数量和上个自然月的日均销量有关，所以应选择热销、易引流的宝贝参加。可通过店铺内宝贝类目、宝贝名称、商家编码实现对特定宝贝的搜索和选择，如图 4-17 所示。

图 4-15　单击“马上创建”按钮

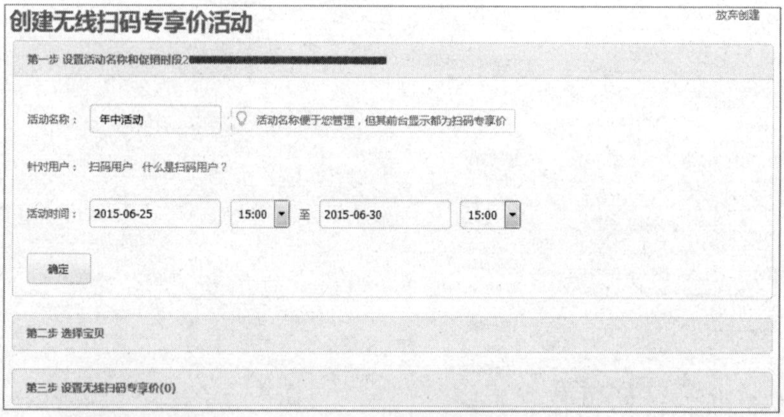

图 4-16　创建活动

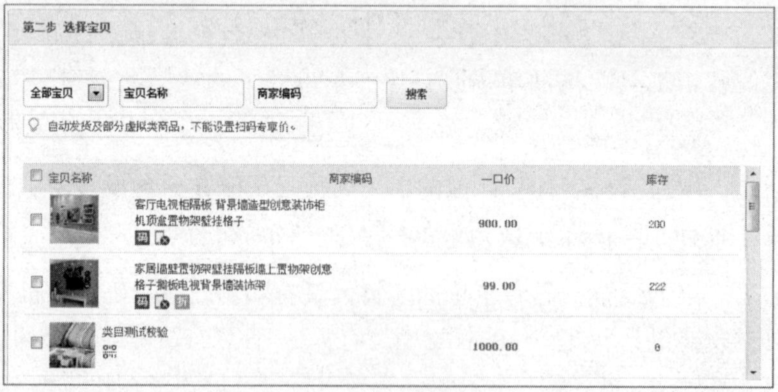

图 4-17　设置宝贝

（5）设置扫码专享价格。可批量设置宝贝的扫码专享价格，或者针对不同宝贝设置不同的专享折扣，如图 4-18 所示。

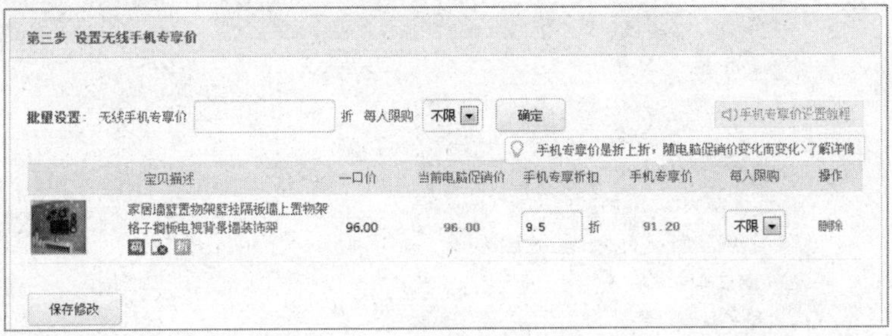

图 4-18　设置扫码专享价格

第 47 讲　分享有礼——促分享引流

“分享有礼”为店铺宝贝添加分享，送支付宝红包，吸引到店消费者分享宝贝到社交媒体，吸引用户回流到宝贝，配合宝贝活动（满减、折扣等），提升转化率。小成本红包，就可以让别人为你的宝贝传播引流，提升转化率由你决定！

图 4-19　单击“手机专享价”选项

“分享有礼”的具体操作步骤如下。

（1）进入淘宝卖家中心的“手机淘宝店铺”，单击“营销工具”下的“手机专享价”选项，如图 4-19 所示。

（2）在“互动营销工具”中，单击“分享有礼”下的“马上创建”按钮，如图 4-20 所示。

（3）进入“分享有礼”创建页面，单击“马上创建”按钮，如图 4-21 所示。

（4）弹出提示对话框，“分享有礼”活动最少要 2 个可用奖品。添加奖品，如图 4-22 所示。

（5）单击“添加奖品”按钮，进入支付宝红包创建页面，如图 4-23 所示。

（6）单击“创建支付宝红包模板”按钮，进入设置支付宝红包模板页面，如图 4-24 所示。

（7）设置完后进入“支付宝红包协议”页面，勾选“我已认真阅读并同意该协议”复选框后，单击“确定”按钮，如图 4-25 所示。

图 4-20　单击“分享有礼”下的“马上创建”按钮

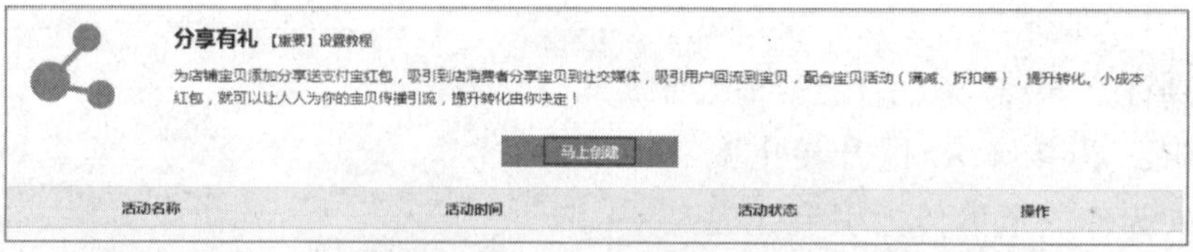

图 4-21　单击“马上创建”按钮

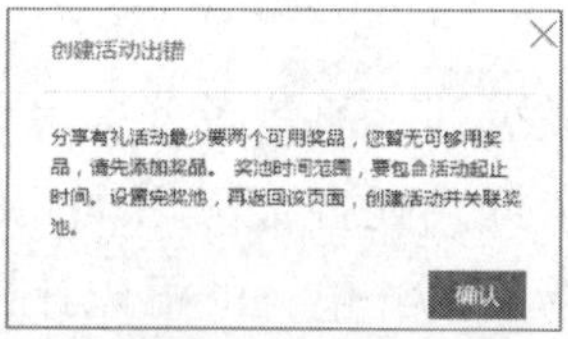

图 4-22　提示对话框

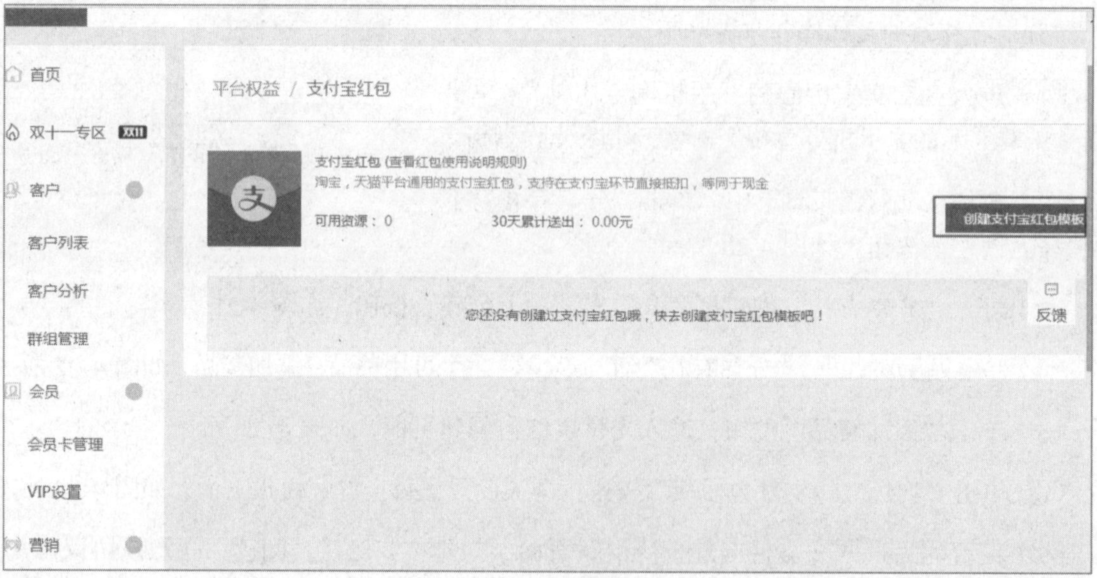

图 4-23　支付宝红包创建页

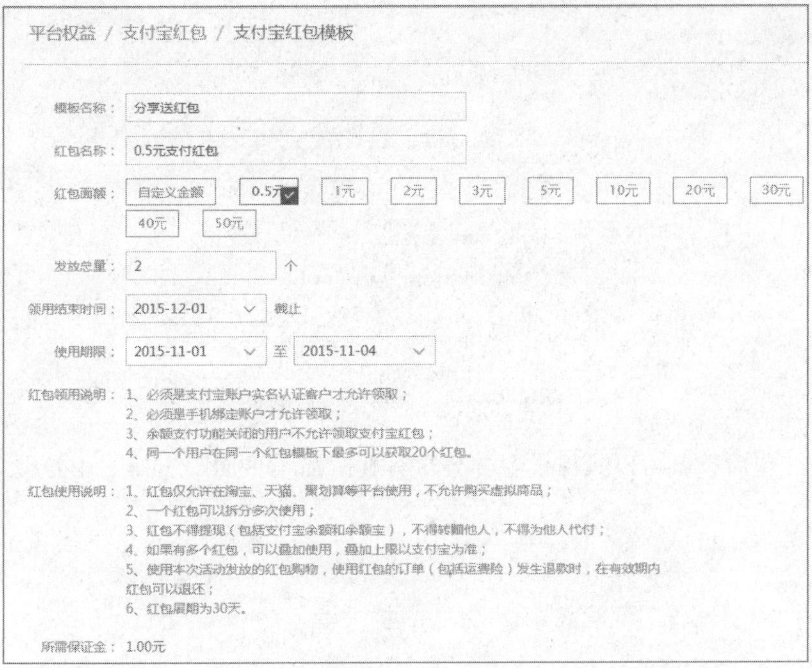

图 4-24　设置支付宝红包模板页面

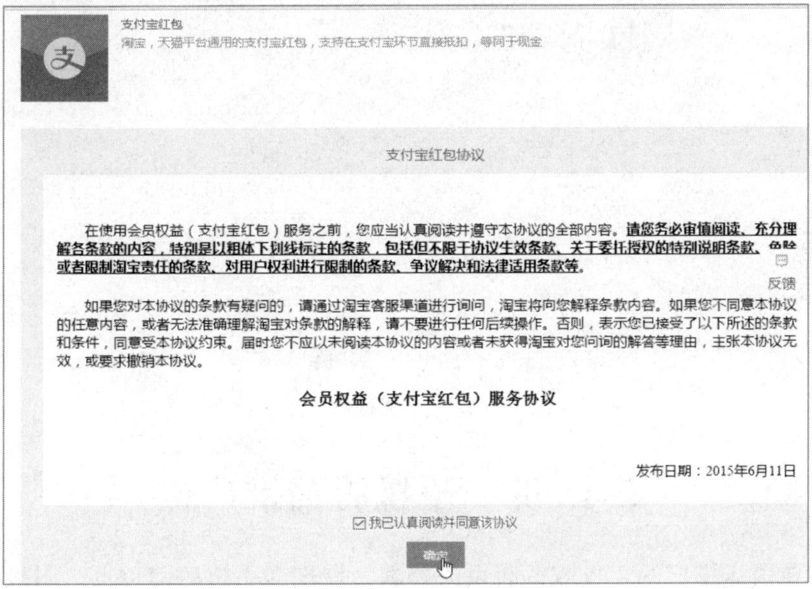

图 4-25　“支付宝红包协议”页面

（8）进入“红包授权发放”页面，输入支付宝支付密码，如图 4-26 所示。

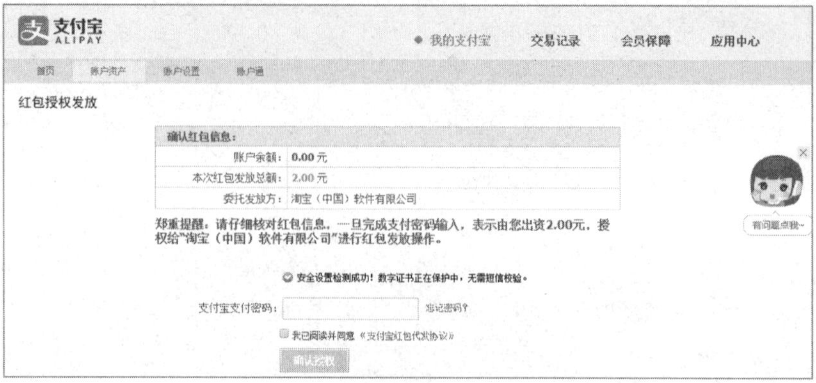

图 4-26　输入支付宝支付密码

（9）设置红包后，就可以具体设置“分享有礼”活动页面了，如图 4-27 所示。

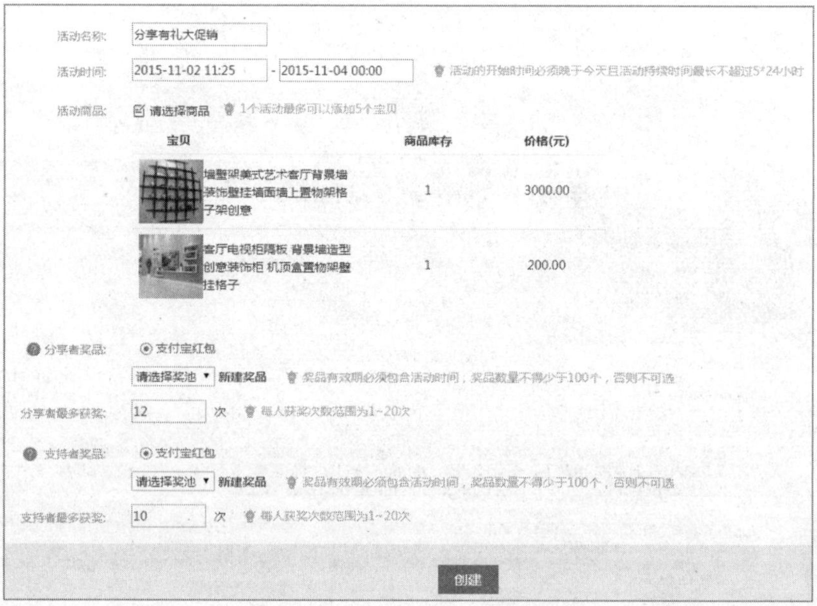

图 4-27　设置“分享有礼”活动页面

第 48 讲　手机店铺推广位

可以把想要重点推广的宝贝或者店里的爆款，展现在手机店铺首页，用最有吸引力的宝贝第一时间抓住顾客的眼球。自主设定在店铺首页展示的商品，突显店里最给力的商品，在店铺首页展现宝贝最近 30 天的销量。数据证明，让顾客看到宝贝的销量，可以更好地吸引顾客浏览宝贝详情页。如图 4-28 所示为手机店铺推广位。

图 4-28　手机店铺推广位

第 49 讲　什么是淘宝二维码

随着智能手机、平板电脑的日益普及，移动互联网开始飞速崛起，正在引领新的互联网发展模式和消费者生活习惯，O2O 成为时下最火热的电商概念。二维码类似于广泛运用在超市商品中的条形码。二维码正是条形码发展的高级阶段，在一个小小的方块里包含一个链接地址，引导使用者通过扫描设备（如手机）快速进入相应的网址。

借助二维码能够很好地完成移动营销，帮助商家、品牌商达到移动营销的目的。利用二维码完成移动营销的方式有很多，扫描二维码后，可以访问一个网站，进入一个店铺，查看某个商品的详情，或者进入一个活动页面。如图 4-29 所示，页面右上角就是淘宝二维码。

二维码营销有以下好处。

- 淘宝买家手机通过手机二维码识别软件扫描二维码，可以直接找到卖家的促销活动、店铺首页、宝贝单品，免去输入网址、搜索关键词的麻烦，降低用户在手机上获取信息的门槛。

图 4-29 页面右上角的淘宝二维码营销

- 卖家还可以考虑在平面媒体（如《淘宝天下》）上发布带有二维码的促销活动。对于有能力的大卖家，还可以在自己的商品上贴上相应的二维码。
- 卖家可以将二维码印刷到商品宣传册上，随包裹发给买家，吸引买家通过二维码进入店铺进行二次购买，为店铺带来源源不断的客流。
- 在 PC 端店铺和商品详情页中贴出二维码，使顾客可以在手机端快速收藏，随时随地光顾店铺。
- 二维码本身可以与广告中的元素巧妙结合。当广告中有吸引消费者扫描的亮点时，可以给消费者提供新奇有趣的用户体验。

第 50 讲　二维码在 PC 端店铺及商品详情页的应用

只要用智能手机上的二维码扫描软件扫一下附在任何物体上的二维码，可以立刻把用户带到手机上进行下一步操作，降低用户在手机上获取信息的门槛。这个过程不但简单，而且充满趣味性，让营销活动和广告不再是单方面的信息传递。

1. PC 店铺二维码

将生成的二维码进行加工，使其适合贴在 PC 端店铺中。二维码图片上可以标出店铺/品牌名称、手机淘宝店、广告语、收藏提示、客户端下载地址等，如图 4-30 所示。外框为智能手机线框，传递手机购物属性。外框和广告语可任由掌柜创新 DIY，后续可以更新修改。

把做好的二维码图片放到 PC 旺铺模板自定义区域，如图 4-31 所示。可将该图片链接到手机客户端的下载页面。至此，店铺二维码设置完成。

图 4-30　对生成的二维码进行加工

图 4-31　将二维码图片放到自定义区域

2．商品详情页的二维码

将二维码加入商品详情页，买家就可以用手机轻松收藏宝贝了，如图 4-32 所示。

图 4-32　商品详情页的二维码

第 51 讲　用“淘小铺”抢占千万流量入口

作为阿里巴巴在无线端推出的战略性工具，“淘小铺”对开店、上货、发货都实行了简易化处理，即卖家通过手机淘宝就可以进行店铺的一系列运营操作，极为方便。卖家可以通过无线端获得更多订单，随时随地进行商品售卖。

“淘小铺”为 C 店卖家提供在手机端进行店铺管理和自营销的能力，打通手机淘宝 B2C 端到端的产品服务能力，让更多商家能在手机淘宝上借助无线互联网的优势，是快速传播、快速营销和管理的工具。

“淘小铺”具有商品发布管理、订单管理、生意参谋、消息渠道等功能，能助卖家在无线端轻松开店，实行有效的店铺分析和管理。一站式商业管理工具让卖家通过手机扫码就可轻松完成上货、发货等工序。

除上述开店运营管理的一站式服务外，“淘小铺”在推广上也做了很好的设置，在流量入口尽享无线网络带来的流量红利。凡是激活淘小铺的商家，其生成的二维码都可以直接分享到微淘、微信、微博等社交平台上，使商家在流量获取上减少了不少烦恼。

开通“淘小铺”的具体步骤如下。

（1）进入手机淘宝的“我的淘宝”页面，单击“我是商家”按钮，如图 4-33 所示。

（2）进入“我的店铺”页面，单击“未认证”选项，如图 4-34 所示。

图 4-33　单击“我是商家”按钮

图 4-34　单击“未认证”选项

（3）进入“身份认证”页面，如图 4-35 所示，验证通过后就可以使用“淘小铺”了。

第 52 讲　淘宝无线直通车展位

无线端的消费力量有目共睹，所以卖家在推广方面也不得不把有限的力量部分转移到无线端。无线端是未来的大势。无线端直通车作为精准引流的工具，展位在哪里呢？

宝贝图片左上角标有“HOT”标志的地方就是无线直通车的位置，如图 4-36 所示。PC 端配合引导顾客进入无线店铺，如二维码、手机专享页面等。

图 4-35　“身份认证”页面

图 4-36　无线直通车展位

第 53 讲　无线直通车推广攻略

无线直通车作为卖家获取无线流量最常用的工具，其在不同的客户端都有对应的展示位置。卖家该如何推广无线直通车呢？

1．设置投放平台

目前对一些直通车客户已经开通了单独投放淘宝无线端的业务。如图 4-37 所示为关闭 PC 端投放。关闭 PC 端投放、只开无线端投放的好处是可以控制无线端的出价、日限额，从而更好地进行推广数据的分析等。

2．设置投放地域

该功能可以精准设定广告投放的区域。可以根据该计划，参考主推的商品品类在各地区的搜索、成交、转化表现，选择希望投放的区域；也可以为不同地域的广告设置不同的出价，精打细算，降低推广成本。如图 4-38 所示为投放地域设置。

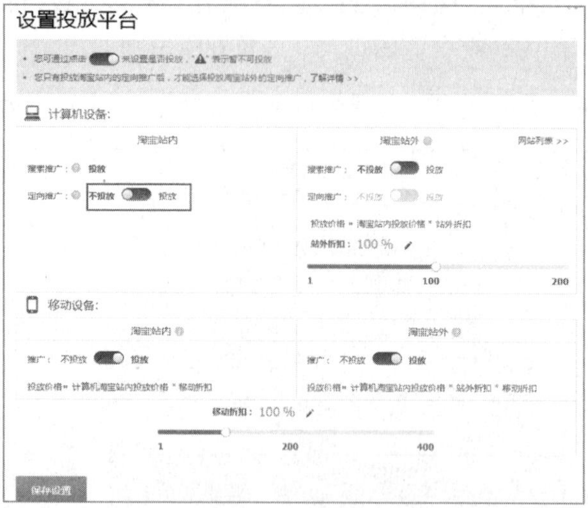

图 4-37　关闭 PC 端投放

图 4-38　投放地域设置

可以根据商品属性进行精准投放。根据商品属性和特点，对物流、气候季节、促销活动、代理区域等因素进行分析，选择合适的地域进行投放。

对点击量较高的地域，可以有针对性地推广适合该地域的商品或适当提高该地域的广告出价，并针对这些地域进行优惠促销等活动，把高流量转化为最终的成交。

3. 设置投放时间

在投放时间的选择上，建议在买家集中的购物成交时间保持投放并确保账户余额充足，并根据店铺实际情况调整。建议在晚上加大投放力度，若客服下班早则不推荐投放。如图 4-39 所示为设置投放时间。

第 54 讲　为什么要设置手机专享价

大家都知道，淘宝手机端是淘宝引流的一个重要来源。随着智能手机的发展，相信大部分的淘宝卖家都开通了手机淘宝，引入更多的手机无线端流量。但是，只设置手机店铺还不够。如何让手机端流量再高一点呢？可以设置手机专享价。

手机专享价是一款专门针对手机端下单的促销工具，可在手机端和 PC 端实现不同的促销折扣。目前可与“双 12”大促、聚划算（仅限 C 类商品）、天天特价、限时打折、天猫特价宝等所有第三方促销工具叠加使用，支持“折上折”，并可以做到交易记录不显示手机专享价，只显示 PC 端优惠价或“一口价”。因为手机专享价拥有搜索加权、无线流量倾斜等支持，所以设置手机专享价可以提高成交转化率，也方便买家在手机端找到更加优质、优惠的商品。

使用手机专享价的优势如下。

- 手机专享价折扣的力度可以对无线端的搜索加权，如图 4-40 所示。设置了手机专享价的产品会被优先展示出来，在搜索时获得更多流量和优先展示权，每天百万的流量也让买家更容易找到你的宝贝。搜索结果列表中显示“已省 XX 元”字样，如图 4-41 所示。
- 手机商品详情页显示“手机专享价”提醒，如图 4-42 所示。
- 手机专享价是一个有折扣的营销活动，可以在 PC 端展示更低的价格。卖家可以利用这一特点，结合店铺的其他折扣，打造网店的爆款，也可以通过手机专享价为店铺低价引流。如图 4-43 所示，打造的爆款产品月销售达 18365 件。

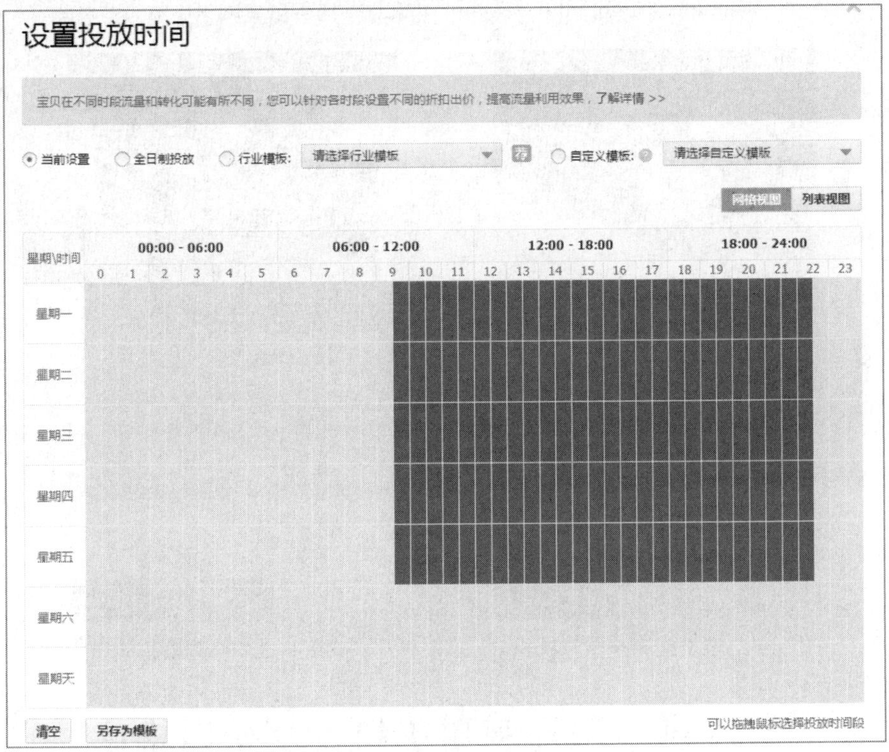

图 4-39 设置投放时间

图 4-40　搜索加权

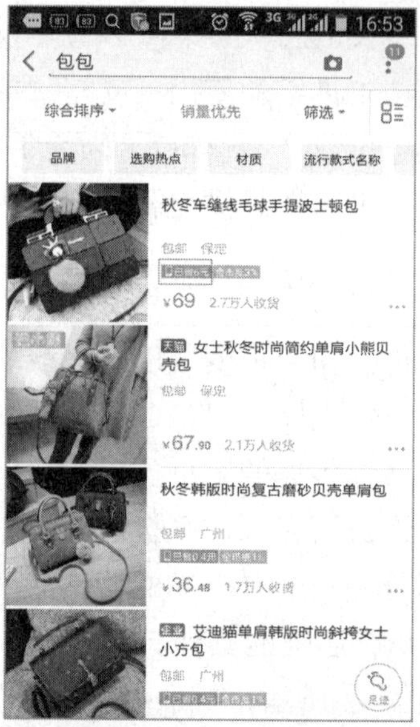

图 4-41　搜索结果列表中显示节省字样

图 4-42　“手机专享价”提醒

图 4-43　打造爆款

第 55 讲　怎样利用手机专享价做推广

手机专享价是无线端运营必备的一款营销工具，正确使用和设置手机专享价，能提高无线端产品的排名、为店铺引入流量、提高成交量及转化率。卖家只需借助一个已经开通过手机专享店铺的子账号，就可以开通手机自己的手机专享价权限了，具体操作步骤如下。

（1）进入淘宝后台管理页面，打开“卖家中心”下“营销中心”的“手机营销专区”，如图 4-44 所示。

图 4-44　选择“手机营销专区”选项

（2）在“无线营销工具”板块选择店铺页面，单击“手机专享价”下方的“马上创建”按钮，如图 4-45 所示。若此按钮为灰色，说明店铺不符合手机专享价开通条件。

图 4-45　单击“马上创建”按钮

（3）填写活动名称、针对用户和活动时间，如图 4-46 所示，活动时间不超过 30 天。

（4）设置宝贝。因设置手机专享价的宝贝有数量限制，限制数量与上一个自然月的日均销量有关，所以应选择热销、易引流的宝贝参加。可通过店铺内宝贝类目、宝贝名称、商家编码实现对特定宝贝的搜索和选择，如图 4-47 所示。

图 4-46　设置活动名称和促销时段

图 4-47　设置宝贝

（5）勾选参加活动的宝贝，批量设置折扣价并完成活动的创建，如图 4-48 所示。

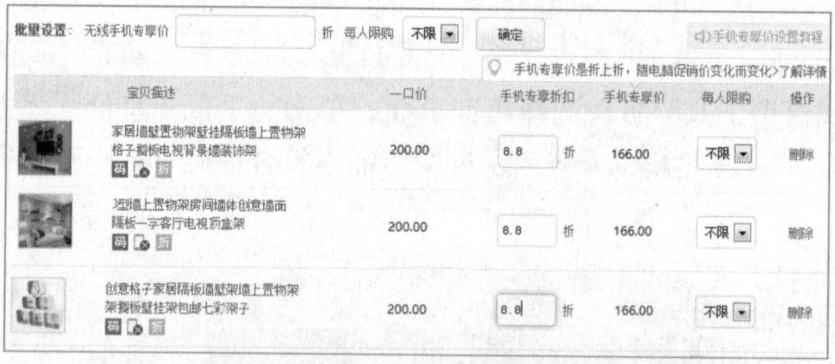

图 4-48　批量设置折扣价

第 56 讲　通过“微淘”引入无线流量

“微淘”是淘宝在移动互联网终端布局的一个重要转型。微淘是手机淘宝的重要产品之一，定位是基于移动消费领域的入口，在消费者生活细分领域为消费者提供方便、快捷、省钱的手机购物服务。简单地理解就是淘宝自己的微博，简称微淘。和使用微博一样，用户可以有自己关注的店铺，通过订阅的方式获取信息和服务，运营者和粉丝之间能够围绕账号产生互动，因此也成为拉近买卖双方距离的一座非常好的桥梁。微淘的首页是 http://we.taobao.com/，在这里卖家可以发布帖子、单品、搭配等内容。

做好微淘的第一步无疑就是“引粉”。那么，如何才能吸引粉丝的关注呢？

- 买家咨询的时候可以适当引导客户关注微淘，并向买家介绍关注微淘的好处及能获得的优惠等。
- 发送的广播要注重标题和图片，让粉丝有点击的欲望。广播的标题和图片非常重要，要能抓住粉丝的眼球，如图 4-49 所示。

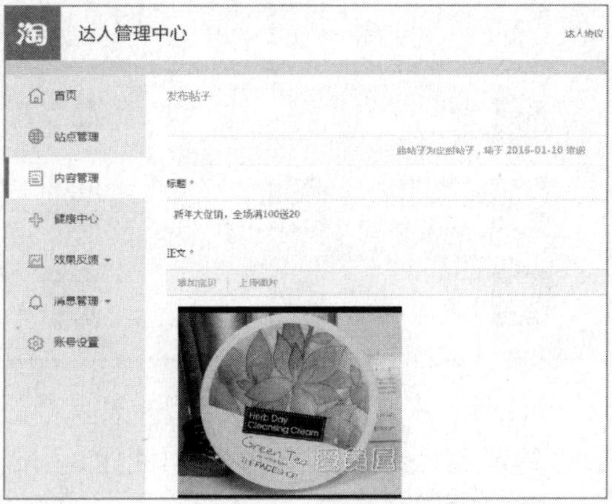

图 4-49　要注重标题和图片

- 从数据中发现，每天坚持发布帖子并且推送到微淘的达人，其店铺流量有明显增长。每天发布帖子的时候，一定要勾选“推送到微淘”复选框，如图 4-50 所示。

图 4-50　勾选“推送到微淘”复选框

- 活动是引粉、留粉、提高粉丝互动率的利器。在不同的阶段尝试多种活动，吸引粉丝与店铺互动。互动游戏多种多样，可以登录 wuxian.taobao.com，在左侧导航栏“互动营销”的“互动市场”板块挑选合适的游戏，如图 4-51 所示。

图 4-51　互动市场

➢ 微淘内容可以加入自己的观点，多使用问句，抛出问题，引起浏览者的思考，从而使他们有兴趣参与评论，提高微淘的互动性。
➢ 对时事热点要及时注意。网友对于热点噱头的关注度还是比较高的。

第 57 讲　无线引流新利器——麻吉宝

“麻吉宝”是和直通车、钻展、淘宝客等产品并列的产品。麻吉宝是一款打造用户与商家之间趣味互动的无线营销产品和 App，让用户在完成任务的乐趣中接受商家的营销并产生深刻的记忆，从而成为商家无线端的忠实粉丝。

麻吉宝的原理是：用户登录淘宝账户，完成任务，拿到积分。其中广告主推广费用大部分回馈给了消费者和媒体，从而让消费者有了更高的积极性，让媒体流量得到了更好的效果，如图 4-52 所示。

麻吉宝的优势如下。

➢ 以量带动商家互相竞争。
➢ 提高品牌关注度与店铺收藏人数，从而给店铺定位更多的人群。
➢ 可扩展形式很强，与移动行为有默契。
➢ 让流量获取成本更有优势（收藏+关注）。

➢ 站外和无线扩展，流量多元化，适合品牌及店铺大促传播，把站外无线 App 非购物环境下的流量转换成购物流量。

图 4-52　麻吉宝

麻吉宝适合的对象包括品牌型商家、营销驱动型商家、活动缺流量型商家、典型卖货型商家。

第 58 讲　如何开通手机优惠券

目前，淘宝网的优惠价是全店通用的，没有区分 PC 端和无线端。但是，我们运营无线店铺的最终目的是使顾客在无线端一键领取优惠券。如何开通手机优惠券功能呢？具体操作步骤如下。

（1）登录 PC 端后台，单击“营销中心”下的“促销管理”选项，如图 4-53 所示。

（2）进入“商家营销中心”，单击“淘宝卡券”选项，如图 4-54 所示。

（3）进入下一页面后就能立即使用本服务。单击“马上订购”按钮，如图 4-55 所示。

（4）进入店铺优惠券订购页面，如图 4-56 所示，订购成功即可开通手机优惠券并进行设置了。

图 4-53　单击“促销管理”选项

图 4-54　单击“淘宝卡券”选项

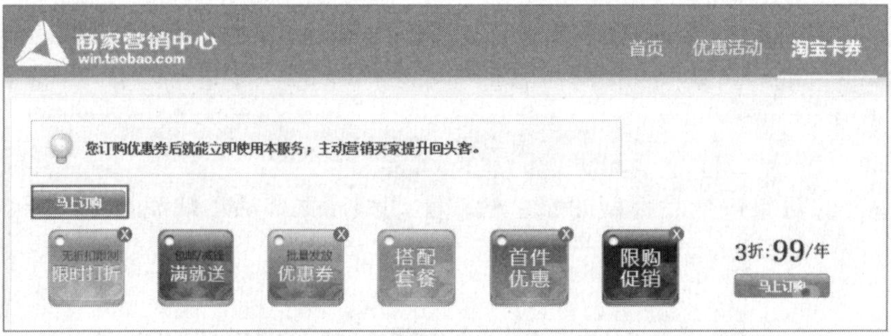

图 4-55　单击“马上订购”按钮

图 4-56　进入店铺优惠券订购页面

第 59 讲　无线搭配套餐飙升客单转化率

搭配套餐，顾名思义就是将几种商品组合设置成套餐来销售，通过促销套餐让买家一次性购买更多商品。这种营销方式很大程度上提高了卖家促销的自主性，同时也为买家提供了更多的便利和选择权。

那么，搭配套餐能带来什么好处呢？

- 提高信誉。一个顾客买到一件满意的宝贝时，卖家只能增加 1 个好评，但如果是搭配套餐，给予买家更多优惠的情况下，至少能增加 2 个信誉评价。
- 节省邮费。大家都知道，快递公司都是 1 千克起步计价。卖小件商品的商家单件发货的话都是要按照起步价支付运费的，往往离 1 千克还有很大的距离，这样很是浪费。如果将商品组合成套餐出售的话，一次发货只要不超过 1 千克，都只要支付起步价，这样一来可以节省不少运费。
- 增加宝贝曝光度，这一点是其主要作用。卖家可以将搭配套餐的模板代码复制到店铺的任意位置，提高曝光率，在潜意识中让买家记住此套餐。
- 提高客单价，这是最重要的作用。搭配套餐更具有真实性，买家会认为这是卖家薄利多销的促销手段，往往更加容易相信和接受这样的促销方式。这样自然就提高了客单价。

宝贝的搭配套餐设置完成后，在该宝贝的无线详情页就会自动显示该宝贝的搭配套餐，如图 4-57 所示。

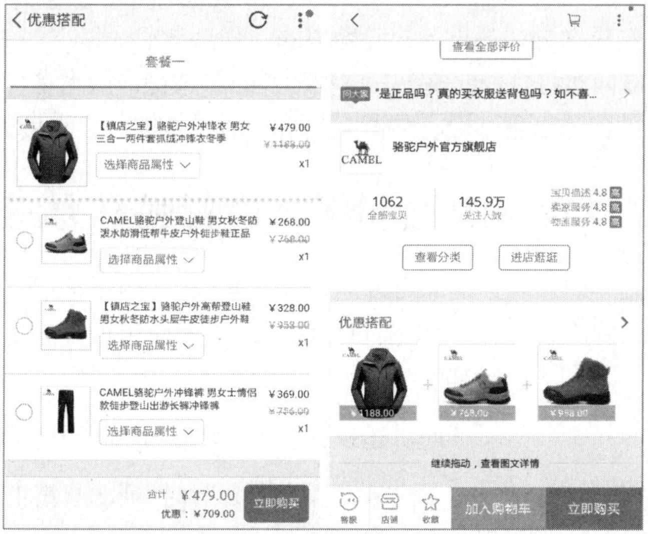

图 4-57　宝贝的搭配套餐

第 5 章 淘宝营销工具的推广妙招

开店指导

如今网店的竞争非常激烈，如果天天盯着电脑，守着自己的网店，生意肯定是冷冷清清。现在的淘宝网，要想靠网店挣钱，就离不开店铺推广，店铺推广做得多，才有可能提高店铺的流量。没有谁一开网店，什么都不做，就有生意上门的。只要肯认真做，就一定会有收获。

第 60 讲　设置 VIP 会员卡，进行强有力的店铺促销

卖家可以通过设置发放会员卡的标准，将买家设定为高级会员或 VIP 会员。没有在该店铺用支付宝交易过的买家，卖家无法对其发放会员卡。

下面讲述设置店铺 VIP 会员卡的具体操作步骤。

（1）进入“卖家中心”，找到“营销中心”栏，单击“会员管理关系”超链接，如图 5-1 所示。

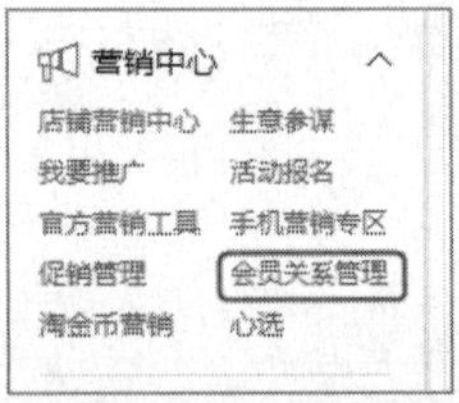

图 5-1　单击“会员管理关系”超链接

（2）进入“客户关系管理”页面，单击左侧“会员”下面的“VIP 设置”选项，如图 5-2 所示。

图 5-2　“客户关系管理”页面

（3）单击“普通会员”下面的“编辑”按钮，设置交易额、交易次数和折扣比例，如图 5-3 所示。

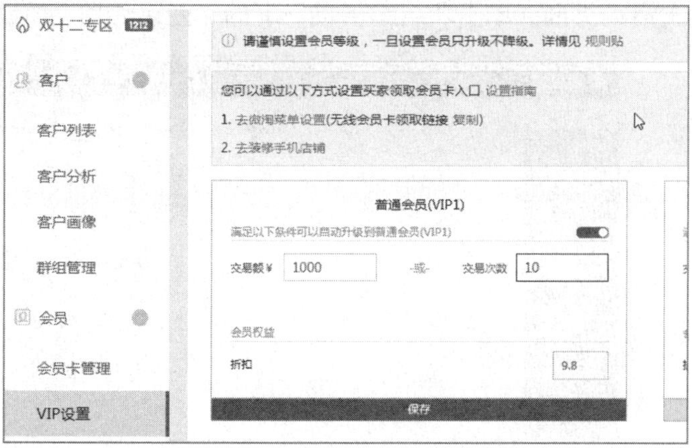

图 5-3　为普通会员设置折扣

（4）单击“保存”按钮，成功设置会员折扣，如图 5-4 所示。

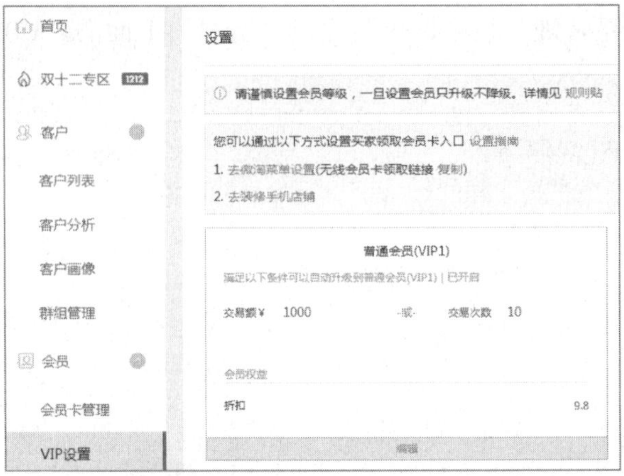

图 5-4　成功设置会员折扣

第 61 讲　设置店铺红包，激发买家的购买欲望

店铺红包在激活人们购买欲望的同时，也可以为店铺带来更多的订单，提升转化率。淘宝卖家给自己的店铺设置合理的红包，可以很好地为店铺引流，增加销量。淘宝卖家该怎么设置店铺红包呢？下面讲述设置店铺红包的具体操作步骤。

（1）进入“卖家中心”，找到“营销中心”栏，单击“店铺营销中心”超链接，如图 5-5 所示。

（2）进入“旺铺”活动页面，单击“店铺活动”下的“创建活动”超链接，如图 5-6 所示。

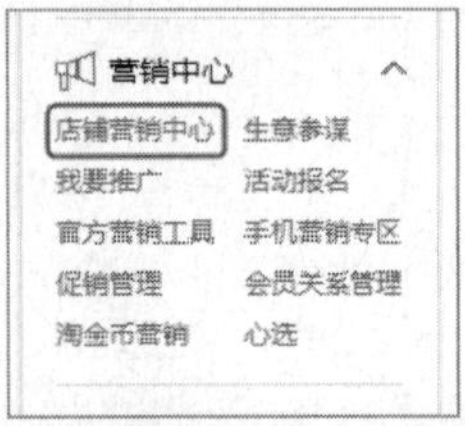

图 5-5　单击“店铺营销中心”超链接

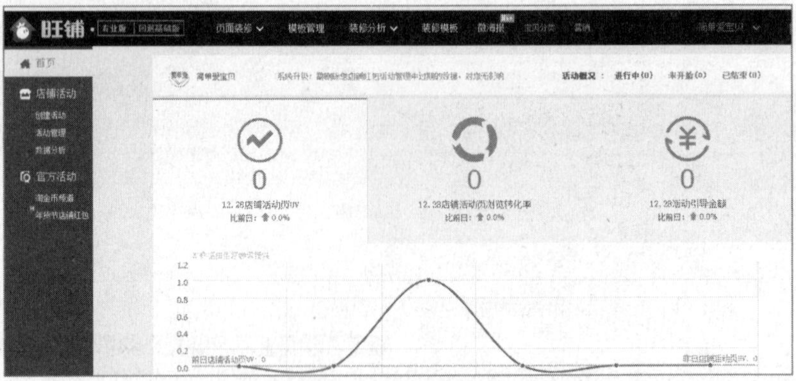

图 5-6　单击“创建活动”超链接

（3）单击“PC 活动”下的“店铺红包”超链接，单击“创建活动”按钮，如图 5-7 所示。

图 5-7　单击“创建活动”按钮

（4）填写活动信息，如图 5-8 所示。

图 5-8　填写活动信息

（5）单击“下一步”按钮，设置发布渠道，如图 5-9 所示。

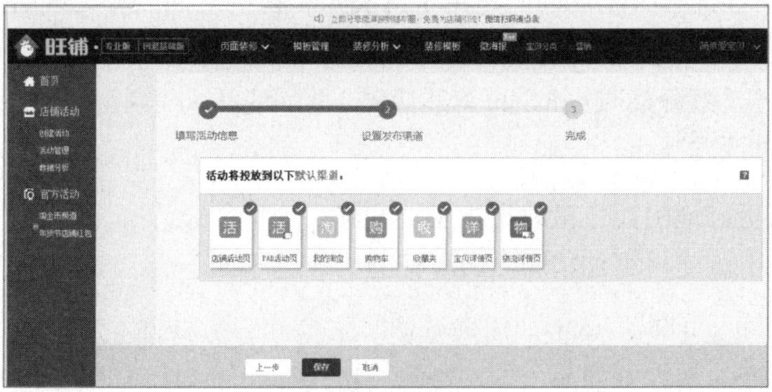

图 5-9　设置发布渠道

（6）单击“保存”按钮，弹出“发布提醒”对话框，如图5-10所示。

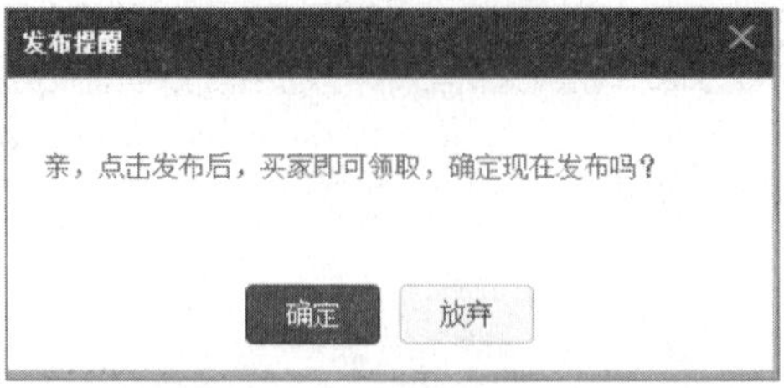

图5-10 “发布提醒”对话框

（7）单击“确定”按钮，即可成功发布店铺红包，如图5-11所示。

图5-11 成功发布店铺红包

第62讲 无线端站外引流神器——微海报

“微海报”是由旺铺官方出品的，是用于解决卖家在淘宝网以外无线引流难的问题所推出的海报工具。卖家使用该工具生成微海报后，可在微博、微信朋友圈、豆瓣等处直接分享和传播该海报，用户单击“微海报”按钮后可直达店铺、商品或活动，真正实现“无线引流不花钱”，并能对引流数据进行监控。

为了帮助商家更好地引流，微海报携手“装修市场”的设计师，提供了近300套免费模板，让卖家的无线引流变得更加精彩。微海报的具体应用如下。

（1）登录淘宝卖家中心，单击“店铺营销”下的“官方营销工具”选项，打开官方营销工具页面，单击“微海报”下面的“立即设置”按钮，如图5-12所示。

图 5-12　官方营销工具

（2）打开“店铺装修微海报”页面，选择适合自己商品的模板，单击底部的“立即使用”按钮，如图 5-13 所示。

图 5-13　选择微海报模板

（3）进入“微海报”编辑页面，单击“店铺名称”可以输入店铺名称，如图 5-14 所示。

（4）单击左侧的第 2 页，在中间一栏中单击要更改的图片，单击“更换”按钮，如图 5-15 所示。

（5）打开商品选择页面，可以看到自己店铺里的商品。选择需要放在微海报上的商品图片，如图 5-16 所示。

（6）单击“确定”按钮，弹出确认发布作品提示框，如图 5-17 所示。

图 5-14　微海报编辑页面

图 5-15　更换图片

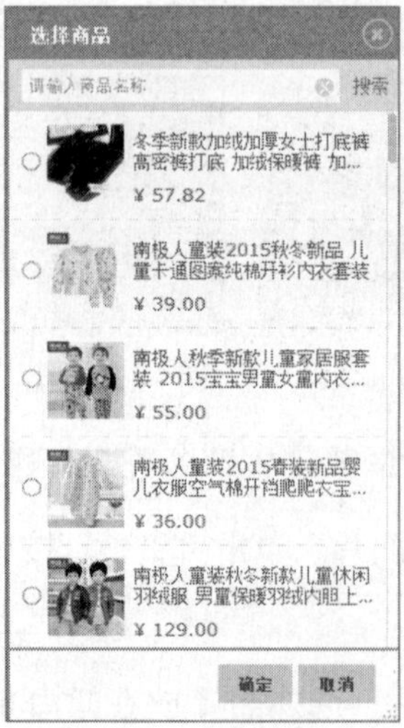

图 5-16　选择商品

图 5-17　确认发布作品提示框

（7）单击“确定”按钮，即可成功制作微海报。可以看到其下面有相应的推广代码，如图 5-18 所示。

图 5-18　成功制作微海报

（8）如果想把微海报发送给 QQ 好友，可以一次性选择 5 个 QQ 好友，如图 5-19 所示。

图 5-19　添加 QQ 好友

（9）单击“发送”按钮，即可成功发送消息，如图 5-20 所示。

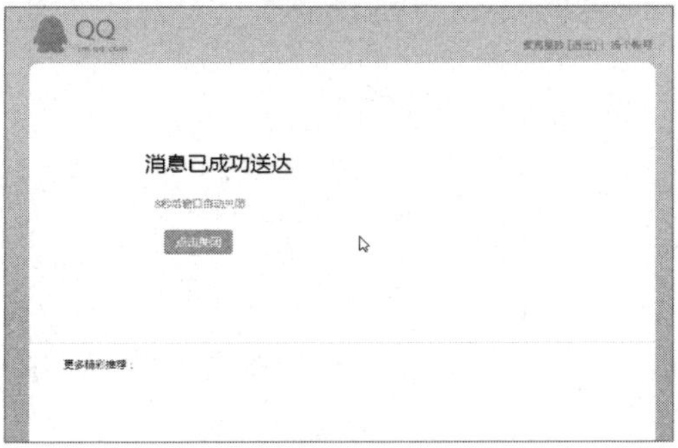

图 5-20　成功发送消息

第63讲　促进消费者下单并提高客单价——淘宝心选

淘宝“心选”这个工具，用于在宝贝页面设置本店的搭配推荐和跨店的商品互换推荐，从而实现本店关联营销和跨店流量的互换功能。此功能可以针对不同的消费群体，推送店铺的不同商品或活动信息，达到“向合适的人推荐合适的信息”的效果，并可以通过查看效果数据来调整设置。

（1）登录淘宝卖家中心，单击“店铺营销”下的“官方营销工具”选项，打开“官方营销工具”页面，单击“心选”下面的“立即设置”按钮，如图5-21所示。

图5-21　官方营销工具

（2）打开“心选计划管理”页面，单击“新建计划”按钮，如图5-22所示。

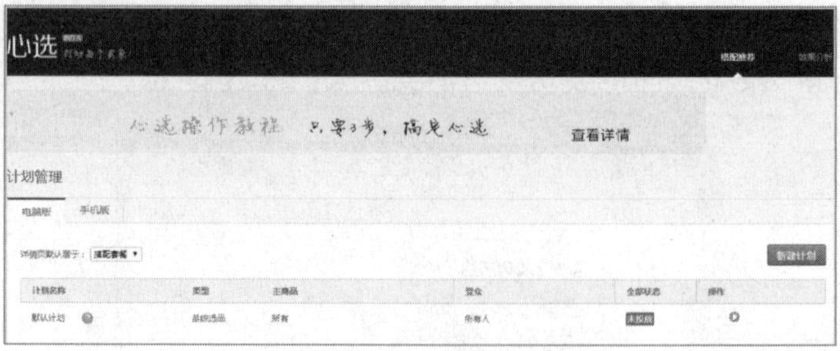

图5-22　心选计划管理页面

（3）打开新建计划页面，可以设置计划名称、推荐内容和商品图片等，如图5-23所示。

图 5-23　微海报编辑页面

（4）单击“展示渠道”下面的“选择主商品”按钮，选择要展示的商品，如图 5-24 所示。

图 5-24　选择商品

（5）单击“确定”按钮，选择要展示的商品，如图 5-25 所示。

（6）单击“掌柜推荐”下面的图片，在弹出的“编辑商品”对话框中输入商品超链接，如图 5-26 所示。

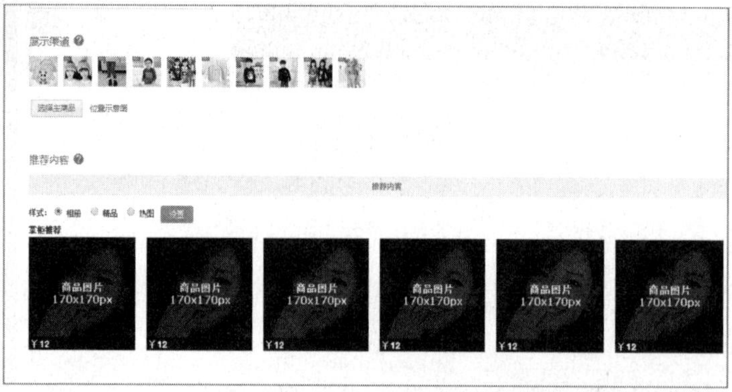

图 5-25　选择要展示的商品

图 5-26　“编辑商品”对话框

（7）单击“确定”按钮，即可成功添加掌柜推荐商品，如图 5-27 所示。

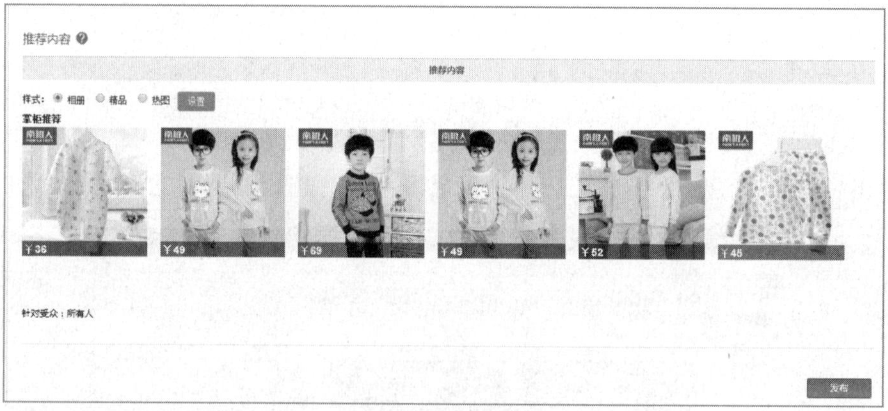

图 5-27　掌柜推荐商品

（8）单击底部的“发布”按钮，即可成功投放心选计划，如图 5-28 所示。

图 5-28　成功投放心选计划

第 64 讲　设置“满就送”，让店铺信誉度飞涨

“满就送”是淘宝官方营销工具之一，其优惠的吸引力并不亚于折上折、买一送一等。“满就送”支持多种玩法，主要有满就减、满就送礼、满就包邮、满就送优惠券、满就送彩票、满就换购、满就送电子书等，作为卖家的一种促销手段，深受顾客的欢迎。

（1）登录淘宝卖家中心，单击“店铺营销”下的“促销管理”超链接，如图 5-29 所示。

（2）打开“商家营销中心”页面，如图 5-30 所示。

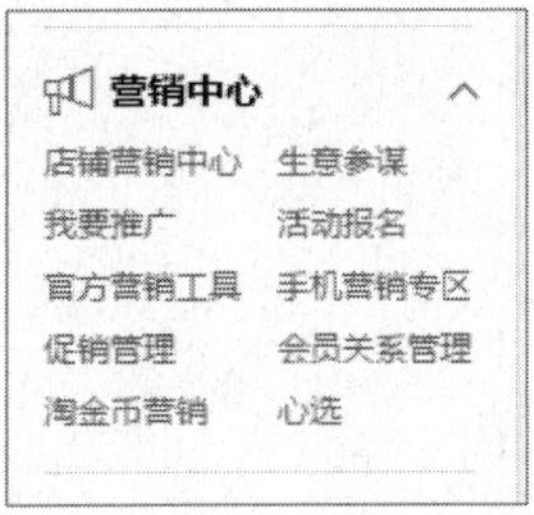

图 5-29　单击“促销管理”超链接

图 5-30　商家营销中心页面

（3）单击右上角的“优惠活动”超链接，然后单击导航条中的“满就送”超链接，打开“满就送设置”页面，如图 5-31 所示。

图 5-31　“满就送设置”页面

（4）输入活动时间、活动名称和活动的优惠方式，单击“完成活动设置”按钮，如图 5-32 所示。

图 5-32　完成活动设置

（5）单击底部的“下一步”按钮，打开“活动推广”页面，如图 5-33 所示。

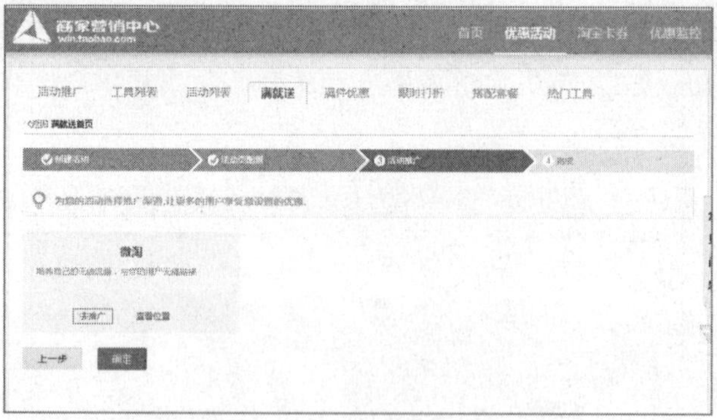

图 5-33　“活动推广”页面

（6）单击“确定”按钮，完成活动推广，如图 5-34 所示。

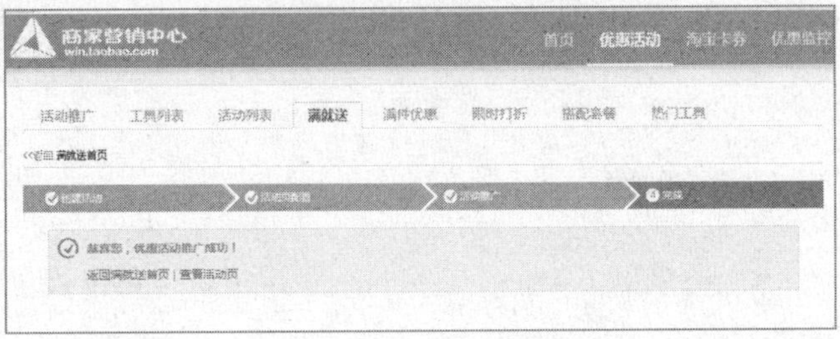

图 5-34 完成活动推广

第 65 讲 设置“满件优惠”，让店铺信誉度飞涨

“满件优惠”这款工具，顾名思义——买家购买商品满足了规定的件数，就可以享受某种优惠。

从使用场景来看，可以在特定的时间，如夏季全网客单价不高的情况下，通过“满件优惠”这款营销工具帮助卖家提升客单价，提高关联的商品购买量。与此同时，这款工具的多档优惠功能，可以刺激买家更多地下单，增加卖家的销量。

“满件优惠”活动可以设置 2 种。

- “创建全店活动”是以店铺为维度，如选择“创建全店活动”代表店铺内所有商品均参加活动（全店活动只能创建 1 个）。
- “创建商品活动”是以商品为维度，卖家可以选择特定商品，针对指定的商品设置优惠。商品活动最多创建 50 个，一个活动最多添加 100 个商品。

下面讲述创建全店活动的方法，具体操作步骤如下。

（1）登录卖家中心，单击“店铺营销”下的“促销管理”超链接，打开“商家营销中心”页面，单击“优惠活动”下“满件优惠”的“设置全店活动”超链接，如图 5-35 所示。

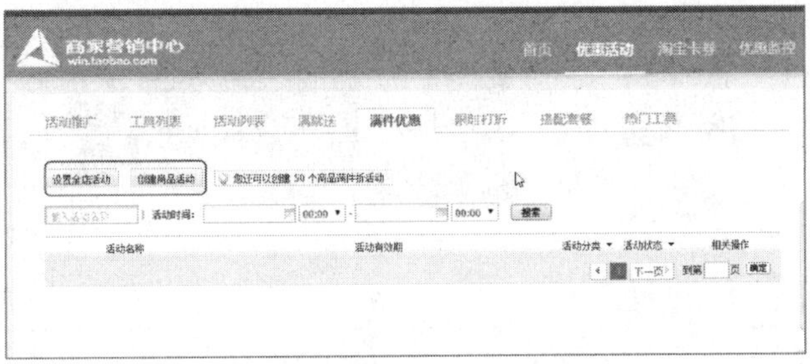

图 5-35 单击“设置全店活动”超链接

（2）打开“满件优惠设置”页面，设置活动时间、名称、条件和内容，如图5-36所示。

图5-36 “满件优惠设置”页面

（3）单击“完成活动设置，去推广”按钮，打开活动页配置页面，如图5-37所示。

图5-37 活动页配置页面

（4）单击“下一步”按钮，打开“活动推广”页面，如图 5-38 所示。

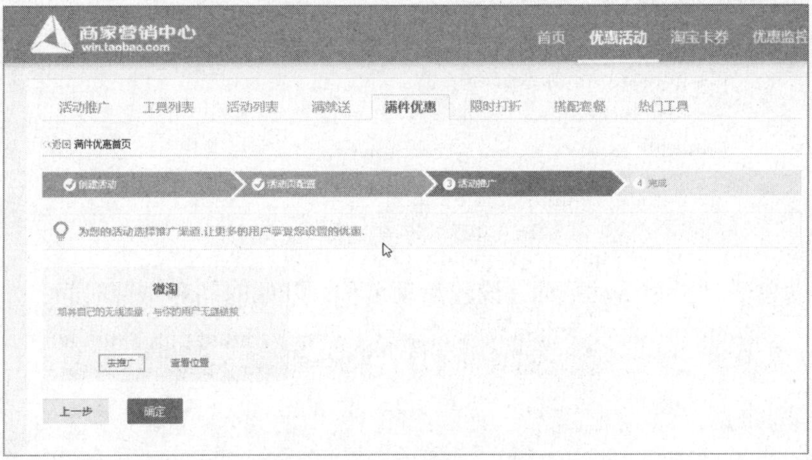

图 5-38　“活动推广”页面

（5）单击“确定”按钮，完成活动推广，如图 5-39 所示。

图 5-39　完成活动推广

第 66 讲　利用限时打折疯狂促销

限时打折是淘宝提供给卖家的一种店铺促销工具，订购了此工具的卖家可以在自己的店铺中选择一定数量的商品，在一定时间内以低于市场的价格进行促销活动。活动期间，买家可以在商品搜索页面根据“限时打折”这个筛选条件找到所有正在打折的商品。

（1）登录淘宝卖家中心，单击“店铺营销”下的“促销管理”超链接，打开“商家营销中心”页面，单击“限时打折”下的“创建活动”超链接，如图 5-40 所示。

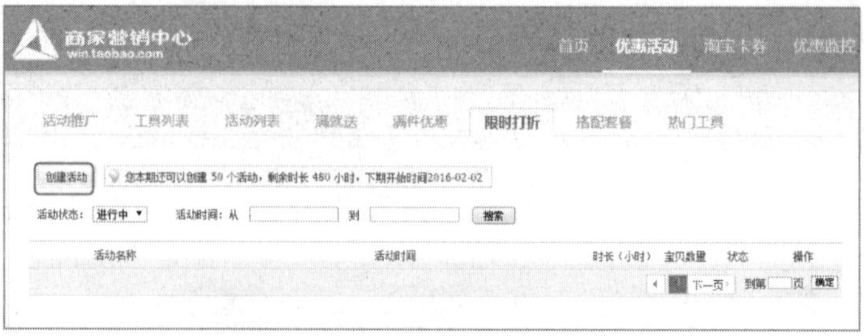

图 5-40　单击“创建活动”超链接

（2）打开创建限时折扣活动页面，设置活动名称、开始时间和结束时间，如图 5-41 所示。

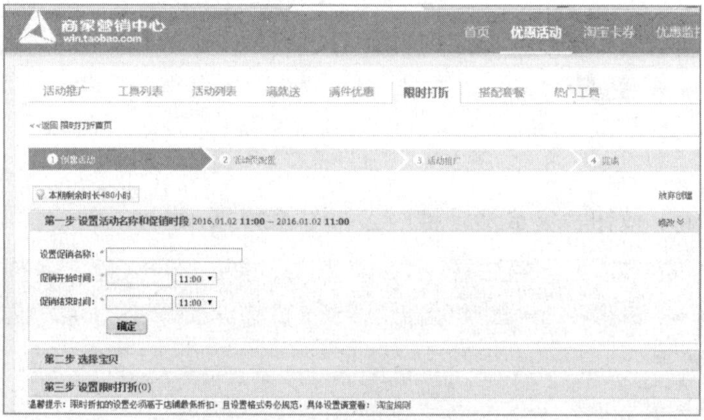

图 5-41　创建活动设置页面

（3）设置完成以后，即可进入“第二步 选择宝贝”页面。可以根据选择设置折扣的宝贝，如图 5-42 所示。

图 5-42　选择宝贝

（4）选择以后，设置限时折扣和限时折扣率，如图 5-43 所示。

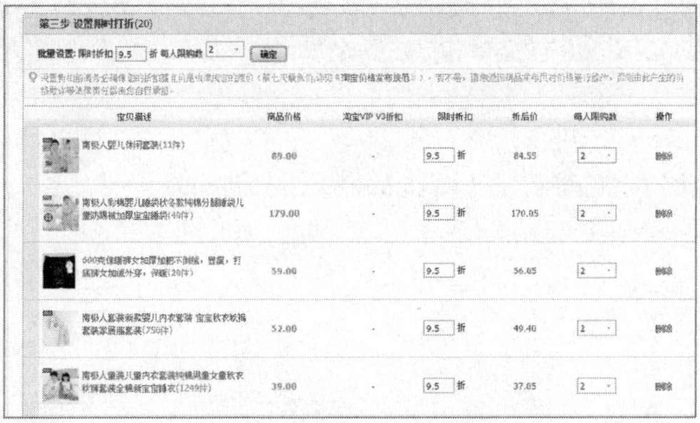

图 5-43　设置限时折扣和限时折扣率

（5）打开活动页配置页面，如图 5-44 所示。

图 5-44　活动页配置页面

（6）单击“下一步”按钮，为活动选择推广渠道，如图5-45所示。

图5-45　为活动选择推广渠道

（7）单击“确定”按钮，完成优惠活动的推广，如图5-46所示。

图5-46　完成优惠活动的推广

第67讲　巧用搭配套餐增加销量

搭配套餐是指将几种商品组合在一起，设置成套餐来销售。通过促销套餐可以让买家一次性购买更多的商品，提升店铺销售业绩，提高店铺购买转化率，提升销售笔数，增加商品曝光力度，节约人力成本。

下面讲述巧用搭配套餐增加销量的方法，具体操作步骤如下。

（1）登录卖家中心，单击“店铺营销”下的“促销管理”超链接，打开“商家营销中心”页面，单击“优惠活动”下“搭配套餐”的“创建搭配套餐”超链接，如图5-47所示。

（2）打开“创建搭配套餐”页面，设置基本信息，如图5-48所示。

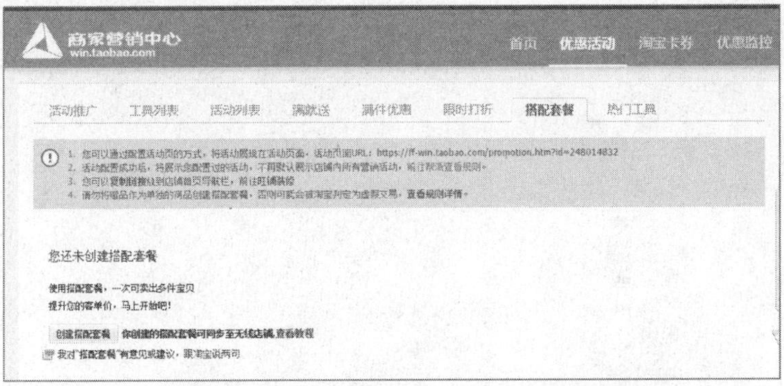

图 5-47　单击“创建搭配套餐”超链接

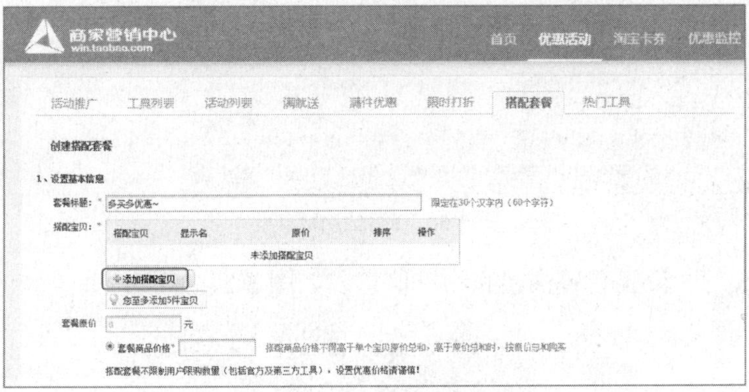

图 5-48　设置基本信息

（3）设置搭配宝贝，单击宝贝后面的“添加”按钮，如图 5-49 所示。

图 5-49　单击“添加”按钮

（4）选择以后添加搭配宝贝，如图 5-50 所示。

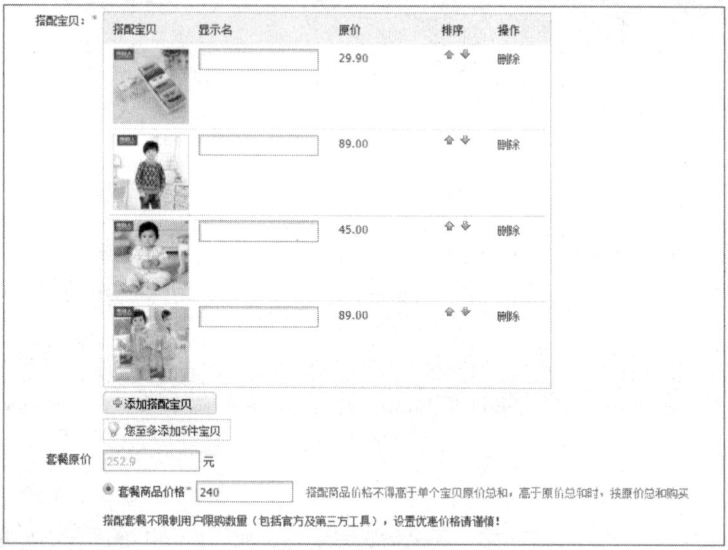

图 5-50　添加搭配宝贝

（5）添加完成后，设置套餐描述和物流信息，如图 5-51 所示。

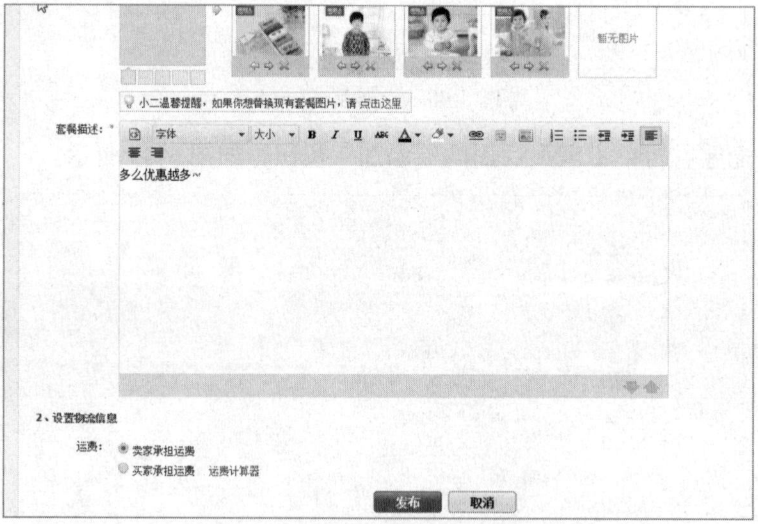

图 5-51　设置套餐描述和物流信息

（6）单击底部的“完成”按钮，即可成功发布搭配套餐活动，如图 5-52 所示。

图 5-52　成功发布搭配套餐活动

第 68 讲　设置“秒杀”，吸引买家疯狂抢购

“秒杀”就是所有买家在同一时间在网上抢购卖家的超低价格商品的销售方式。由于商品价格超低而且参与人员众多，很多商品一上架就被抢购一空。

下面讲述淘宝店主设置秒杀的具体操作步骤。

（1）进入卖家中心，单击“宝贝管理”下的“发布宝贝”超链接，如图 5-53 所示。

图 5-53　单击“发布宝贝”超链接

（2）打开“一口价”发布宝贝页面，选择发布宝贝的类目，如图 5-54 所示。

图 5-54　选择发布类目

（3）单击“我已阅读以下规则，下一步”按钮，打开发布宝贝详情页面。在底部的其他信息中，在“秒杀商品”栏勾选“电脑用户”和“手机用户”复选框，如图 5-55 所示。

图 5-55　发布宝贝详情页面

（4）单击底部的“发布”按钮，即可成功发布宝贝，如图 5-56 所示。

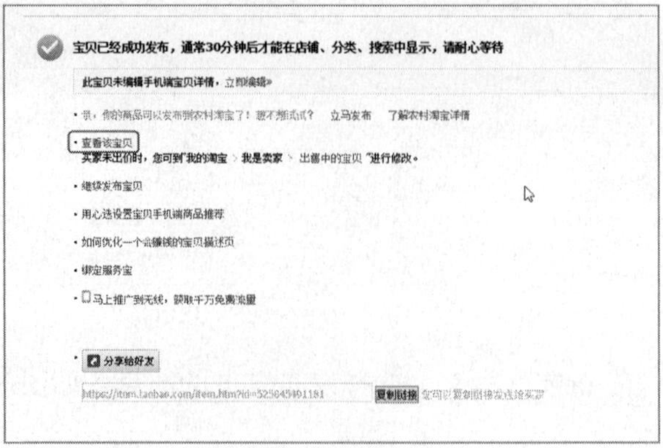

图 5-56　成功发布宝贝

（5）单击“查看该宝贝”超链接，即可看到商品详情。商品可以在 PC 端或手机端购买，但都只能购买 1 件，商品详情页面没有“购物车”功能，如图 5-57 所示。

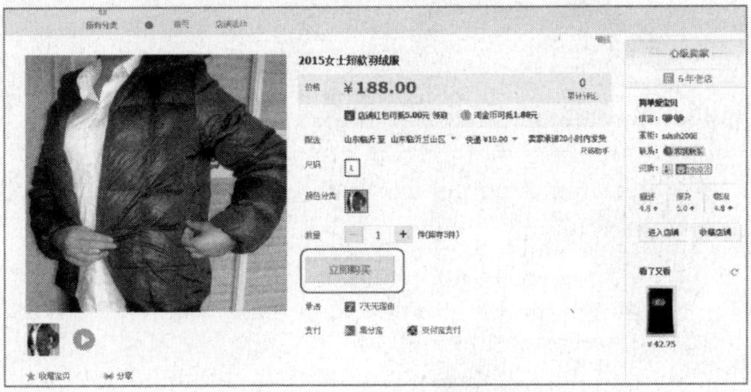

图 5-57　查看宝贝

第 6 章 淘宝直通车推广，打造爆款带动全店营销

开店指导

淘宝直通车是网店推广的得力助手。淘宝直通车具有广告位极佳、广告针对性强和按效果付费三大优势。使用淘宝直通车就像我们平时开车，没有驾照就要先学习，学习好了才能掌握开车的技巧。淘宝直通车的核心作用是提升流量、吸引新顾客，通过大量点击提升店铺的综合评分从而增加自然搜索量。所以，淘宝直通车用得好可以打造爆款。

第 69 讲　什么是淘宝直通车

淘宝直通车推广带来的流量是其他推广工具和方法无法比拟的。淘宝直通车根据宝贝设置的关键词来进行排名展示，按照点击量扣费。

淘宝直通车推广在给宝贝带来曝光量的同时，精准的搜索匹配也给宝贝带来了精准的潜在买家。淘宝直通车推广可以让买家进入店铺后产生 1 次甚至多次的店铺内跳转流量，这种以点带面的关联效应可以降低店铺整体推广的成本，提高整店的关联营销效果。同时，淘宝直通车还提供了淘宝网首页热卖单品活动、各个频道的热卖单品活动及不定期的直通车用户专享淘宝网各类资源的整合活动。

淘宝直通车推广的原理是根据宝贝的关键词进行排名展示，按点击量扣费，具体如下。

（1）如果想推广一个宝贝，首先要为该宝贝设置相应的关键词及宝贝标题。

（2）当买家在淘宝网通过输入关键词搜索商品，或者按照宝贝分类进行搜索时，就会以图文并茂的形式展现正在推广的宝贝。

（3）如果买家通过关键词或宝贝分类搜索，在淘宝直通车推广位点击宝贝的超链接，系统就会根据宝贝的关键词或类目的出价来扣费。

第 70 讲　淘宝直通车广告展示位置

淘宝直通车是为淘宝卖家量身定做的推广工具，广告位极佳，可以在淘宝网等处显示广告，流量巨大。那么，淘宝直通车商品具体展示在哪里呢？也就是我们常说的广告图片或者信息会在哪里被买家看到呢？淘宝直通车一般出现在如下位置。

➢ 当买家在淘宝网中输入卖家设置的关键词搜索商品时，就会在结果页面右侧“掌柜热卖”一栏看到展示广告。如图 6-1 所示为搜索页面右侧的淘宝直通车展示位。

图 6-1　淘宝直通车展示位

➢ 不仅在搜索结果页面的右侧有广告展示，在搜索结果页面的下方也有 5 个广告位。如图 6-2 所示为搜索结果页面下方的展示位。

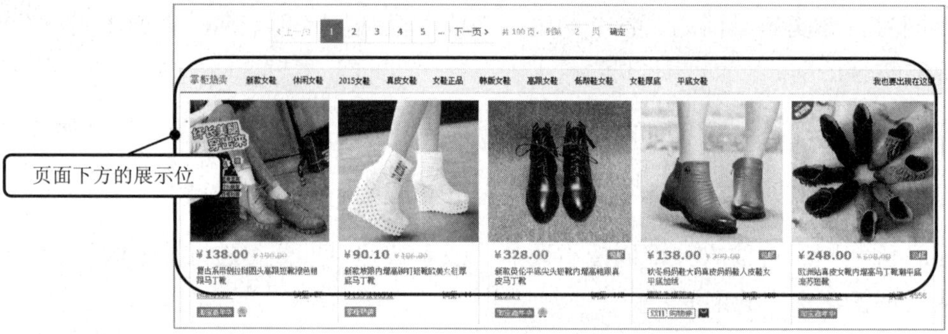

图 6-2　搜索结果页面下方的展示位

➢ 当买家不使用关键词搜索，而是直接进入“我要买”或者淘宝网首页，单击宝贝类目中的子目录，如“女鞋”，如图 6-3 所示，在搜索结果的列表页面中，“掌柜热卖”的位置就是淘宝直通车的广告位，如图 6-4 所示。

图 6-3　单击宝贝类目

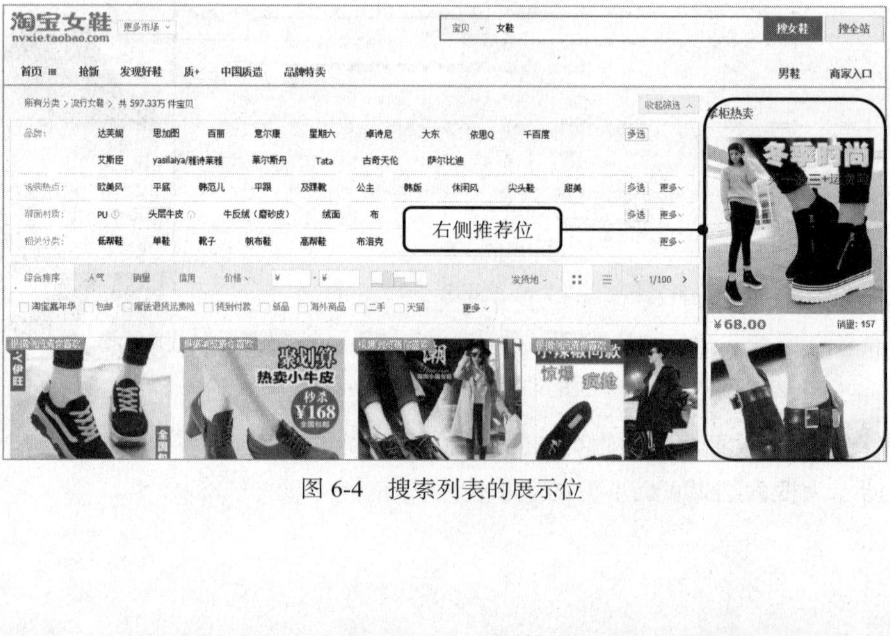

图 6-4　搜索列表的展示位

➢ 天猫直通车的展示位在天猫商城搜索结果页面下方的“商家热卖”区域，只要是天猫客户，并且已经加入淘宝直通车，其商品就有可能在该位置展现，如图 6-5 所示。

图 6-5　天猫搜索结果页面

第 71 讲　淘宝直通车的计费方式

大家都知道，淘宝直通车能给店铺带来不小的流量，但是，淘宝直通车是怎么计费的呢？

➢ 当买家搜索卖家设置的关键词，卖家的宝贝就会出现在淘宝直通车的展示位，买家点击宝贝的超链接时才收费，不点击则不收费。

➢ 卖家为关键词设置的价格，是卖家愿意为该关键词带来 1 次点击所付出的最高价格，当宝贝的超链接被点击时，扣费金额将小于或者等于卖家的出价。

➢ 淘宝直通车没有任何服务费，第一次开户需要预存 500 元，这全部是卖家的广告费，开始做广告后，费用就从里面扣除。

➢ 卖家关键词的排名有高低之分，同一个关键词，出价高的排在前面，以此类推，类似于百度的竞价推广，因此，新手卖家需要学习关键词设置技巧及成本控制方法。

可能有的卖家会问：如果有人进行恶意点击，我不是花了冤枉钱吗？

淘宝直通车有强大的防恶意点击系统，可以保证每个点击都真实有效。为了使淘宝直通车长远地发展，让用户感受到淘宝直通车是真正有效的，淘宝网绝不会放过任何恶意点击和损害用户利益的行为。

第 72 讲　开通淘宝直通车的优势

用最简单的话总结淘宝直通车的优势就是：把潜在的买家带到店铺中，给店铺带来流量，有了流量，卖家就能发挥自己的优势，给自己的店铺带来订单。

淘宝直通车具体有以下优势。

- 超值服务：独享增值服务，迅速积累经营推广能力，让卖家成为网络销售高手。
- 超省成本：免费展示，买家点击才付费，自由设置日消费限额、投放时间、投放地域，有效控制花销，合理掌控推广成本。具有强大的防恶意点击技术，系统 24 小时不间断运行，保证点击真实有效。
- 超准推荐：对被直通车推广的宝贝，只要是到淘宝网购买这种宝贝并主动搜索的买家就能看到，宝贝在最优位置展示。
- 淘宝直通车能给整个店铺带来人气，虽然卖家推广的是单个宝贝，但很多买家都会进入店铺去看一看——1 次点击带来的可能是几件商品的成交，这是淘宝直通车推广的最大优势。
- 卖家可以参加更多的淘宝网促销活动，以及不定期的淘宝直通车用户专享促销活动。
- 卖家可以免费参加淘宝直通车培训，而且有优秀的“小二”指点卖家优化推广方案，帮助卖家迅速掌握淘宝直通车推广技巧。

第 73 讲　哪些产品和店铺最适合做淘宝直通车推广

在淘宝网开店，想赚钱，流量很重要。在店铺推广方面，淘宝直通车是不容错过的一个重要宣传工具，它可以为店铺带来有效的流量。怎样使用淘宝直通车才能产生最佳效果？什么样的店铺和产品使用淘宝直通车效果最理想？这些是很多卖家都非常关心的问题。

选择做淘宝直通车推广的商品最好是店铺中综合质量较高的，选择时需要考虑以下几个要点。

- 商品的选择

选择有累计售出记录且商品介绍里插入了多个同类商品介绍的商品，这种商品做淘宝直通车推广可以达到最佳效果。

有些卖家做淘宝直通车的商品，累计售出记录为 0 件，这样的商品会影响推广效果。买家都有从众心理，所以即使我们的商品是最新上市的，也最好找几个朋友捧捧场。商品有销售记录，买家购买时自然放心多了。另外，在商品介绍里面，尽量插入其他同类商品的图片和超链接，这样，买家即使不购买淘宝直通车推荐的商品，也有可能购买其他同类商品，成交量自然大大提高。

- 对店铺等级的要求

信用度在 1 钻以下、好评率低于 97% 的店铺做淘宝直通车效果不太理想。

- 个性化、有特色的商品做直通车效果更佳

所谓个性化商品，不是指偏门商品，而是指有独特功能或特点的大众消费品。有些卖家推荐的商品，虽然质量好、价格低，但毫无特色，自然卖不出去。即使有销量，相比广告费，也很难实现赢利。

- 对宝贝介绍的要求

宝贝详情内容要丰富，图片背景要清晰，宝贝要突出。

- 在网上独家销售的大众商品也适合做淘宝直通车推广

由于网上经营成本比较低，如果能够取得某种商品在网上的品牌经营权，再以低于市场价的价格出售，辅以相应的关键词，一定可以取得不菲的销售成绩。

新店如果直接使用淘宝直通车推广，通常转化率会很低，因为淘宝直通车虽然带来了流量，但是来到店铺的买家一看商品没有成交量，店铺的信誉又很低，很少会直接购买。

第 74 讲　怎样进行活动专区推广

淘宝热卖单品也称首页热卖单品，是淘宝直通车的长期活动，其展示位在淘宝网首页下方，日均百万级流量，以其独特的人群兴趣模型展现方式帮助卖家精准定位目标客户，聚焦千万消费者，将卖家的宝贝推向网购狂潮的风口浪尖。

淘宝热卖单品的展示位在淘宝网首页底部“热卖单品”区域，如图 6-6 所示。

淘宝热卖单品活动采用人群定向投放的原理，根据买家兴趣类目展现宝贝，展现率与宝贝的出价及点击率相关。同时，所有报名成功的宝贝，会匹配相关性较高的宝贝，展现至其他活动展示位，包括一些站外资源位。淘宝热卖单品活动按点击量扣费，根据设置的活动出价，当买家在“热卖单品”区域点击推广的宝贝时，才会扣费，活动出价多少就扣费多少。

活动专区的推广优势如下。

- 投精准：通过自动人群定向投放功能，锁定目标客户，实现精准投放。
- 打爆款：每天 600 多万活动流量，以单品形式呈现，帮助卖家打造爆款。

➢巨划算：活动起价 0.05 元，花最少的钱，获最大的利。

图 6-6　淘宝热卖单品

第 75 讲　搜索营销推广

搜索营销是卖家通过设置与推广商品相关的关键词和出价，在买家搜索相应关键词时获得推广商品的展现与流量，卖家按照所获流量（点击数）付费，进行商品精准推广的一种营销产品。卖家加入淘宝直通车，即默认开通搜索营销。

搜索是绝大部分淘宝网买家寻找商品的手段。关键词是买家在淘宝网搜索商品时使用的一些词语，卖家想推广某个宝贝，就要为该宝贝设置相应的关键词。当买家在淘宝网通过输入卖家设置的关键词搜索商品时，就会展现卖家推广的宝贝。关键词是淘宝直通车推广的核心，如果不设置关键词，买家将无法通过关键词搜索到卖家的宝贝。

买家在淘宝网首页的宝贝搜索栏中输入需要购买的商品的关键词，进入搜索结果页面，淘宝直通车出现在页面右侧和底部。如图 6-7 所示，在宝贝搜索栏中输入关键词，搜索结果页面右侧会显示展示位。

淘宝网的主要展示位如下。

➢关键词搜索结果页面右侧“掌柜热卖”区域。
➢关键词搜索结果页面下方“掌柜热卖”区域。
➢类目搜索结果页面右侧“掌柜热卖”区域。
➢类目搜索结果页面下方“掌柜热卖”区域。

关键词搜索页面的排名原理是：淘宝直通车根据关键词的质量得分和关键词的出价综合衡量得出商品排名，质量得分主要用于衡量关键词与宝贝推广信息和淘宝网用户搜索意向的相关性。我们可以参考淘宝直通车系统里的智能预测工具给出的结果，更加有针对性地优化推广内容，在提升潜在买家有效访问量的同时提高访问质量，让热销宝贝脱颖而出。

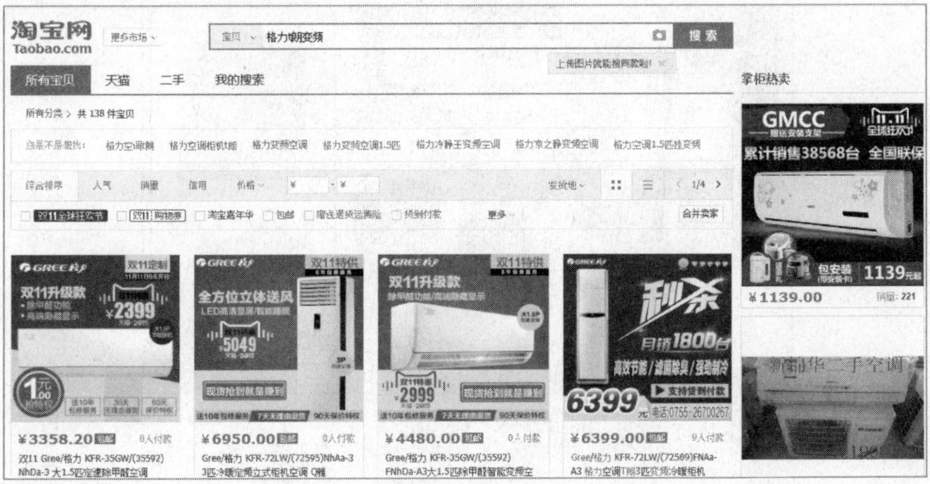

图 6-7　展示位

第 76 讲　怎样进行定向推广

淘宝直通车定向推广是淘宝网继搜索营销推广之后推出的一个精准推广方式，它利用淘宝网庞大的数据库，通过创新的多维度人群定向技术锁定目标买家，并将推广信息展现在目标买家所浏览的网页上。除了淘宝网站内的热门页面外，淘宝直通车还整合了多家外部优质网站，使卖家推广的宝贝覆盖更多目标买家。其展现逻辑是根据潜在买家的浏览和购买习惯、网页内容，由淘宝直通车系统自动匹配相关度较高的宝贝，并结合出价进行展现，从而更精准地迎合潜在买家的需求。

淘宝直通车定向推广的优势如下。

- 定位精准，转化率高：以宝贝找买家，通过数十万个兴趣点判断意向买家，转化率高。
- 流量巨大，收藏量高：21 个展示位，每天吸引 1.4 亿流量。
- 操作便捷，省时省力：选好位置，定好出价，设置人群，3 步轻松获得精准流量。

定向推广展示位置覆盖了淘宝网内众多高流量、高关注度的买家购物的必经之路，包括“旺旺每日焦点–热点推荐”页面、“我的淘宝–已买到的宝贝”页面、“我的淘宝–竞拍中的宝贝”页面、“淘宝资讯”页面等；更有多家外部合作网站，深入目标买家网络体验的方方面面。如图 6-8 所示是“旺旺每日焦点–热点推荐”页面展示的商品。

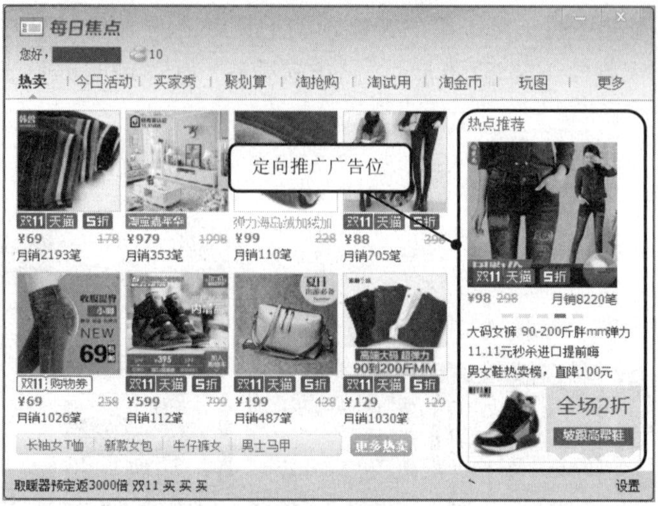

图 6-8　热点推荐

第 77 讲　怎样进行店铺推广

店铺推广是淘宝直通车推出的一种通用推广方式，可以满足卖家同时推广多个同类型宝贝、传递店铺独特品牌形象的需求，特别适合购买意向模糊的买家。向买家推荐店铺中的多个匹配宝贝，能有效地补充单品推广，为卖家提供更广阔的推广空间。

店铺推广可以推广除单个宝贝详情页面外店铺中的任意页面，如导航页面、分类页面、宝贝集合页面，并能通过为店铺推广页面设置关键词给卖家带来更多的流量。

参加了淘宝直通车店铺推广的页面有可能出现在卖家精心选择的展示位。店铺推广设置生效之后，宝贝信息可能展现在如下位置。

- 淘宝网搜索结果页面右侧的“店家精选”区域，如图 6-9 所示。
- “淘宝网热卖”页面下方的“店家精选”区域，如图 6-10 所示。
- 淘宝客搜索结果页面右下方的“店家精选”区域。

店铺推广的原理与淘宝直通车单品推广的原理一致。选择需要推广的店铺页面，设置推广关键词和出价之后，买家搜索卖家设置的关键词时就会展现推广信息。与单品推广相同的是，展现不扣费，点击才扣费，每次扣费的金额取决于卖家为关键词设定的出价和关键词的质量得分，最高不会超过卖家为关键词设定的出价。可以设置日限额、分时折扣和站外折扣，当日扣费金额不会超过日限额。

图 6-9　搜索结果页面右下方的“店家精选”区域

图 6-10　“淘宝网热卖”页面下方的“店家精选”区域

第 78 讲　怎样进行站外投放

淘宝直通车站外投放（简称站外投放）是淘宝网站内推广资源的拓展和补充。为了更好地满足卖家的需求，淘宝直通车联合多家优质外部合作网站，将潜在买家引入淘客搜索页面和“淘宝网热卖”页面，所有参与站外投放的宝贝将有机会在这两个页面展现。

目前有多家知名网站与淘宝直通车展开流量合作，包括火狐、时尚网、PPTV、体坛网、搜狐网、搜狗、凤凰网、直播吧、红袖添香、天府热线、中彩网、泡泡网、星空宽频、中国经济网、中国教育在线、金鹰网、起点中文网等。

淘宝直通车利用图片 Banner、文字超链接、搜索关键词、频道合作等多种推广资源，将潜在买家吸引到淘客搜索页面和“淘宝网热卖”页面。在这两个页面中，参与站外投放的宝贝将根据其关键词出价和质量得分进行展现位置排序。

站外投放的优势如下。

- 流量大：与众多知名网站合作，目前每天有近 40 亿的优质流量。
- 投放准：通过对合作网站用户的行为进行分析，多维度定位外网用户的兴趣和偏好，将商品精准地投放到合作网站的网页上。
- 省成本：为了保证卖家的外部流量转化，提升收入成本比，采用二跳计费的形式。

站外投放会出现在下面这些位置。

- “PPT 大师”弹出窗口中的“淘宝”页面，如图 6-11 所示。

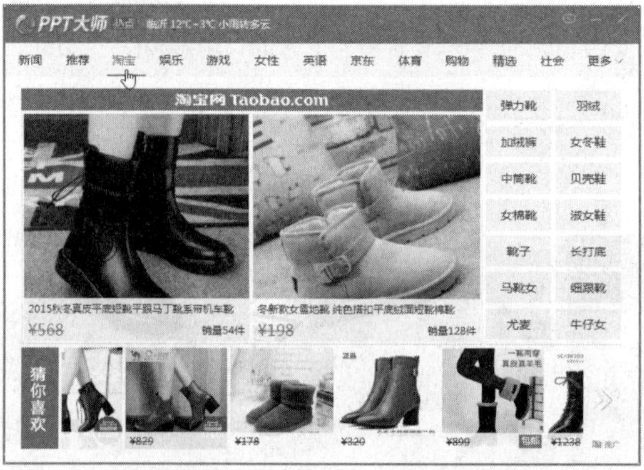

图 6-11 “PPT 大师”弹出窗口

- “114 啦”网址导航中的“淘宝网”超链接，如图 6-12 所示。

图 6-12 “114 啦”网址导航

第 79 讲　开通直通车推广

在对淘宝直通车的基本原理和运作模式有一定的了解后，就可以加入淘宝直通车了，具体操作步骤如下。

（1）登录淘宝网后台，单击“营销中心”下的“我要推广”选项，如图 6-13 所示，进入淘宝营销中心页面，单击“淘宝直通车”图标，如图 6-14 所示。

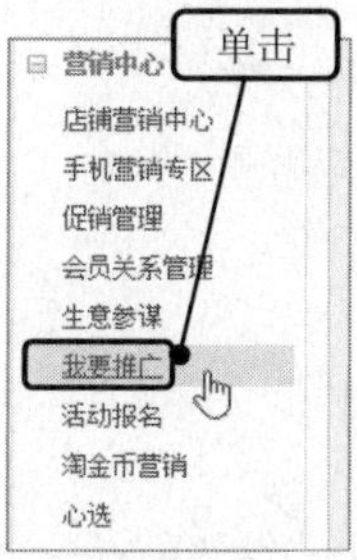

图 6-13　单击“我要推广”选项

图 6-14　单击“淘宝直通车”图标

（2）进入淘宝直通车营销平台，在页面左边可以看到登录的淘宝用户，单击“进入直通车后台”按钮，如图 6-15 所示。

图 6-15　单击“进入直通车后台”按钮

（3）打开淘宝直通车用户页面，如图 6-16 所示，单击“我要充值”按钮。完成充值操作以后，就可以添加直通车推广计划。

图 6-16　直通车用户页面

第 80 讲　挑选合适的宝贝进行推广

开“直通车”就仿佛开跑车一样，只要把好方向盘，速度越快越好，但也要考虑怎样才能“省油”，否则会花很多钱。很多卖家在使用淘宝直通车时不得要领，花了很多费用推广，效果却并不理想。

进行直通车推广，首先要选好宝贝，这是所有推广的第一步。参加直通车推广的目的是让宝贝有更多的曝光机会，获得更多买家的认可，顺利地将宝贝卖出去，从而获得更高的成交量。

参加直通车推广的宝贝，一定要有突出、清晰、有力的卖点，让买家能在最短的时间内注意到。卖点可以是性价比高（如价格有优势、有促销活动等）、产品功能强（如产品本身功效好、漂亮等）、品质好（如行货、正品等）。

买家搜索、浏览商品的速度非常快，看广告的时间就更短了。如果宝贝图片不清晰、广告标题不简练、卖点不明确，买家在匆匆浏览之后，往往就不愿意关注了，而卖家很可能因此错过一个大买家，也可能因此招徕大量无效点击从而浪费金钱。所以，好广告的基本要求就是让买家即使眼睛一扫而过，也能在最短的时间内明白：卖家销售的是什么，商品的卖点是什么。

第 81 讲　如何提高类目出价质量得分

提高淘宝类目出价质量得分是既少花钱又多办事的最好办法。淘宝类目的质量得分是由淘宝直通车系统提供的，按照淘宝网官方的说法，主要按以下几点进行评分。

- 产品所属类目：很多卖家对自己宝贝的定位很模糊，容易错误发布宝贝的类目，这时，关键词的质量得分会很低，所以，卖家首先要检查自己的宝贝类目有没有发布错误。
- 产品属性：与宝贝属性是否对应，也是质量得分的一个判断因素。为了提高质量得分，建议严格遵守淘宝网的宝贝发布规则，正确并完整地填写宝贝属性。
- 产品标题：根据关键词点击情况，优化商品标题，让点击量高、展现量大、转化率好的关键词出现在标题中，即优化标题的组合。
- 产品详情页：图片好、有优惠、性价比高、详情页设计清晰的淘宝类目质量得分才会高。
- 其他相关因素：除了关键词相关性、类目相关性、属性相关性之外，还有一些影响质量得分的因素，如图片质量、是否参加消费者保障服务、是否存在某些严重违规行为、是否曾受到处罚等。

类目的质量得分是由类目属性与宝贝本身信息的相关性，以及宝贝在淘宝网上推广时买家的点击反馈（如成交转化率、收藏量和点击量）等因素决定的。类目出价质量得分偏低可能与宝贝在类目推广时买家点击反馈偏低有关，建议对宝贝推广图片和推广标题等进行优化。

第 82 讲　如何正确选择关键词

这里的关键词就是淘宝买家的搜索词。当买家搜索某个关键词时，推广的宝贝将展现在淘宝直通车的推广位置上。既然关键词这么重要，我们该怎样选择关键词呢？有哪些选择关键词的方法呢？

第一种方法：将淘宝直通车提供的关键词作为宝贝的关键词，如图 6-17 所示。

- 系统推荐：系统根据宝贝相关性信息提取的推荐关键词。
- 相关词查询：在搜索框中输入任意关键词，查询本关键词及相关关键词的流量等情况。
- 正在使用的关键词：当前账户中其他宝贝使用的关键词。

第二种方法：使用宝贝标题中的关键词，如图 6-18 所示。

- 使用宝贝详情里的属性词，如图 6-19 所示。

图 6-17　系统提供的关键词

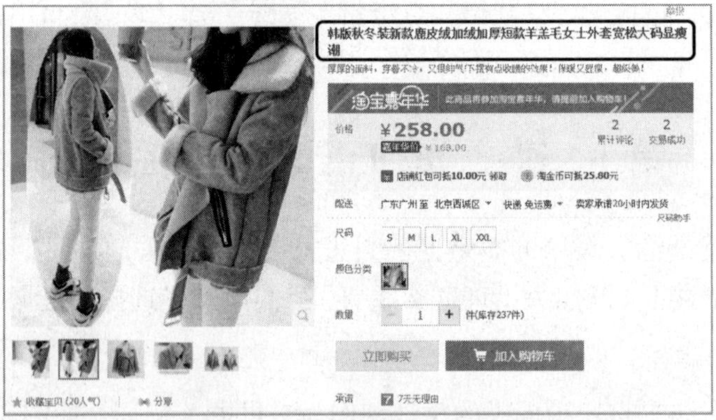

图 6-18　宝贝标题中的关键词

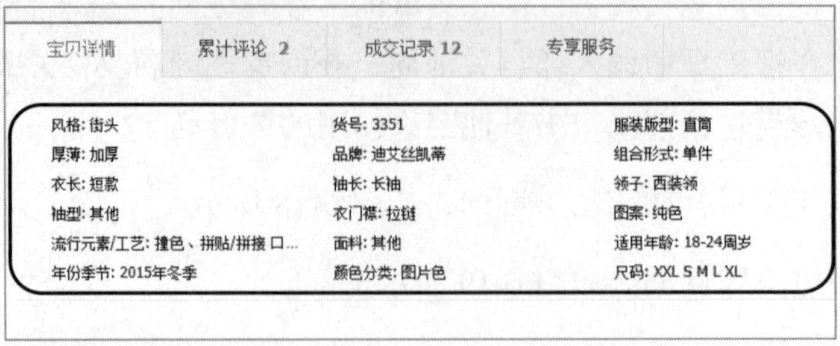

图 6-19　宝贝详情里的属性词

➢使用淘宝网首页搜索框下拉列表中的关键词，如图 6-20 所示。

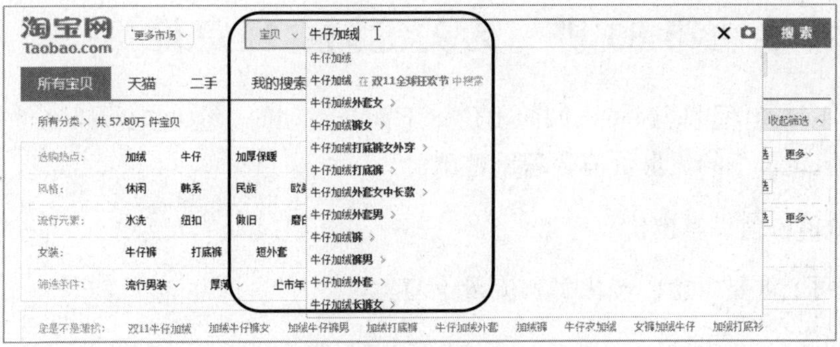

图 6-20　搜索框下拉列表中的关键词

➢使用搜索结果页面中的“你是不是想找”及“更多筛选条件”中的关键词，如图 6-21 所示。

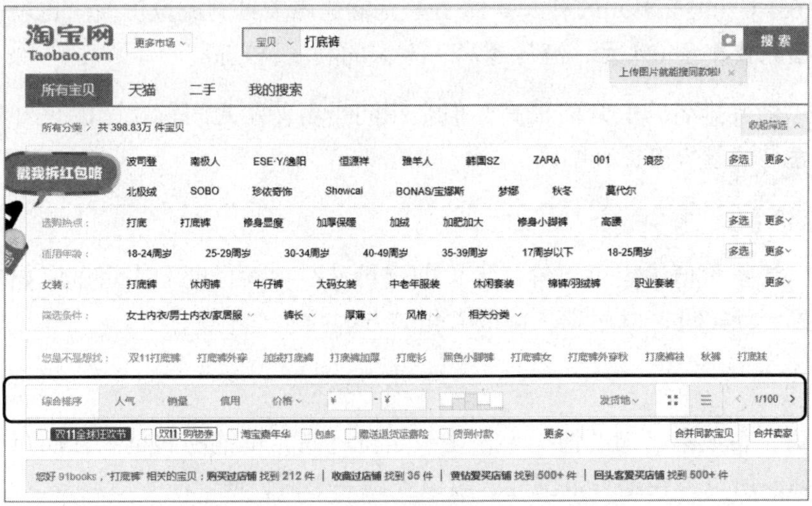

图 6-21　“你是不是想找”中的关键词

➢使用“类目词”中的关键词，如图 6-22 所示。

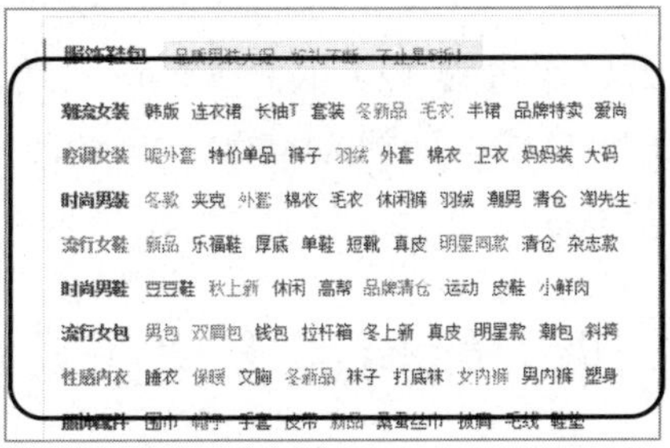

图 6-22　“类目词”中的关键词

第 83 讲　为关键词合理定价

很多卖家不知道关键词到底该如何出价。下面介绍如何为宝贝定价以确保收益最大化，以及如何根据该定价下的流量价值合理调整出价。

1．根据流量价值调整出价

首先介绍两个重要概念：转化率和流量价值。

转化率=成交量/点击量

流量价值=利润×转化率=宝贝利润/成交需要的点击量

例如，宝贝的利润是 20 元，每带来 1 笔成交需要 50 个点击，那么转化率就是 2%，每个点击平均带来 0.4（20×2%）元的利润，这 0.4 元就是该宝贝的流量价值。也就是说，这个宝贝的关键词价格只要小于 0.4 元，流量越高，卖家的利润就越高。

点击转化率随着排名的上升而提高，但是相同排名差距之间转化率的提升幅度不一。转化率提升幅度就是流量价值提高幅度。

2．合理定价

上面讲到，流量价值决定了出价，宝贝的定价又在很大程度上决定了流量价值。下面介绍一种帮助卖家合理定价，以达到收益最大化的方法。

总收益=单笔利润×成交量

大家都知道，在成本已知的情况下，宝贝定价越高，单笔利润越高，而每个定价又有与之对应的成交量。所以，在定价范围内，可以找到一个值，使

总收益=（定价−成本）×成交量

这个值是最高的，也就是说，这个价格会让掌柜获得最高的收益。

例如，宝贝的成本是 100 元，定价为 120 元、150 元、180 元时的平均成交量分别为 240 件、160 件、80 件，这 3 种定价的总利润分别为 4800 元、8000 元、6400 元，所以，该宝贝在定价为 150 元的时候，总利润是最高的。

第 84 讲　如何最大化推广效果

要实现最大化的推广效果，需要建立一个专门的表格来跟踪各个产品、各个关键词、各

个位置的表现，从而取得各个位置的点击量和展现量的第一手数据，这才是“少花钱，多做事”的基础。如果我们连某个位置的详细情况都不了解，提高点击量和节约成本更是无从谈起。

我们应该将关键词与相应的产品进行匹配，某个关键词是哪个产品的核心关键词要有一个初步的排位分工。有了这些基础后，要按交叉占位的方式出价。一定要避免使用同一个关键词的两个产品去竞争相邻的两个位置，这会导致推广费用的浪费。除了第 1 个和第 2 个位置，笔者认为，第 10 个和第 11 个位置是最好的位置，理由是：如果买家需要翻页，当他去寻找“下一页”超链接时，这个区域最显眼的就是与“下一页”超链接临近的第 10 个和第 11 个位置了。如果图片处理得很好，肯定能把买家吸引过来——翻页是很麻烦的。

第 7 章 利用淘宝客推广店铺

开店指导

开了网店就得马不停蹄地做推广，不然就是浪费时间。网上开店最大的成本就是时间，浪费的时间累积起来就会消磨我们开店的信心，而自己做推广又极其浪费时间。其实，还有更好的方法，就是让别人替我们做。谁会替我们做推广呢？那就是“淘宝客”了。淘宝客推广是很多淘宝卖家常用的一种推广方式，是一种省时省力的推广手段。

第 85 讲　什么是淘宝客推广

“大淘宝”战略实施后，原淘宝客推广平台与淘宝网交易平台进一步整合。淘宝客目前已经逐渐融入人们的生活，任何网民都可以帮助淘宝掌柜销售商品，并从中赚取佣金。网上的营销大军超过百万，淘宝客将成为最大的网络职业人群。如图 7-1 所示为淘宝客推广。

淘宝客推广是一种按成交计费的推广模式，淘宝客只要从淘宝客推广专区获取商品代码，任何买家经过淘宝客的推广（超链接、个人网站、博客或社区中的帖子），进入淘宝卖家店铺完成购买后，淘宝客就可得到由卖家支付的佣金。帮助淘宝网卖家推广商品并按照成交量获得佣金的人就是淘宝客。买家通过支付宝交易并确认收货时，系统会自动将应付的佣金从卖家的收入中扣除并记入淘宝客的预期收入账户。

图 7-1　淘宝联盟下的淘宝客推广

简单一点说，就是一个店铺申请加入淘宝客推广后，在淘宝客推广专区就会有这个店铺的推广商品代码。一些流量高的网店或独立的网站把店铺的推广商品代码做成广告放在自己的网店或网站上，如果有人通过这些广告进入店铺并且成功购买店铺的宝贝，那么店铺就要支付设定的佣金给这些带来订单的人。

第 86 讲　淘宝客推广的优势

淘宝客推广的优势在哪里呢？

- 最小成本：展示、点击、推广全都免费，只在成交后支付佣金，并能随时调整佣金比例，灵活控制支出成本。
- 最大资源：互联网上更多人帮助推广，让买家无处不在。
- 海量与精准的完美结合：数百万活跃推广者深入互联网各个领域。
- 无与伦比的投资回报比：淘宝客推广总体平均投资回报比约为 1 : 15。
- 按成交付费：不成交不花钱，但店铺及产品获得了更多被免费推荐的机会。
- 走可持续发展的道路：建立基于淘宝客的网络销售队伍，而不是临时发布广告。

第 87 讲　怎么做淘宝客推广

淘宝客推广是很多淘宝卖家常用的一种推广方式。这是一种省时省力的推广手段，当然，也是有技巧的。

淘宝客提供单个商品或店铺的推广链接，卖家可以指定推广某个商品或店铺，做到推广内容和推广途径的完全自定义，以及推广信息和网站内容或推广途径的充分结合。登录淘宝客推广，具体操作步骤如下。

（1）登录“我的淘宝”，单击“营销中心”的“我要推广”超链接，如图 7-2 所示。

（2）进入“我要推广”页面，单击“淘宝客”按钮，如图 7-3 所示。

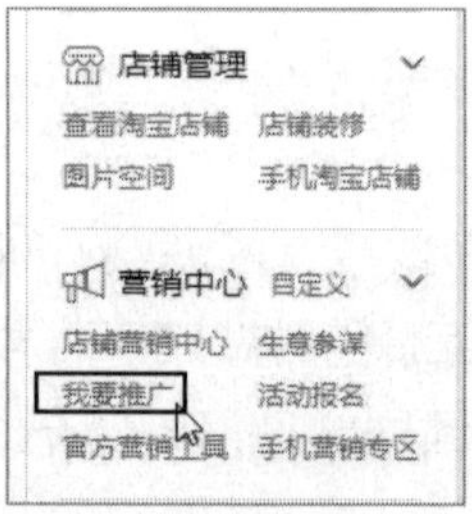

图 7-2　单击“我要推广”超链接

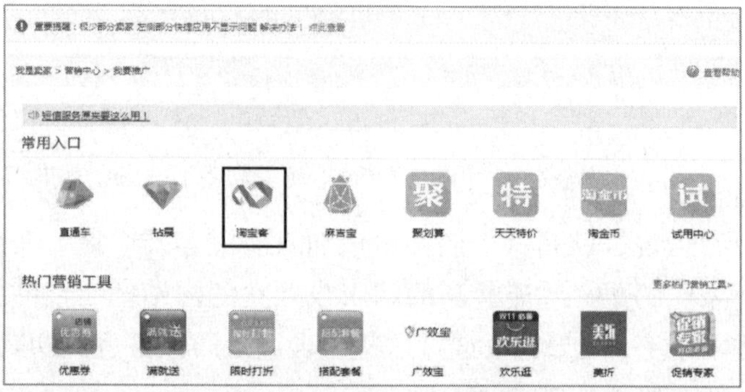

图 7-3　单击“淘宝客”按钮

（3）打开“淘宝客”页面，输入用户名和密码，单击“登录”按钮，如图 7-4 所示。

图 7-4　单击“登录”按钮

（4）进入“账户总览”页面，可以看到当前的推广状况，如图 7-5 所示。

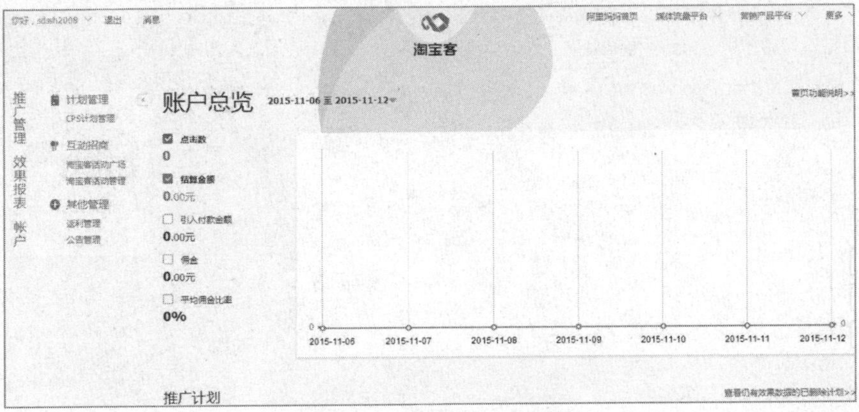

图 7-5 “账户总览”页面

第 88 讲　如何写好推广计划

新建推广计划的具体操作步骤如下。

（1）进入淘宝页面，在弹出的“推广计划”页面中单击“新建自选计划”按钮，如图 7-6 所示。

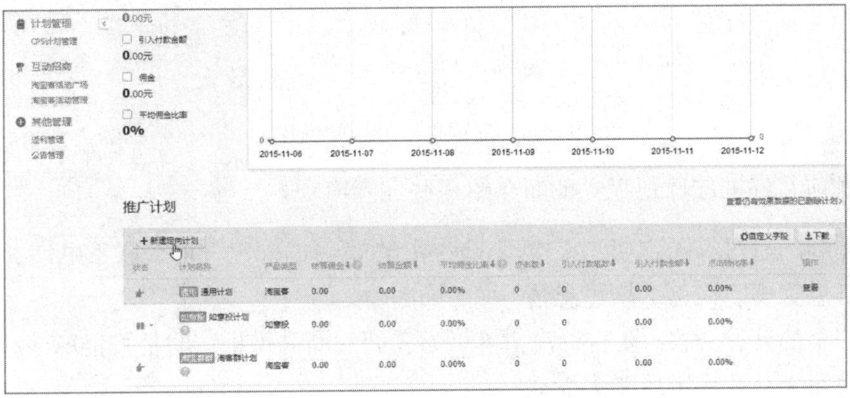

图 7-6 “推广计划”页面

（3）在“新建推广计划”页面中设置计划名称、是否公开、起始日期和结束日期等，如图 7-7 所示。

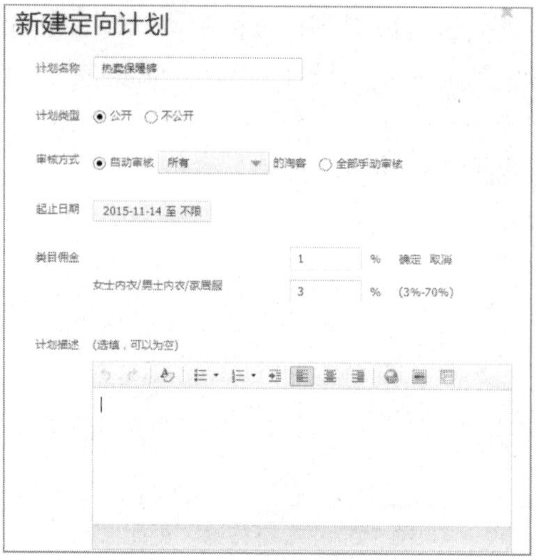

图 7-7　新建推广计划

（4）单击底部的“创建完成”按钮，完成推广计划的创建，如图 7-8 所示。

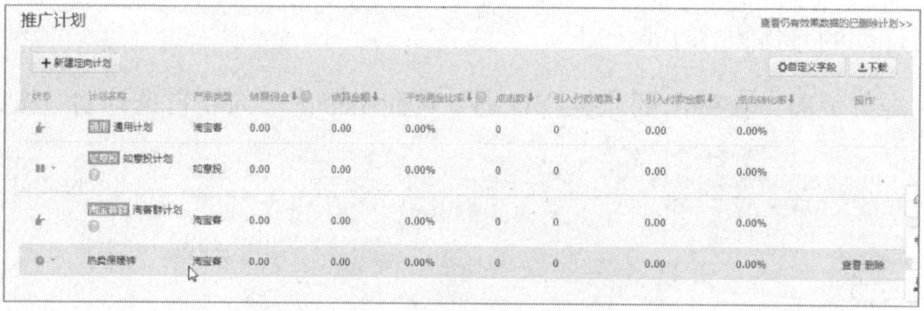

图 7-8　完成推广计划的创建

那么，如何写好推广计划呢？下面介绍一些注意事项。

- 在写计划的时候，一定要淘宝客留下联系方式，如旺旺、QQ、联系电话、E-mail 等，以便日后管理、回访、增进感情。
- 给出佣金的计算公式。要告诉淘宝客，为我们的商品做推广时他们能赚多少钱，而不是直接说每天会让淘宝店赚多少钱。
- 给出自己的联系方式，让淘宝客主动联系我们。
- 提供广告素材超链接以方便淘宝客。有些淘宝客是很低调的，不愿意让别人找到。也许我们的佣金很吸引人，产品计划很诱人，但是他就是不想联系我们。如果直接将一些素材提供给这样的淘宝客，也许他会直接帮我们做推广。
- 推广计划非常重要。推广计划能否吸引淘宝客，直接决定了淘宝客流量的高低。

第 89 讲　设置佣金的技巧

不同商品、不同行业的利润可能是不同的，卖家可以在规定的范围内自由设定佣金比例。但是，由于佣金的高低直接影响推广效果，所以应该给予淘宝客更高的佣金，只有这样，才能激发淘宝客推销商品的热情。在“新建推广计划”页面中可以设置佣金比例，如图 7-9 所示。

卖家可以设置个性佣金比例来展示商品，也可以设置一个统一的佣金比例用来结算淘宝客带给店铺内其他商品成交的佣金。

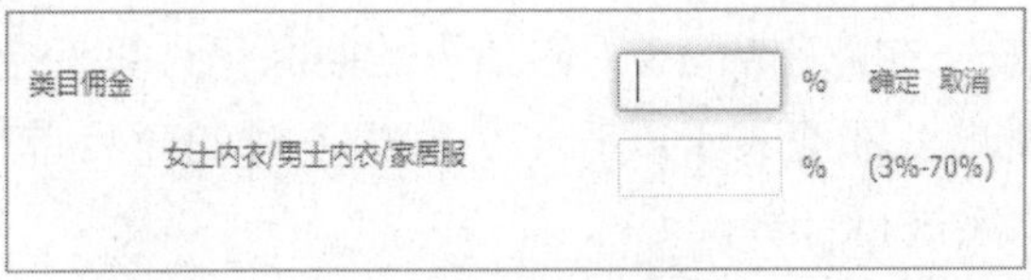

图 7-9　设置类目佣金

- 佣金比例：淘宝网卖家愿意为推广商品而付出的商品单价的百分比。
- 个性化佣金比例：淘宝网卖家加入淘宝客推广后，可以在自己的店铺中挑选最多 30 件商品作为推广展示商品，并按照商品各自的情况设定不同的佣金比例，这些商品的佣金比例称为个性化佣金比例。
- 类目佣金比例：淘宝网卖家加入淘宝客推广后，除了设定个性化佣金比例外，还要根据商品所在类目为店铺中的其他商品设置类目佣金比例，用来支付由推广展示商品带来的店铺其他商品成交的佣金。

如何通过设置佣金比例来高效推广？

- 对主推商品设置较高的佣金比例

要想吸引更多淘宝客来推广我们的商品，主推商品的佣金比例一定不能太低，不然商品再好也可能会被淹没。在能接受的范围内，将更多的佣金回馈淘宝客，才能带来更高的成交量。

- 设置合理的店铺佣金比例

店铺佣金比例是除主推商品外其他商品统一的佣金比例。可以通过衡量店铺的利润情况来设定一个合理的店铺佣金比例，有吸引力的佣金对成交有很大的促进作用。

- 调整推广心态

即使今天因为支付淘宝客佣金而少赚了一部分，但从长远来看，淘宝客带来的绝不仅仅是一个简单的买家，而是这个买家身后更多的买家和口碑。淘宝客和卖家只有真诚合作，互相信赖，才能达到双赢的目的！

淘宝客佣金的计算规则如下。

- 卖家可以在佣金范围内直接调高佣金比例。
- 卖家不能直接调低佣金比例，但可以通过先删除推广计划，再新建推广计划的方法调低佣金比例。
- 买家从淘宝客推广链接进入，此后 15 天内完成的购买均为有效，淘宝客都可以得到由卖家支付的佣金。如果卖家退出淘宝客推广，在退出前买家点击过的推广链接对该买家在 15 天内继续有效，在点击后 15 天内拍下的商品仍计算佣金。
- 如果实际交易金额减去邮费大于或等于买家拍下时的商品单价，则按实际交易金额减去邮费乘以佣金比例进行计算。
- 如果实际交易金额减去邮费小于买家拍下时的商品单价，则按商品单价乘以佣金比例进行计算。
- 如果买家通过淘宝客推广链接直接购买商品，则按照该商品对应的佣金比例结算佣金。
- 如果买家通过淘宝客推广链接购买了店铺内的其他展示商品，则按照该商品对应的佣金比例结算佣金。
- 如果买家通过淘宝客推广链接购买了店铺内的非展示商品，则按照店铺统一佣金比例结算佣金。

第 90 讲　怎样选择主推商品

淘宝客推广，说到底，就是让别人帮助我们推销商品，成交了就分佣金给帮助我们推广的人，不成交就不用花钱。佣金的设置是很有讲究的。很多卖家把淘宝客的佣金设置得非常高，但仍然不会有人帮助推广，这时就要看推广的商品是不是有问题。

参加淘宝客推广的卖家在每个推广计划中最多可以选择 30 件商品设置个性化佣金比例供淘宝客选择，这些商品称为主推商品。淘宝客会主推一些性价比非常高的商品，因为这些商品很容易就能成交，成交了他们就能赚到佣金，反之，如果商品的性价比很低，辛苦引进的买家看一眼就走开了，他们自然白费力气。那么，淘宝客推广到底应该主推哪些商品呢？

- 选择店铺热卖商品

只有具有诱人的销售记录的商品才能带给淘宝客和买家信心。选择店铺中的热卖商品作为主推商品，将买家引入店铺，才能进一步带动其他商品的销售。

● 选择有一定利润空间的商品

要想吸引更多淘宝客来推广商品，主推商品的佣金比例不能太低，不然商品再好也可能会被淹没。因此，要尽量选择有一定利润的商品，在可以接受的范围内，将更多的佣金回馈淘宝客。

● 选择当季、合适的商品

春天到了，你还在推广厚厚的冬装？如果是这样，商品再吸引人也是卖不出去的。将淘宝客推广当成第二间店铺，经常更新，根据效果来调整推广的商品，才能保证销量。

选择主推商品的具体操作步骤如下。

（1）打开“佣金管理”页面，单击“新增主推商品”按钮，如图 7-10 所示。

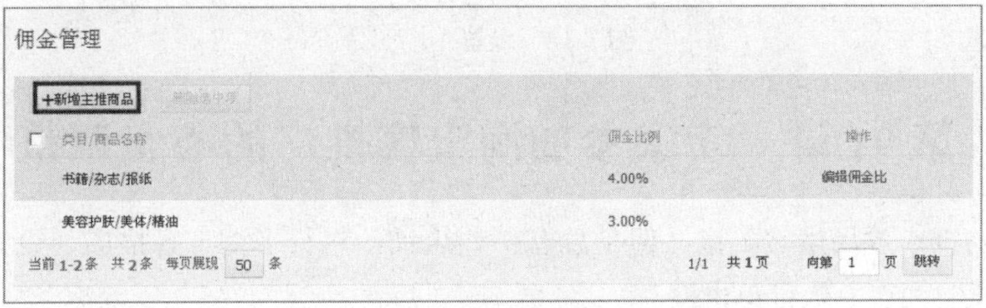

图 7-10　单击“新增主推商品”按钮

（2）在弹出的“选择主推商品”页面中选择要主推的商品，在这里可以重新设置佣金比例，如图 7-11 所示。

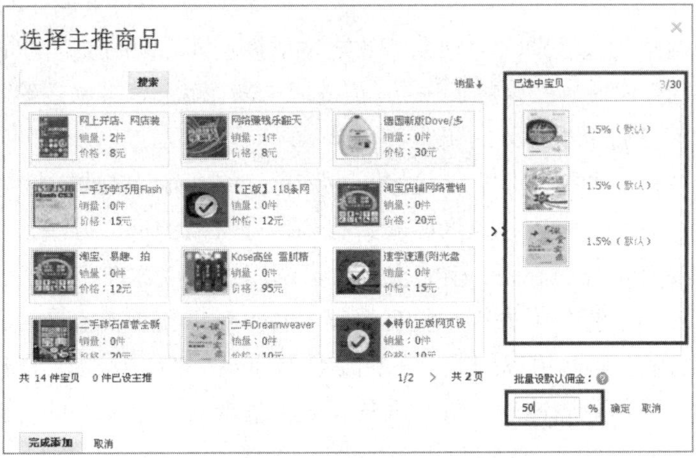

图 7-11　选择主推商品

（3）单击“完成添加”按钮即可完成佣金的设置，这时就完成了主推商品的设置，如图 7-12 所示。

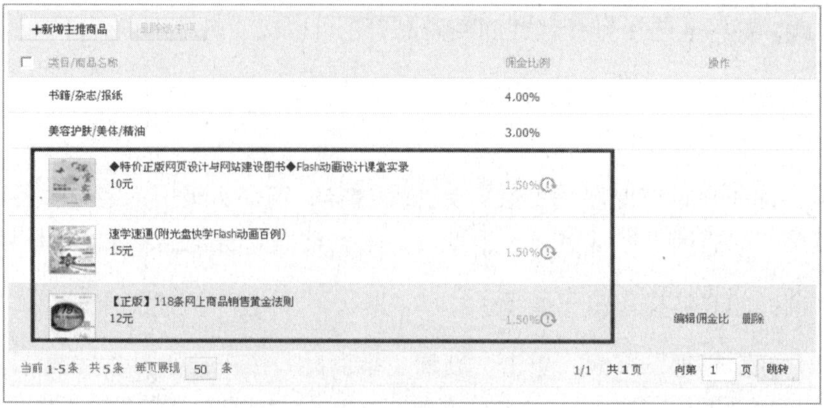

图 7-12　设置主推商品

第 91 讲　卖家参加淘宝客推广的心态调整

淘宝客的推广效果虽然不错，但是总有一些店铺，进行了淘宝客推广，设置的佣金比例不低，却很长时间连一笔订单也没有。

作为新手卖家，看到皇冠店铺每天成千上万的交易额，看到别人的淘宝客带来的无数流量，看到同时开业的店铺信用不断升级，难免为之心动，难免心急如焚。所以，我们在使用淘宝客推广的初期，要调整好自己的心态。

- 在承受范围内给淘宝客最大的利益，才能发动淘宝客无限的推广力量。即使今天因为支付给淘宝客佣金而使自己少赚了一点，但放眼未来，淘宝客带来的绝不仅仅是一个买家，而是这个买家身后千千万万的买家和口碑。
- 世界上没有任何一种推广是立竿见影、一蹴而就的。淘宝客推广是一个长期的过程，只有用心学习、总结，吸取他人的经验，找到适合自己的推广方法，才是最有效的。
- 对待淘宝客要有正确的心态。相信很多卖家都用过淘宝客推广，但是成交之后，看到这么多利润都被淘宝客分了去，心里真的很不甘。对于新手卖家来说，能把商品卖出去，就是初步的胜利。起初可以把商品的佣金设置得高一些，甚至几乎不赚钱，把利润尽量让给淘宝客，以提高店铺的流量和人气。做生意要有一个良好的心态，不要既想赚钱，又“一毛不拔”。

第 92 讲　如何寻找淘宝客

淘宝客推广的方法很多。做淘宝客推广，要主动出击，主动去招募淘宝客，吸引淘宝客为我们做推广。

- 挖掘潜在的淘宝客

身边的朋友、店铺的每一位访问者都可能是潜在的优秀淘宝客，尤其是购买过店铺商品的买家，对我们来说是最好的资源。

- 找身边的朋友

找身边的朋友帮忙推广店铺是不错的方法——肥水不流外人田。同时，因为朋友之间相互信任，所以推广的时候也就省时省力，对发展新买家来说是很有说服力的。

- 利用阿里妈妈社区进行宣传

阿里妈妈社区是淘宝客集中的地方，月赚上万元的淘宝客高手都聚集在那里。卖家应该把重心放在阿里妈妈社区，采取论坛发帖的方式招募淘宝客。阿里妈妈社区里面有一个“找淘宝客”板块，是淘宝客高手云集的地方，到那里发帖肯定会有意想不到的收获。阿里妈妈会员社区页面如图 7-13 所示。

图 7-13　淘宝联盟社区

- 主动寻找淘宝客

进入阿里妈妈会员社区，可以看到掌柜专区有找淘宝客的专区，如图 7-14 所示。

图 7-14　找淘宝客

第 93 讲　为什么选择淘宝客推广

开网店就要做推广，不做推广就没有访客，没有访客就没有成交量，没有成交量就赚不到钱。下面介绍为什么选择淘宝客进行推广。

1．淘宝客的力量非常强大

有数据显示，即使是皇冠级别的店铺，很大一部分成交量也都来自淘宝客。我们在淘宝联盟中可以看到很多知名品牌招淘宝客的帖子，可见淘宝客是多么受欢迎。据不完全统计，在 2012 年圣诞节的活动中，某知名女装品牌的淘宝客每天获得的佣金就有 50 万元。

2．淘宝客推广的效果持久

像淘宝直通车这样的推广方式，一般卖家想都不敢想——每天像在扔钱一样的广告位谁敢买？就算卖家有钱，可以天天使用淘宝直通车做推广，一旦资金不足，效果马上就消失了。但是，淘宝客与此不同，只要不关闭淘宝客推广，流量就一直存在，而且随着卖家的生意越来越好，愿意为卖家推广的淘宝客会越来越多。如果卖家善于管理淘宝客，那么这些淘宝客也会一直为卖家做推广。

3．只有成交才付费

只有成交才付费，这是大部分卖家喜欢淘宝客推广的最重要的原因。做淘宝客推广，就算将部分利润分给淘宝客，但是只要保住本钱，基本上每单都能赚一些，而且提高了商品的人气和销量，何乐而不为呢？

第 94 讲　如何吸引更多的淘宝客来推广商品

淘宝客是一种先看到效果再付费的推广形式。不过，优质的淘宝客却不是那么容易找的，因为他们需要的是能带来更多收入、更高分成的淘宝卖家。做淘宝客推广的人成千上万，只要卖家的商品质量好，佣金比例设置得相对较高，自然会有很多淘宝客为卖家的商品做推广。下面是吸引淘宝客来推广我们的商品的方法。

1．设置合理的佣金

淘宝客推广的最低佣金比例是 1.5%，佣金比例在 10% 以内的商品被淘宝客推广的情况不多。因为淘宝客的收入还要用来支付阿里妈妈的技术维护费，所以佣金比例不能设置得太低。合理的佣金比例是 10%～40%，这样才能吸引更多的淘宝客。

2．挑选优秀的商品

商品具有良好的销售记录绝对是有效推广的有力保证之一。淘宝客推广不应该成为卖家滞销品的“清仓区”，只有诱人的销售记录才能带给淘宝客和买家信心。

3．设置优秀的标题和简介

突出希望传达给买家的商品价值点。例如，商品正在促销或者有赠品最好能在标题和简介里面明确体现出来，这样能在第一时间吸引淘宝客的目光。

4．额外奖励刺激

如果希望更多的优秀淘宝客帮助我们推广商品，还可以在佣金之外，为淘宝客设置推广激励计划。

5．店铺的转化率很重要

店铺的转化率很重要。当佣金设置得很有吸引力，店铺的转化率也还可以时，淘宝客才能起劲做推广。他们的收入越高，表示店铺的销售情况越好，这是一个良性循环。

6．搞一些活动，吸引淘宝客的眼球

可以举行一些活动（如本月推广成绩在前 3 名的淘宝客奖励一定现金）来吸引淘宝客。当然，发奖金的时候别忘了“炒作”一下，发一个帖子宣传一下自己的店铺。

7．设计美观的图片

为了避免淘宝客拿我们的图片给其他店铺做推广，要在图片上的明显位置标出店铺地址、联络方式等。

8．注重商品描述

在互联网中，人与人不能面对面地交流，商品描述和图片都是用来解释商品的，所以要特别重视。淘宝客推广中销售最火爆的商品，都可以用顾客的好评、交易记录等来阐明其特性。有的店铺信誉高、货源充足，但是没有详细的商品描述，照片也很模糊，淘宝客一般不喜欢推广这样的商品——即使佣金再高。

9．硬广告加软广告的宣传

可以在硬广告中加上招募淘宝客的信息，然后放在显眼的广告位上，也可以写软文推广（花一点心思写文章，既经济，又实惠）。

10．卖家本人投身淘宝客队伍

卖家可以自己做淘宝客来推广自己的店铺。原因很简单：商品只有不时有人推广，才会有更多的人愿意推广。

11．店铺信誉问题

淘宝客对卖家的信誉度非常看重。信誉度高的卖家有实力，有充足的货源，会让淘宝客比较放心。

第 8 章 设置钻石展位，展示流量滚滚来

开店指导

钻石展位是由阿里巴巴旗下的淘宝网通过资源整合推出的一种全新的、以定向能力为核心的展示广告产品。凭借淘宝网的海量用户数据，钻石展位开放多种维度的定向功能，能够帮助卖家精确锁定潜在客户，找回流失人群。竞价结果不仅可以在联盟网站上显示，还可以在淘宝网上展示。

第 95 讲　什么是钻石展位

钻石展位对于店铺的成长帮助非常大，卖家可以通过这个工具让更多的买家看到自己的店铺，进入自己的店铺，知道自己的品牌。

钻石展位提供了丰富、全面的统计数据，让卖家对每一分钱的投入清清楚楚。同时，钻石展位还提供广告优化服务，无论是广告投放设置还是后续行为，钻石展位都会进行监测和分析，让卖家了解如何优化广告投放，最大限度地提升广告投放效果。

钻石展位是专为有更高信息发布需求的卖家量身定制的产品，精选了淘宝网的优质展示位置，通过竞价排序，按照展现次数计费，性价比高，更适合店铺、品牌的推广。如图 8-1 所示为淘宝网首页钻石展位的位置。

图 8-1　钻石展位

钻石展位具有如下优势。

➢ 范围广：覆盖全国 80% 的网上购物人群，每天有超过 15 亿次的展现机会。

➢ 超炫展现：展现形式更绚丽。不仅支持静态图片格式，还支持 GIF、Flash 等动态图片格式，尺寸比较大，视觉冲击力强，可以广泛吸引买家进入店铺，如图 8-2 所示。

图 8-2　绚丽的钻石展位

➢ 超优产出：按照展现次数收费，不展现不收费，自由组合信息发布的时间、位置、费用等。统计报告和效果优化服务让卖家的每一分钱都花得明明白白。

➢ 定向准：目标指向性强，可定向 13 类主流购物人群，直接生成订单。

➢ 实时竞价投放计划可以随时调整，并实时生效参与竞价。

第 96 讲　钻石展位的展现位置在哪里

钻石展位的展现位置在哪里呢？淘宝网首页的大多数图片位置都属于钻石展位。在淘宝网的一些流量较大、人气很旺的页面的特定位置，如首页底部、首页第二屏右侧、二级频道首页等，均有钻石展示位。

➢ 淘宝网首页底部广告，如图 8-3 所示。

图 8-3　淘宝网首页底部广告

➢ 首页第二屏右侧大图，如图 8-4 所示。

图 8-4　首页第二屏右侧大图

➢ 二级频道首页，如图 8-5 所示。

➢ 淘宝站外广告位，如图 8-6 所示。

图 8-5 二级频道首页

图 8-6 淘宝站外广告位

第 97 讲　钻石展位提供的服务类别

钻石展位提供品牌展位和智能优化两种服务。

品牌展位基于淘宝网每天上亿的访客和精准的网络购物数据，帮助卖家选择优质展位，高效吸引网购流量，达到高曝光、高点击的传播效果。

钻石展位为卖家提供近 200 个优质展位，包括淘宝网首页、内页、频道首页，以及“门户”、“帮派”、“画报”等多个站内广告位，每天拥有超过 8 亿次的展现，还可以帮助卖家把广告投向站外（涵盖大型门户、垂直媒体、视频站点、搜索引擎、中小媒体等各类媒体展位）。

智能优化是以实时竞价为核心的全网竞价产品，是高效的跨媒体流量中心，能导入更多优质的全网流量，每个流量明码标价，通过兴趣点定向、访客定向和人群定向技术使流量与广告主进行有效匹配。卖家只要提交需求，系统将智能匹配精准的人群，有效提升广告主投放的点击量和 ROI。

第 98 讲　如何开通钻石展位

作为卖家，如何开通淘宝网的钻石展位？具体操作步骤如下。

（1）登录淘宝网后台，单击“营销中心”下的“我要推广”选项，如图 8-7 所示。在打开的营销中心页面单击“钻展”按钮，如图 8-8 所示。

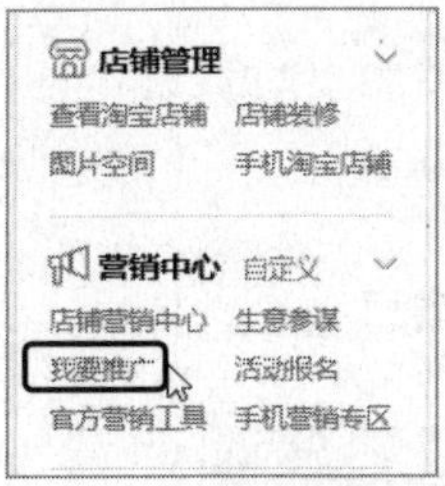

图 8-7　单击“我要推广”选项

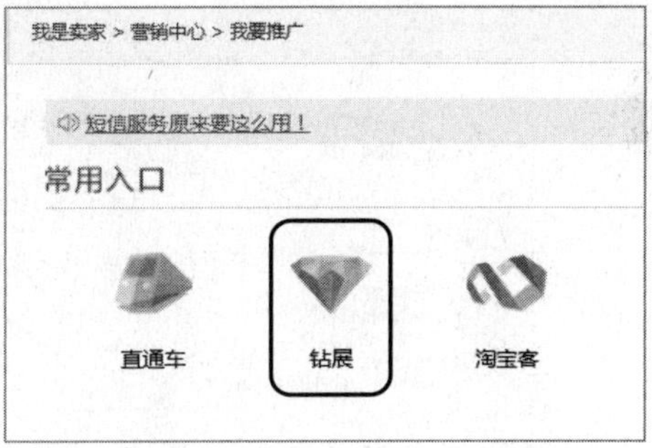

图 8-8　单击“钻展”按钮

（2）这时系统将自动转入“钻石展位”首页。输入用户名和密码，如图 8-9 所示。

图 8-9　“钻石展位”首页

（3）单击右上角的“我要加入”按钮报名，进入测试题页面，如图 8-10 所示。

图 8-10　测试题页面

（4）做完测试题，如图 8-11 所示。

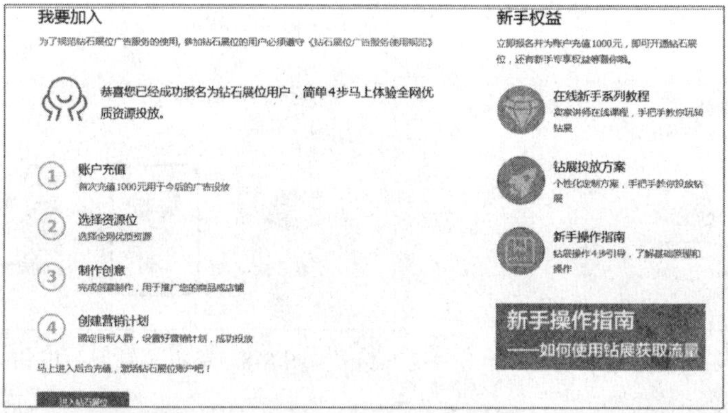

图 8-11　做完测试题

（5）单击“进入钻石位”按钮，进入钻石展位用户中心，如图 8-12 所示。

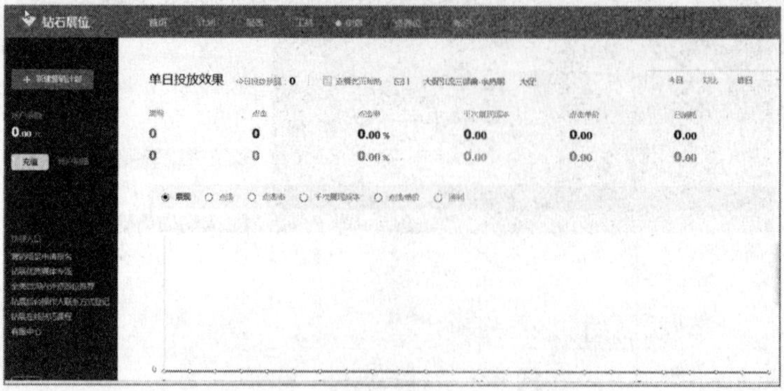

图 8-12　钻石展位用户中心

第 99 讲　钻石展位的投放流程

钻石展位的投放流程简单介绍如下。

（1）登录钻石展位后台，单击“新建营销计划”按钮，如图 8-13 所示。

（2）打开“请选择新建营销计划”页面，单击“展示网络”下面的“立即创建”按钮，如图 8-14 所示。

图 8-13　单击“新建营销计划”按钮

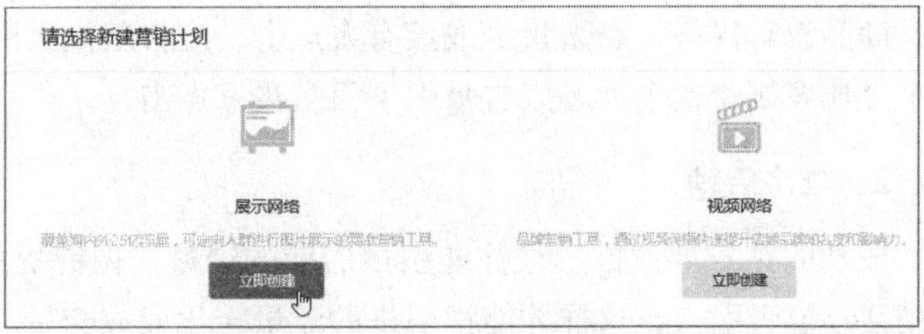

图 8-14　单击“立即创建”按钮

（2）进入钻石展位计划基本信息页面，输入基本信息，如图 8-15 所示。根据提示一步一步完成钻石展位的投放。

图 8-15　计划基本信息页面

第 100 讲　钻石展位的使用技巧

很多卖家认为钻石展位是大卖家的天下，其实不然。只要用得好，钻石展位对于任何级别的卖家都有效果，而且效果非常明显。

钻石展位不仅适合发布宝贝信息，还适合发布店铺促销活动，推广店铺品牌。钻石展位能够为店铺带来巨大的流量，同时增加买家对店铺的好感，增强买家黏度。

1．推广商品

如果主推的是商品，一定要把商品做到最好。因为钻石展位是按照流量付费的，广告是否成功，很大程度上是用点击量来衡量的，所以，商品有绝对优势和吸引力，才能吸引买家点击，商品没有优势，点击量少或没有人点击，广告就是失败的。如图8-16所示是商品推广的一个经典案例，这个动态广告吸引了很多买家点击。

2．推广店铺

成功的钻石展位推广往往能引爆店铺的销量，但前提是卖家要把店铺“装修”好，各种促销活动要吸引人，这样才能把引进的流量转化成成交量。如图8-17所示是店铺推广的一个典型案例。

图8-16 推广商品

图8-17 店铺推广

3．推广促销活动

图8-18 推广促销活动

促销活动很容易抓住买家的眼球，尤其是对一些优惠力度很大的活动，做钻石展位推广可以带来巨大的流量，如图8-18所示。

钻石展位一般是大中型卖家在淘宝网首页或各个特卖频道购买的广告位，费用相对比较高，因此卖家大都很重视钻石展位的图片质量。对于普通卖家，做钻石展位推广时最大的问题就是准备素材，也就是准备广告图片。

钻石展位的图片很重要，一定要吸引眼球，如果图片不能吸引买家点击，展示机会再多也没有用，只能浪费更多的金钱。另外，做活动的素材一定要突出卖点，牢牢抓住客户心理。

例如，以全店铺促销活动为主题，配合店铺的几款热销商品，根据展位的长度和宽度来设计图片的内容，如图 8-19 所示。

图 8-19　钻石展位图片

其实，不管什么样的宣传图片，大到海报，小到广告图，元素大都相同，一般包括店铺名称、商品图片、促销主题、辅助信息，有的还有人物图片。

那么，应该怎样准备图片素材呢?

- 店铺品牌或名称需要展示

一般店铺发展到一定程度，会更注重店铺名称或店铺品牌，所以这个元素一定要放上去。

- 人物宜用表情很夸张的漂亮图片

爱美之心，人皆有之，因此要选择漂亮的人物图。最好的人物素材图就是表情夸张的漂亮人物图片，用这类图片做广告图，容易吸引别人的目光。但是，一定要注意，不要使用没有获得人物肖像使用权的图片。

- 重点要突出

钻石展位的核心问题就是颜色的使用。钻石展位图片尺寸较小，如果在颜色方面不够突出，其他方面做得再好也不会有太好的效果。黄橙色比较适合作为背景色，但文字颜色一定要选择黑色或其他深色。

钻石展位的图片，文字要足够吸引人，而且越新颖越好。一定要使用笔画较粗的字体，也可以使用一些特殊字体。

- 商品图片要清晰

在一幅小小的钻石展位图里，是不可能展示商品细节的，建议挑选能让买家看清楚的商品图片。

- 辅助信息

辅助信息属于可有可无的元素，是为了使整幅图看起来更加和谐而使用的。文字或小幅图片都可以作为辅助信息。

淘宝网的钻石展位是以浏览量计费的，如果设置不好，可能会花钱如流水。出价是有很多讲究的，出价高肯定会被推广，但并不是最划算的。要想找到一个最划算的价格，首先要明白，我们出价购买的是千次展现量，不管是花10元排在第一，还是花2元排在最后，只要能展现出来，效果基本相同。下面是竞价的一些技巧。

- 竞价时一定要冷静

建议在竞价前研究自己选中的广告位的特征，以及最近的出价数据，看准了、算好了再出手，切忌不顾一切地争抢。有时候，一时的冲动可能会不小心抢到不合适的展位。

- 科学出价

应该在流量没有被购买完的情况下，尽量出低价，这样才可能在相同的预算下拿到最多的流量。

当然，有些卖家是挑时间段竞价的，如一定要在19:00～21:00投放广告。一个比较短的时间段内流量有限，这时取得优先权就很重要。

- 快速竞价

每天15:00之前的几分钟是竞价最激烈的时候，很多卖家往往在之前的几秒出价或加价，所以，创建投放计划后，可以利用创建快速竞价的方法迅速“抢位”。

- 什么时间竞价最好

竞价时间的选择很重要。在非购物高峰时间段，竞争的卖家比较少，价格也相对低一些。当然，这个时间我们最好在线，如果客户来了，没人接待，就可能丧失卖出宝贝的机会。选择在白天还是在晚上展示广告？不同时段流量不一样。购物高峰期流量相当大，那些出价排在前面的卖家预算可能很快就用完了，这时就会轮到排在后面的那些出价比较低的卖家展示商品。因此，有这样一个小技巧：做预算时可以选择流量比较大的时候，但是预算要足，这样才能出低价买到大流量。有些卖家只求出价低，但是买不到流量，或者展示几分钟预算就用完了，这样就失去了参加钻石展位竞价的意义。

第101讲　钻石展位的使用误区

利用好淘宝网的钻石展位，可以取得与使用淘宝直通车相同的效果。要想推广得好，就要掌握使用钻石展位的一些技巧。不少卖家在分析钻石展位效果的时候，存在以下误区。

- 误区 1：用点击数、点击率来考查钻石展位的效果

考查钻石展位的效果时，很多人都会使用点击数、点击率这两个指标。但这两个指标不能解答这些问题：买家通过钻石展位进入店铺之后，有多少人最终下单？带来了多少成交额？高点击率不一定能带来高成交额。

考查钻石展位应该参考钻石展位的投入产出比，即投入了多少广告费，赚了多少钱，其计算公式如下。

钻石展位的投入产出比=钻石展位消耗金额/钻石展位带来的成交额

- 误区 2：只看钻石展位投放当天的成交金额

其实，钻石展位存在着延续效果，应该考查钻石展位广告投放后 7 天的效果，这样统计才更全面。买家通过钻石展位进入店铺，对推广的宝贝产生了兴趣，但没有立即完成支付。于是，买家将宝贝放入收藏夹、购物车等，或者拍下未付款，直到第二天、第三天……才会购买，并完成支付。所以，这部分买家带来的成交金额也应该计入钻石展位带来的效果。

- 误区 3：大部分卖家还停留在“引流”阶段，忽略了广告宣传

钻石展位作为淘宝网比较高端的一种营销工具，其优势在于除了直接引入流量达成销售之外，还有一种广告理念的灌输。

类似于电视台、报纸、杂志广告，长久、有规律地投放钻石展位，可以将品牌的概念很好地灌输给消费者，从而形成一种视觉“洗脑”的累积效应。目前，钻石展位的广告投放大部分还停留在“引流”阶段，忽略了这种累积效应。

第 102 讲　淘宝直通车与钻石展位的区别

大家都知道，钻石展位是一个“烧钱”的玩意儿，淘宝直通车也是。淘宝直通车和钻石展位都是通过广告位展示的形式来展现所要推广的宝贝。淘宝直通车按照商品的形式展现在搜索结果页面的右侧和下方；钻石展位的位置则有很多。由于它们都是用广告位的形式来展示的，所以同样具有广告“轰炸”的效果。

淘宝直通车与钻石展位的区别主要有如下几点。

- 从收费方式上看，淘宝直通车是按照点击量收费的，每有一个 IP 地址点击，就会扣一次费用，能实现“精确打击”。相比“地毯式轰炸”的钻石展位，淘宝直通车的优点在

于精准，最大限度地避免了无效点击。钻石展位是按照展示次数收费的，即广告所在的页面展示在用户面前一次就计一次费用。1000 次展示，可能只用几秒就完成了，却连一次点击都没有，但钱已经花出去了。

➢ 淘宝直通车广告对多家店铺的商品进行集中展示，并不是独家广告，没有聚焦点，容易分散买家的注意力，产生的点击量不高。虽然淘宝直通车按点击付费，有点击才计费，但既然选择投放广告，最大的目的不就是希望大量买家通过广告点击访问我们的店铺，从而进一步产生购买行为吗？如图 8-20 所示为搜索结果页面下方的淘宝直通车展示位，除非我们的商品与价格足够吸引人，否则点击量不会太高，很难使店铺流量猛增。

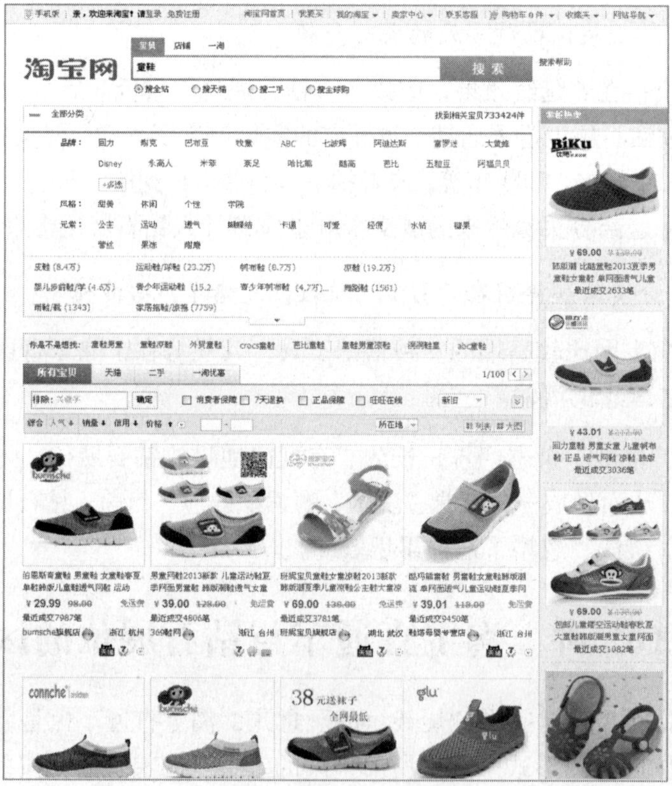

图 8-20　淘宝直通车广告对多家店铺的商品进行集中展示

➢ 钻石展位与淘宝直通车的广告形式不同。淘宝直通车的广告形式比较单一，都是直接调用卖家所选择的产品进行展示，无法在图片上对产品的卖点进行提炼和突出，或者放上品牌形象广告。而钻石展位的广告尺寸比较大，可以更好地展示广告，曝光率也比较高，加上精美的广告设计效果，能够获得大量点击，使店铺的流量瞬间猛增。如图 8-21 所示是淘宝直通车广告，如图 8-22 所示是钻石展位广告。

图 8-21　淘宝直通车广告

图 8-22　钻石展位广告

➢ 钻石展位与淘宝直通车的竞价方式不同。淘宝直通车竞价是争抢商品排名，而钻石展位竞价只是为了获得优先投放的权利。这两种展位的区别很容易理解：淘宝直通车是出价最高的广告排在最前面；而钻石展位是出价最高的广告获得优先投放的权利，也就是说，出价高的广告先被投放，投放完毕才轮到出价第二名的广告，至于广告能展示多久，与广告竞价的高低无关，主要取决于卖家的预算是否充足（预算充足，展示的时间就长一些）。

第 103 讲　掌握访客定向，花最少的钱获取最大的流量

在钻石展位广告投放中有时会遇到买到的流量不精准、广告点击率偏低、点击成本过高的问题。为什么别人用几角钱就能买到一次访问，而我们则需要花上 1 元钱甚至几元钱呢？下面就介绍一下钻石展位广告最为精准的功能——访客定向，以及如何更好地使用访客定向功能来提升钻石展位的投放效果。

访客定向是一种定向产品，通过向店铺的访问者投放钻石展位广告达到精确投放的目的。卖家可以自己输入店铺地址，也可以通过“种子店铺”找到相似的店铺。

钻石展位系统所做的工作分为如下两个步骤。

（1）向广告主推荐与“种子店铺”相似的店铺。系统会筛选过去 30 天内与“种子店铺”的用户收藏和购买行为重叠最多的店铺。

（2）向店铺的访问者投放广告。将过去 90 天内访问过上述推荐店铺的访问者作为定向的对象，卖家的购买倾向会随时间递减，系统一般会优先投放最近有买家访问和访问次数最多的店铺的广告。

钻石展位广告定向的方向有以下几个。

➢ 直接竞争对手，与自己店铺的风格、定价、产品相近的店铺——抢客户。
➢ 潜在目标客户，相关类目的店铺，买家访问、收藏、购买有相关性的店铺——养客户。
➢ 通过一些参加大型活动的店铺的案例分析买家的行为，寻找这样的店铺——推活动。

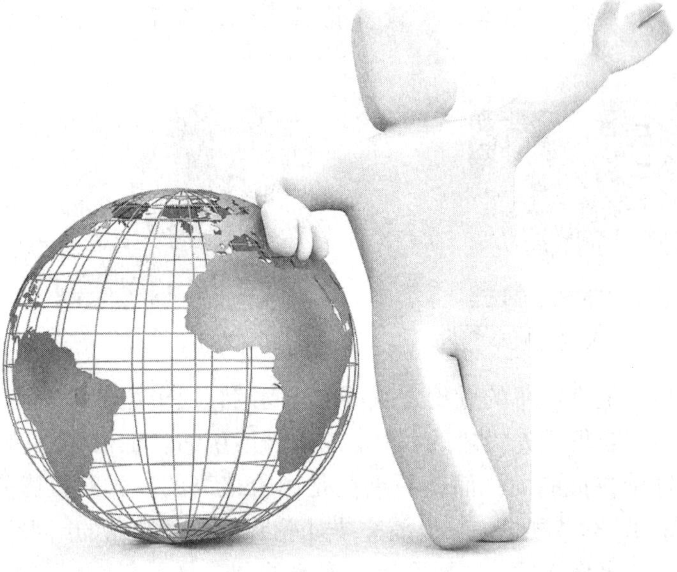

第 9 章 聚划算引发团购狂潮

开店指导

大家都知道，销售量是建立在流量之上的——光临店铺的“上帝”都没几个，达成购买的又会有多少？所以，无论是大卖家，还是刚起步的小卖家，都挖空心思寻找各种办法来提高店铺流量。“聚划算”利用淘宝网的流量，获取流量的成本极低，为其成功打下了基础，越来越多访问淘宝网的人开始被“聚划算”吸引。

第 104 讲　什么是聚划算

团购的热度越来越高，作为拥有商家最多的淘宝网怎么能错过这个机会？于是，淘宝网推出了自己的团购频道——聚划算。聚划算成立于 2010 年，2011 年 10 月成为独立业务，是中国最大的以消费者为驱动的品质购物网站，每天有数千万消费者在此发起品质团购，涵盖在线商品到地域性生活服务。聚划算展现了淘宝网优质卖家的服务，已经成为互联网消费者首选的团购平台，确立了国内最大团购网站的地位。

聚划算是一个定位精准，以小搏大，以 C2B 驱动的营销平台，除了主打的“商品团”和本地化服务外，为了更好地为消费者服务，还陆续推出了“品牌团”、“聚名品”、“聚设计”、“聚新品”等业务频道。

依托广大的商家和买家，聚划算一经推出就受到了很多人的关注。淘宝网的卖家把它当成推广网店、打造人气宝贝的好方法；网购买家花很少的钱就能“淘”到自己中意的宝贝——聚划算实现了淘宝网卖家和买家的双赢。如图 9-1 所示为聚划算平台。

图 9-1　聚划算平台

聚划算带来的流量有一个相当明显的特征——IP 地址和流量平行，这说明买家的购买注意力高度集中。因此，在参加聚划算宝贝的商品描述里进行关联销售是十分重要的。同时，展示店铺形象和品牌文化也很重要。参加聚划算之后的客单价会持续上升，如果服务态度很好且回复及时，会给店铺带来不少好评，这些好评同时会影响这件宝贝乃至整个店铺的口碑。

第 105 讲　聚划算有哪些入口

聚划算带来的单品销量巨大，这是显而易见的，而且是相当重要的。聚划算拥有强大的粉丝团，再加上十几个官方大流量入口，保证了其买家流量。聚划算的入口主要有以下几个。

- 登录阿里旺旺，在右边会有一个“聚”字，如图 9-2 所示。单击“聚”字会登录聚划算页面。

➢ 淘宝网首页顶部导航栏中的“聚划算”栏目，如图 9-3 所示。

图 9-2 “聚划算订阅消息”窗口

图 9-3 淘宝网首页导航中的“聚划算”栏目

第 106 讲　卖家参加聚划算有什么好处

淘宝网发展至今，已经拥有大量的用户，越来越多访问淘宝网的人开始被聚划算吸引。团购网站成功的根本就是让更多的商家愿意让利并且把信息放到团购网站中，另外，还要有足够多的用户能到团购网站来订购商品。这样一来，用户才能在网站上有更多实惠的选择，而卖家也能实现薄利多销。

1．巨大的品牌曝光度

团购给买家带来了巨大的好处：一是团购价格低于产品市场最低零售价，二是产品的质量和服务能够得到有效的保证。因此，聚划算吸引了大量买家疯狂团购，同时店铺品牌和产品品牌被充分曝光。很多卖家参与聚划算活动的主要目的是在短时间内迅速增加店铺的流量和曝光度，而不是依靠团购单品赚钱。因此，参加聚划算的单品定价非常低，甚至亏本销售。买家在参加聚划算团购时，注意力会高度集中，不仅要看商品的品质，更要看商品的品牌是否值得信赖。

2．提升流量和销量，短时间内打造爆款

一旦商品出现在聚划算页面上，巨大的浏览量就会出现。“开团”的时候，销售速度是非常快的。聚划算的资深买家都会提前浏览宝贝，然后咨询卖家来确定是否购买。也就是说，开团后的 1 小时是最疯狂的时候，也许不到 10 分钟，5000 件商品就被一抢而空，这不仅提高了

销量，而且展示了店铺——买家对商品很满意，会关注店铺和其他宝贝；买不到的买家则很焦急，也会关注店铺和其他宝贝。

因此，参加聚划算能迅速提高店铺流量，使店铺快速曝光，单品销售量是没有参加聚划算时的几倍至上千倍。如图 9-4 所示，参加聚划算的商品单件销量超过 2000 件。参加聚划算一般都能让商品进入爆款的行列。

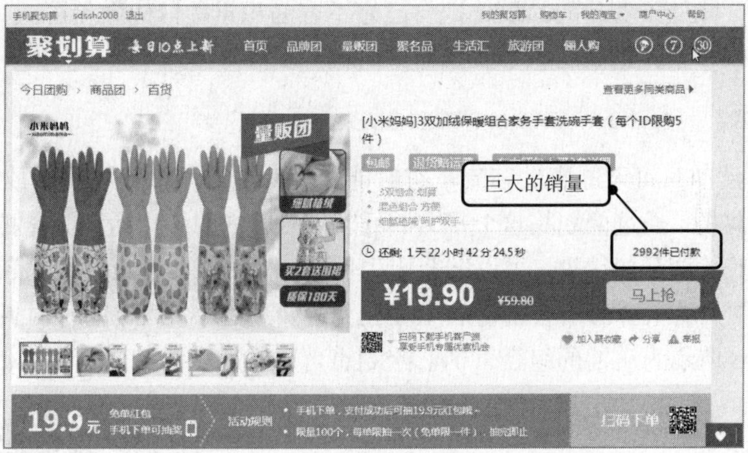

图 9-4　参加聚划算的商品单件销量超过 2000 件

3．快速成长

一天的聚划算活动将带给卖家上万次的流量和上千件的单品销量，引爆店铺超强人气，关联销售、后续口碑及二次销售将持续良性发展。巨大的咨询量和成交量对店铺运营能力是艰巨的考验，需要各部门的高效配合，对店铺整体运作水平也有很大的锻炼和提升。如图 9-5 所示，多次参加聚划算活动的卖家成长迅速，短短几年店铺达到 4 皇冠级。

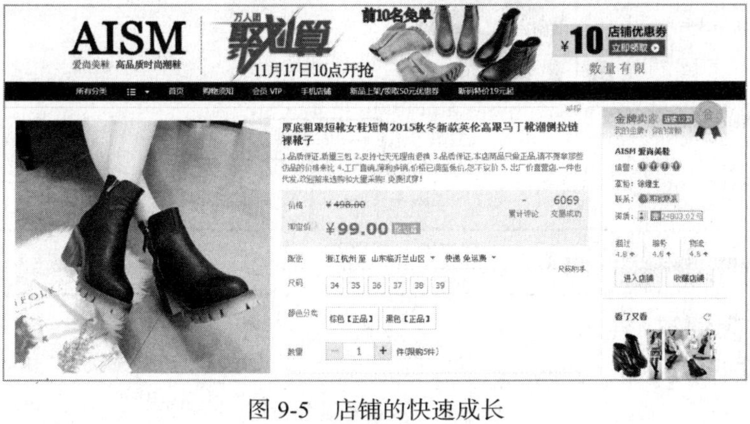

图 9-5　店铺的快速成长

参加聚划算活动的好处显而易见——单品在几分钟或几小时内创造几千件的销量，一天创造几十万到几百万元的支付宝成交额。但是，很多店铺也通过聚划算活动暴露了一些弱点，具体介绍如下。

- 服务跟不上，买家咨询量大，阿里旺旺无回应。
- 发货跟不上，无法保证 7 天内完成发货。
- 只顾赢利，降低了商品的品质，把自己好不容易积累的口碑做差了。
- 售后服务跟不上，造成退款率及投诉率升高。

4. 组合营销

通过聚划算活动，每天进店的客流量有时能达到几十万。如何利用和放大这些资源，是每个卖家都要考虑的。通过聚划算这个平台，可以激活店内的各项活动。聚划算带来的巨大流量，会带动店内其他商品的销售。可以结合店内促销、抽奖或其他事件共同营销，带动买家的二次消费，比较常见的组合营销有购物满 100 元免运费或送小礼品、同时购买两件免运费或送小礼品。如图 9-6 所示为店铺的组合营销。聚划算可以帮助店铺赚到更多的信誉及人气。

图 9-6　店铺的组合营销

5. 招揽回头客

聚划算是一种很好的推广方式，可以通过超高的商品性价比让买家体会到购买某个店铺的商品真的很划算。另外，店铺要从产品介绍到产品质量、客服态度、发货速度等一系列步骤，给予买家优秀的购物体验，让买家真正了解自己的产品，进而成为回头客。

聚划算从某种意义上说更像是一种广告媒介，卖家通过聚划算聚集人气，在短时间内增加店铺流量。一次成功的聚划算活动远远不止带来流量，卖家看重的是买家后续的关注及二次消费。

第 107 讲　聚划算活动如何更快通过初审

聚划算活动是每一个淘宝网卖家梦寐以求的展示机会，但是报名参加聚划算活动的手续很复杂，有时会出现审核没有通过的情况。

1. 宝贝原因

由于宝贝原因没有通过聚划算活动审核的常见问题如下。

- 报名参加聚划算活动的商品原价虚高，全店同类商品正常销售价与报名商品的原价差距较大。如图 9-7 所示的同款商品，大多数店铺标价为 50～58 元，但是这个店铺标价 95 元，原价明显虚高。

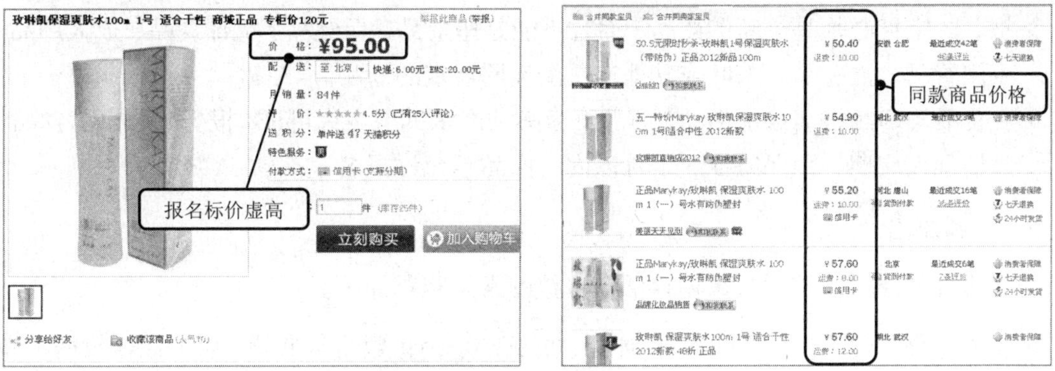

图 9-7　与同款商品相比报价虚高

- 宝贝销售记录中有销售价格低于或接近聚划算价格的记录，性价比不高；曾经参加超低价促销，且成交笔数较多；价格差异明显，成交记录混乱，需要重新报价后再次报名，或者选择其他未出现类似现象的宝贝报名。

> 在聚划算的后台可以看到所有商品的最低成交记录，每个店铺的所有成交信息，以及每个商品、每笔成交记录等。

- 报名商品的买家评价不好或近期成交量过低；销售时间段过于集中，同一个买家账号购买多件商品，销售记录不足或者不真实。如图 9-8 所示为没有成交记录的商品。

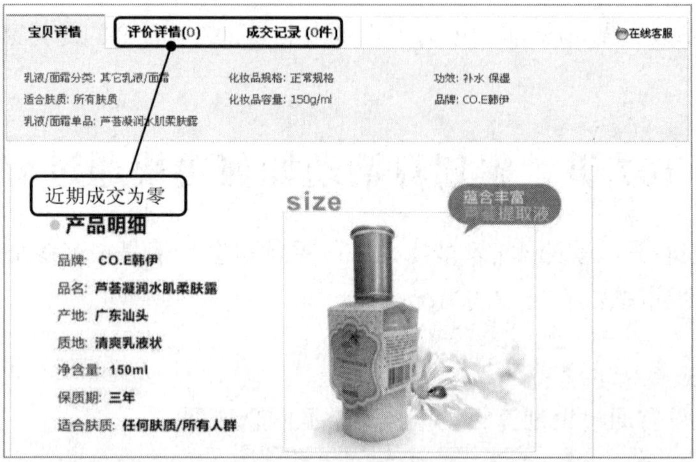

图 9-8　没有成交记录的商品

- 选款不恰当，一般是指过季单品、非当季热销单品、非主推单品、受管制的商品、具有特殊功效却没有功能报告的商品及受争议的商品等。
- 报名的宝贝必须是全新的商品，而且不能是违禁品、保健品、无证食品、成人用品、二手闲置品、清仓品、茶叶或其他违反淘宝网规定的商品。
- 凡食品类商品报名参加活动，商品页面必须展示其卫生许可证。报名时要出示食品生产日期和保质期，距保质期 3 个月以内的商品不允许报名。

2．店铺原因

由于店铺的原因没有通过聚划算活动审核的常见问题如下。

- 店铺综合条件不满足，如 DSR 评分、好评率、销售数量较低等；店铺后台数据不满足，如流量、销量较低等；店铺的运营能力、营销活动情况不好等。建议卖家经营一段时间，提升店铺的综合竞争力之后再来报名。
- 店铺的所有商品价格定位不一致，差别明显，且报名商品采用区间价格。建议统一调整商品价格，明确定位，调整报名商品价格后再来报名。

➢ 如果卖家以前参加过聚划算活动，再次报名时，发现店铺评分有下降趋势，好评率也有下降趋势，淘宝网会视情况驳回申请。
➢ 店铺不得处在处罚期内。店铺不得涉嫌信用炒作。若是虚拟物品转实物交易，虚拟物品交易比例应小于 50%。
➢ 店铺需要加强运营，或店铺近半年运营情况不理想。店铺开店时间过短，如不足 1 个月。
➢ 聚划算对店铺有“疲劳期”的时间控制。一般情况下，一个店铺一个月内最多参加两次活动，参加活动后至少间隔一个自然周才能参加下一次活动。店铺必须渡过“疲劳期”再报名。
➢ 销售奢侈品、护肤品的聚划算活动店铺必须是天猫商城店铺，淘宝网店铺需要开通“假一赔三”服务。

3. 类目原因

类目满足以下个性化要求后，可以提高初审审核通过率。

- 鞋类和箱包类

➢ 真皮类商品必须有质检报告方可报名。
➢ 承诺“7 天无理由退换货”、有商品细节实拍者优先考虑。

- 美容护肤类

➢ 自有品牌 3.5 折以下者优先考虑。
➢ 一二线品牌价格低于全网正品热销度前 5 名中最低价者优先考虑。
➢ 美容类目商品必须加入“假一赔三”服务方可报名。

- 运动户外类

➢ 品牌（经授权）商品优先考虑。
➢ 承诺“假一赔三”、“7 天无理由退换货”者优先考虑。

- 服装服饰类

➢ 有细节实拍者优先考虑。
➢ 品质专区的店铺优先考虑。
➢ 承诺“7 天无理由退换货”者优先考虑。
➢ 加入“消费者保障”服务、承诺“假一赔三”者优先。

4. 其他原因

除了宝贝、店铺、类目原因外，还有其他一些原因造成宝贝未能通过聚划算审核。

- 报名商品信息不对称，如报名宝贝属性与宝贝页面属性不符等。
- 图片问题。例如，著名卡通图案、公司商标需提供使用授权书，店内使用杂志图片、明星图片、盗图等会涉及图片侵权。
- 如果是品牌商品，需要把品牌授权添加到宝贝推荐理由中再报名。
- 商家进行聚划算报名时，填写的信息必须是正确的，原则上报名后不允许进行修改。
- 初审报名时，要确保商品是上架状态并设置成“拍下减库存”。
- 商品页面禁止出现违禁内容、反动言论等。

第 108 讲　聚划算活动规则

要参加聚划算活动，就必须了解活动规则——知己知彼，百战不殆。

1. 活动上线前

- 所有报名参加聚划算活动的卖家需要在店铺首页放置聚划算的标志图片，悬挂时间为报名后的一个月内，如图 9-9 所示。

图 9-9　店铺首页有聚划算的标志图片

- 活动报名信息，如团购数量、宝贝原价、团购价格，一旦通过初审，将不允许卖家擅自更改。
- 店铺应提前准备好货物及保证金，运营人员也要做好准备工作，不得在活动时间确定后再临时做准备。店铺不得临时取消活动或更改活动上线时间。

2. 活动上线

- 活动进行时，参加活动的宝贝链接，包含原价和团购价链接，不允许自行下线，且需要保持咨询旺旺在线。
- 活动上线后，原则上不允许修改宝贝描述信息，若要修改，需经聚划算小二同意，修改后的内容不得违反聚划算对宝贝描述及店铺内信息的要求。
- 活动进行过程中，杜绝一切对聚划算活动有负面影响的行为。

3. 活动下线后

- 活动下线后，需要按活动承诺及时给买家发货并提供相应的优质服务。
- 宝贝参加聚划算活动后一个月内，不得以聚划算活动的价格或接近该价格直接销售。
- 因聚划算活动商品产生投诉的店铺，将视情节决定是否取消该店铺之后参加聚划算活动的资格。
- 活动下线后，店铺需要做好数据总结工作，积极分享活动经验的店铺将获得再次报名参加聚划算活动的优先资格。

第 109 讲　参加聚划算活动应怎样备货

很多卖家在报名参加聚划算活动成功后会考虑：上线前需要做哪些准备工作？为什么很多大卖家可以完成那么高的团购数量，获得那么高的转化率？该怎样把聚划算活动做到效果最大化？其实，成功不是偶然，而是精心准备的必然结果。

活动上线前，必须确保备货充足，没有备货却来参加聚划算纯属无稽之谈。有些商家可能会问："需要多备货吗？"根据成功卖家的经验，一般根据店铺情况，可以多备 10%～20%。

- 把货拿到手是关键，货已备齐不代表万事俱备，要有充足的安全库存。卖家供应的大部分宝贝，存货量在 2000～8000 件之间。无论是从压货资本还是从活动押金方面来说，这给卖家带来的压力都是很大的，如果想从竞争中胜出，存货一定要在 5000 件以上，有些常销的单品，参加活动时存货甚至超过 20000 件。如图 9-10 所示，参加聚划算活动的商品销量一般很大。
- 保证商品的质量，如果商品质量不高，买家的中差评很快就能把店铺拖进"地狱"。

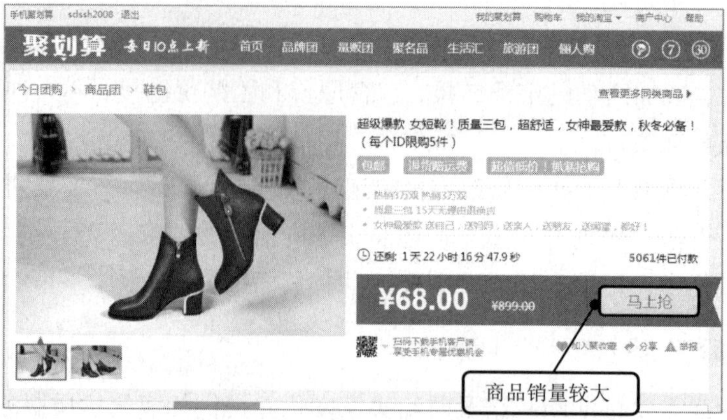

图 9-10　参加聚划算的商品库存很多

第 110 讲　参加聚划算活动的成功经验

店铺参加聚划算活动，不仅参加活动的宝贝销量会有几十倍的增长，而且带来的一些关联销售也是不容忽视的。一次聚划算活动怎样才能成功呢？下面是一些卖家分享的经验。

1．关于价格

价格是一个很让人纠结的问题。价格优势不是不计成本的打折，而是拿出可以承受的最低价格来争取聚划算买家。参加聚划算活动的目的是争取让买家来体验产品，为店铺带来回头客，让更多人了解店铺或品牌。

参加聚划算的宝贝的定价规律是需要长期揣摩的：如果定价过低，很快就卖断货了，白白浪费了流量资源；如果定价过高，买家不感兴趣，卖家也会因此积压不少库存。

要想有一个准确的定价，首先要评估产品和参加活动的顾客群体。这其实是一种供求关系，需要在多次尝试中找到平衡点。不要把聚划算当作一次性的赚钱工具，价格可以采用“成本+扣点+物流成本+一点利润”的方式，稍有一点利润即可。

2．写好宝贝描述

一个好的宝贝描述能够代替至少 10 名客服。参加聚划算活动时，宝贝描述应包括如下几点。

➢ 活动须知，如图 9-11 所示。

➢ 店铺提供的物流方式，如图 9-12 所示。

图 9-11　活动须知

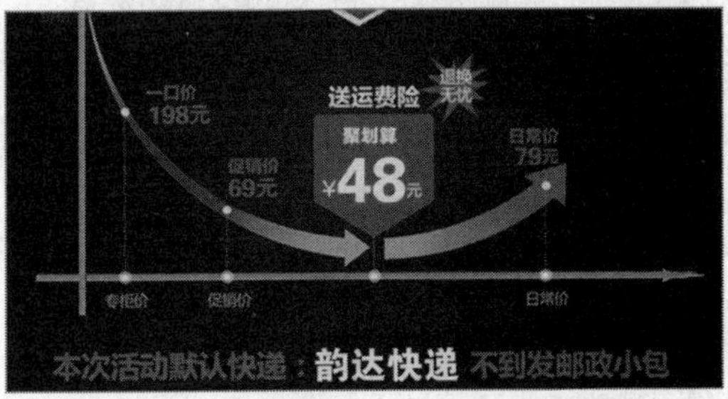

图 9-12　店铺提供的物流方式

➢ 说明买家需要配合卖家做哪些工作，如请买家把要购买的款式、物流等信息在拍下的时候备注清楚。

➢ 宝贝的细节，要实拍，拍清楚，要让买家看清楚产品，避免出现售后投诉等问题，如图 9-13 所示。

➢ 店铺的相关推荐、关联销售等，如图 9-14 所示。

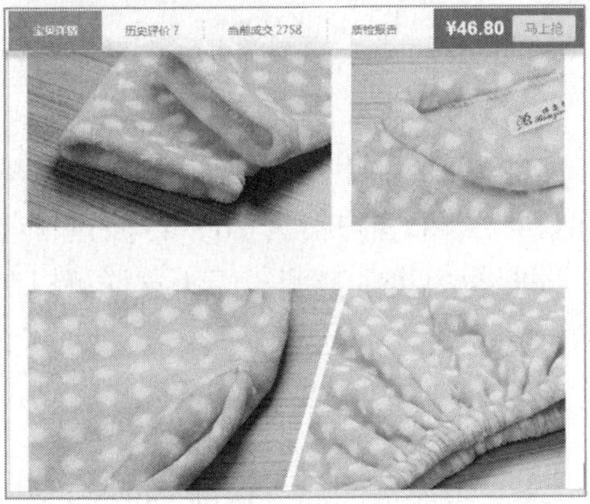

图 9-13　宝贝的细节展示

图 9-14　店铺的相关推荐

➢ 展示店铺的团队、公司的实力及品牌文化，让买家有再次购买的理由，如图 9-15 所示。

➢ 在其他页面放置聚划算活动的导航，让其他不知道有聚划算活动的买家知道该店铺正在搞活动，进而产生额外的消费。

3．客服培训

客服的培训也是非常重要的一个环节。基本上，参加聚划算活动当天，会要求有 5～10 名客服——当然，多多益善。很多店铺当活动时间一到，阿里旺旺就开始狂闪狂响，计算机当机或者客服人员无法应对，都是较为普遍的情况。

图 9-15　展示店铺实力

针对活动当天买家可能会咨询的问题，要提前写好快捷回复语，因为客服的响应速度和服务态度都会对买家造成影响——可能是好的影响，也可能是坏的影响。所以，卖家必须提前做好客服培训工作，确保客服这一关能够留住团购客户。

如果准备充分且宝贝描述详细，整个聚划算活动期间一般不会出现阿里旺旺“爆屏”的现象，一切都会非常有秩序。这样，卖家也可以有更多时间来处理订单和与买家交流。

4．整合营销

针对聚划算活动，有如下常用的整合营销方式。

- 店铺装修

店铺装修要结合客户群特性。如果团购商品的客户群是以年轻、时尚的 18～30 岁女性为主，那么店铺的装修风格应该较为轻松、可爱、清新；如果客户群为 30～45 岁的中年男性，那么店铺的装修风格应该专业、清新、有诱惑力，同时也要更加醒目，因为这样可以刺激买家购买产品。

- 店铺活动

一般的店铺会配合聚划算活动当天的流量做一次全店促销，如全场满 200 包邮、全场 8 折、第二件 7 折等，可视店铺情况决定。

- 关联销售

关联销售也是一门学问。关联什么商品、关联价格控制在多少，卖家可以根据团购商品的性质、团购当天的客户群来确定。

- 服务营销

团购商品精致的包装，包裹里的小赠品、问候卡片，售后的温馨提醒等都是细节，而细节又是决定成败的重要因素之一，其中的利害关系相信大家都明白。

5．关于发货

在 7 天内发货是聚划算卖家必须保证完成的。为了提高买家的满意度，最好在 3 天内发货。所以，卖家在参加聚划算活动之前，一定要确保能够及时发货。衡量自己的发货能力和吞吐量后，可以提前和物流公司打好招呼，告知团购的具体时间，以便物流公司提前安排人员和车辆。可以把远距离的买家、加急的买家、有特殊要求的买家的包裹提前发货，距离较近的买家可以适当延迟，尤其要注意对收货时间有特殊要求的买家。这样，无论是发货还是客户满意度就都有了保证。

聚划算是一把双刃剑，能够让店铺的成交量大幅提升，也可能把以往的努力一下摧毁。作为卖家，一定要重视聚划算活动，让它成为店铺发展的加速器。

第 10 章

借力供销平台，扩大销售渠道

开店指导

由阿里巴巴和淘宝网共同研发的供销平台，旨在帮助商家快速免费搭建、管理及运作网络销售渠道，帮助淘宝网供销商开辟稳定的进货渠道，快速获得一手货源。简单地说，供销平台是打通淘宝网和阿里巴巴的一个桥梁，可以直接快速扩大产品的销售渠道。

第 111 讲　供销平台概述

供销平台是淘宝网专门为卖家提供代销、批发的服务平台，可以帮助卖家快速找到分销商或成为供货商。供销平台是完全平等、开放的，进入的门槛也不高。直线式的供销平台不仅可以减少商品买卖交易中的各种运费成本和保险成本，而且可以帮助卖家快速获得相关的商品资讯，使卖家可以快速掌握行业信息、占据市场份额。

供销平台定位于一个开放的电子商务供应链协作平台，是淘宝网帮助品牌商、分销商打通基于大淘宝商品渠道关系、交易、结算、仓储、物流的渠道和供应链管理平台。如图 10-1

所示为供销平台首页。

图 10-1　供销平台首页

第 112 讲　供应商加入供销平台的好处

如果在开店过程中遇到以下问题，可以考虑加入供销平台。如图 10-2 所示为淘宝网上的优质供应商。

- 每年为拓展渠道投入大量的人力和物力，效果却不令人满意。
- 广告宣传成本高，产出却不如预期。
- 资金回笼不够快，总有一些问题阻碍资金的流动。
- 库存积压，物流不完善。
- 找代理商、供销商困难。
- 管理困难，无法将分散经营、集中管理与整合资源、协同工作同时铺开。

图 10-2　淘宝网上的优质供应商

供应商加入供销平台后有以下一些好处。

- 打造属于自己的网络供销体系，提升企业形象，创立网络品牌。
- 快速招商，建立自己的供销渠道，整合上下游资源，开展批发代销业务。
- 培养、管理和扶持供销商，完善渠道。
- 供销和直销兼顾，让批发零售更轻松。
- 入驻供销平台，帮助招募更多供销商。
- 互通多个子站，铺货、订单数据同步，网络连锁、网络供销更容易，库存、下单、打印发货都可以实现自动化，大大简化了流程。

第 113 讲　分销商加入供销平台的好处

供销平台主要以代销为主，让许多没有货源却想在淘宝网上开店的人能够轻松找到代销货源。做代销不仅有高额的提成，还可以免去收货和发货的麻烦，只需要将订单发给供应商就可以了。

- 成为分销平台的分销商，就可以从分销平台选择自己需要的货源，由供应商代发。分销商无须承担库存风险，可以用最小的资金投入赚取利润。

- 成为分销商之后就不必为库存费心了，商品的上架、下架、补货都变得非常容易。
- 许多商品的供应商都是天猫的卖家，比一般的代理更有保障。分销平台的供应商都是淘宝网认证的卖家，具备很强的实力，商品质量有保证，价格合理。由于供应商是经淘宝网审核的，所以相对以前的代销要正规得多。
- 分销商可以直接引用分销宝贝的图片及商品描述文字。一般的供应商都有专业的团队来完成宝贝图片的拍摄、后期修改等工作，分销商只需要将这些内容下载后选择对应的宝贝并上架即可。
- 成为分销商后，省去了宝贝的发货设置及发货管理环节。由于分销宝贝的发货设置是自动进行的，所以分销商上架宝贝的发货都是由系统直接控制和管理的。
- 成为分销商后，不用囤货，开店无须担心资金压力及风险。
- 成为分销商后，不必再为单一发件所产生的快递费用过高而烦恼。参加网络分销的供应商销售量都很大，能帮助分销商节省大量快递费。
- 分销商只需要做好服务和推广工作即可。

第 114 讲　怎样做好代销

代销的商品价格可以由商家和供货商协商确定，一般供货商给出的价格都是大大低于市场价格的，这就为商家创造了充分的赢利空间。当然，代销过程中的品牌问题也可以由商家与供货商协商。一般情况下，供货商会将商品的品牌授予代销商，这样在买家问及商品品牌信息时，代销商可以根据情况对买家的提问进行回答，如图 10-3 所示。

通过供销平台的代销业务，供应商可以直接招募自己的供销商，无须使用商品数据包，供销商可以在淘宝网后台一键铺货到网店，做正规的“一件代发”。

作为供销商，怎样才能做好代销呢？

- 选择合适的供应商很重要。首先，看一下宝贝的图片。很多时候，买家往往第一眼看到宝贝图片后就已经决定是否购买，所以，清晰、美观的图片非常重要。其次，看一看通过图片和描述是否能勾起自己的购买欲望，如果连自己都看不上眼，怎么能指望别人来购买呢？
- 即使是自己进货、发货，在商品种类和数量比较多的情况下，也会出现断货等状况。所以，在销售过程中，要时刻与供应商保持沟通，先询问是否有货，做到心里有数再销售。当然，很多时候，我们无法提前知道哪一款商品没有货，有可能在买家咨询的时候才知道没有货。这个时候，要真诚地告诉买家宝贝缺货的情况，并为买家推荐几款相似或相近的宝贝。如果买家最终决定不买，也不要气馁，还是要真诚地感谢买家的光临，并要欢迎买家再次光临。

- 在商品图片上添加自己的店标，在商品说明中使用自己的口吻，时刻注意树立自己的店铺形象，让买家记住店铺。
- 在买家询问商品的发货情况时，不要立刻去询问供应商，因为这是我们自己的工作。供应商发货后会填写支付宝信息，也会提供快递公司的查单地址，自己去查比询问供应商要快得多。不要让买家因为我们的懒惰而等待，也不要因为自己该做的事情没有做好而导致供应商对我们不满。
- 注意设置自己店铺的所在地。如果只做一个商家的代销商，索性就把店铺所在地修改为供应商发货的地方。在网络销售中，店铺位置无关紧要，重要的是让顾客知道商品是从哪里发出的。
- 因为代销比较消耗时间，同时会有大量的工作要做，因此，代销商要有良好的沟通能力并通情达理，要远离批评、指责、抱怨，客观处事，积极做人。
- 虽然是代销商品，也不要让买家知道。调整自己的心态，在销售的时候要有自信，树立自己的品牌，把供应商当成自己的仓库管理员。

图 10-3　代销

第 115 讲　供应商如何入驻供销平台

网店的经营日益成熟，“如何开网店”已经不是问题了。目前，网上开店的焦点主要还是集中在货源上。供应商应该怎样入驻供销平台呢?

1．入驻条件

供应商入驻供销平台应至少同时具备以下条件。

- 持有并提交最新有效年检的《企业法人营业执照》副本的原件扫描件，且拟在供销平台开展的经营活动不超过其《企业法人营业执照》核准的经营范围。
- 持有并提交《组织机构代码证》、《税务登记证》的原件扫描件。
- 须有已通过实名认证的企业支付宝账户，且该支付宝账户所载的企业名称与其《企业法人营业执照》、《组织机构代码证》、《税务登记证》上记载的企业名称一致。
- 以自有品牌入驻的，须提供由国家商标总局颁发的商标注册证或商标注册申请受理通知书；以他人授权品牌入驻的，还须提供他人品牌授权文件。
- 申请入驻时，会员无《天猫规则》或《淘宝规则》中规定的严重违规行为扣分，以及因不当使用他人权利和恶意骚扰的扣分。
- 签署《供销平台供应商入驻协议》。
- 在绑定的支付宝账户中足额存入入驻保证金。
- 仅品牌商和授权供应商才能发展天猫商家为该品牌的分销商，同时必须提交符合《天猫申请入驻行业资质标准》规定的相关资质，并在其绑定的支付宝账户中存入天猫分销保证金。供应商入驻保证金和天猫分销保证金累计不超过 5 万元。
- 遵守供销平台关于一些行业的特殊要求。

2．成为供应商

供销平台的入口是 http://gongxiao.tmall.com/index.htm，单击导航超链接“供销入住”进入供销平台。

进入供销平台的相关操作如下。

（1）登录供销平台，单击页面顶部导航条中的“供销入驻”超链接，如图 10-4 所示。

（2）进入“招商标准”页面，阅读相关条件，单击“我要入驻”按钮，如图 10-5 所示。

图 10-4　供销平台

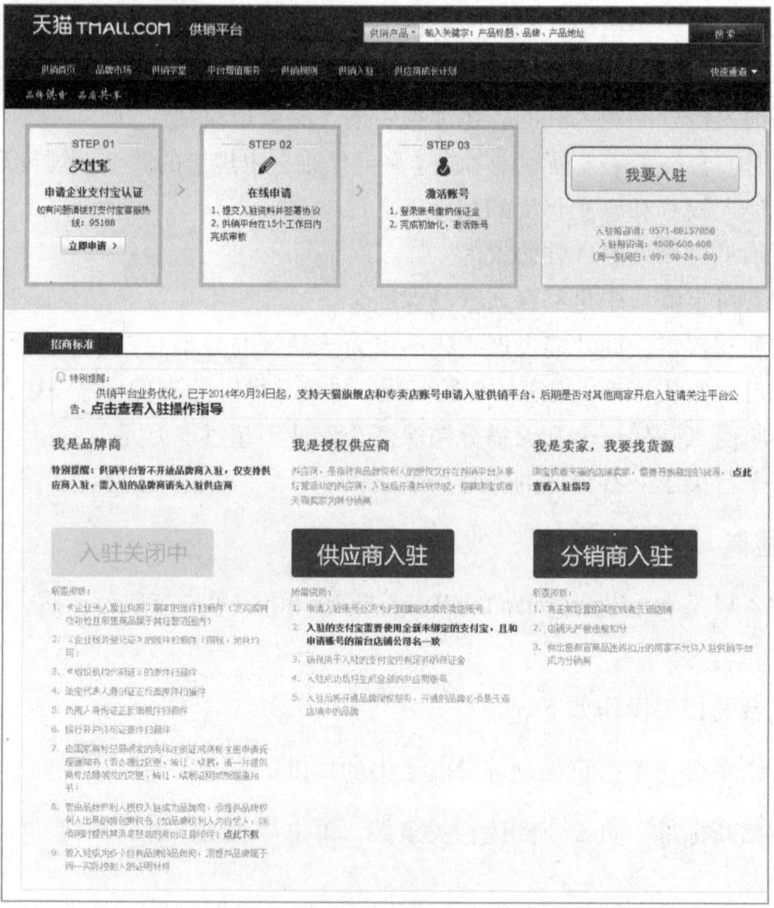

图 10-5　招商标准

第 116 讲 写出优质、美观、有吸引力的招募书

一份优秀的招募书必须包含店铺名称、品牌、自身优势、供销商申请条件、供销商激励政策、折扣措施、支持政策、售后服务、产品优势、联系方式。将这些资料备齐后再进行招募书的美化工作，排版规整、字体统一并有意识地突出重点，适当插入图片，可以让整个招募书图文并茂。一份供应商的招募书如图 10-6 所示。

图 10-6 供应商的招募书

这份招募书很长，首先是品牌简介、分销优势和招募条件，接着是申请成为分销商的条

件，最后是分销商须知和代销优惠政策，以提高供销商的积极性。整份招募书风格独特，制作精美，提纲挈领，体现了供应商的实力和对供销的关注度。

第 117 讲　有效管理经销商和代销商

供销平台出现之后，进货渠道更加明朗、公开，供销商的折扣、奖励及处罚等规则都逐渐明确，在商品的价格控制上更是严格。供销平台对于平衡物价、减少和杜绝假货起到了促进作用。那么，怎样才能有效地管理经销商和代销商呢？

1．专人专岗，建立供销商运营团队

做好供销，首先必须要有一个供销运营团队。一个供销运营团队要有一位供销负责人。另外，供销工作必须由专人管理，要做好对供销商和代销商的培训和服务工作，主动和他们联系，主动帮他们了解要推广的商品、品牌，以及店铺的政策和活动。

2．管理供销商具体包括审核供销商、主动邀请供销商和管理供销商

定期与供销商沟通，沟通的重点是供销商品和促销方案。定期提供特价品，在推广方面对核心供销商的淘宝店铺给予支持，及时掌握供销商信息，对不合格的供销商要及时取消资质。

制定优胜劣汰的供销政策，将供销平台在有限的数量内做到最大。区别货物来源，招募供销商，由专人进行指导、监督和管理。一定要保留供销商的详细联系方式，制定合理的个性化方案，每月、每周、每日都要进行统计。例如，供销商都做了什么、效果如何，哪些供销商是培养对象，哪些位置是重点广告位。另外，要考虑做一个额外的奖励计划。

3．供销商培训

对供销商给予产品培训、设计支持、政策支持和营销配合。对供销商和经销商在实际供销过程中的活动设计，都可以给予一定的指导。

4．供销商服务

有供销商申请进来后，关键是做好服务，供销商有什么问题，要及时给予解决。总之，让供销商跟定我们的 3 个条件是：有钱赚；有东西学；有发展。

第 118 讲　寻找供应商的途径

很多新进的供销商在进入供销平台后，都不知道如何寻找代销的商品和适合的供应商，导致进入供销平台后无所适从。下面介绍一些快速找到商品和供应商的方法。

1．通过搜索寻找

在供销平台首页右上角的搜索框中，可以分别搜索供销产品和供应商，如图 10-7 所示。

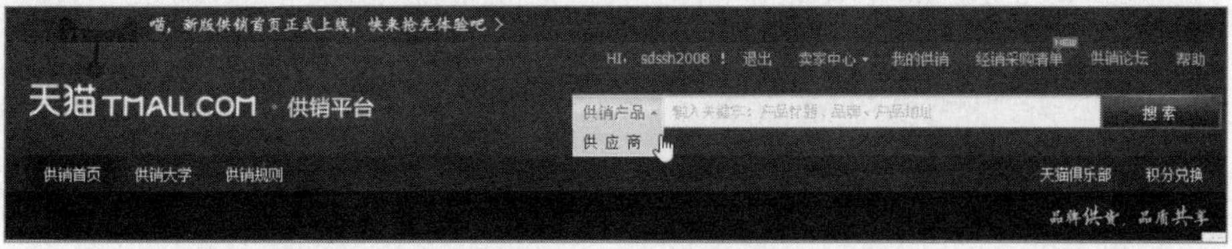

图 10-7　搜索供销商品

2．通过类目寻找商品

通过供销平台首页左侧的供销类目导航，可以快速找到需要代销的商品类目，如图 10-8 所示。

图 10-8　通过类目搜索

3．通过筛选和排序选择适合的商品及供应商

通过搜索和类目引导，不仅可以快速找到符合要求的产品列表，还可以进行筛选和排序，如图 10-9 所示。

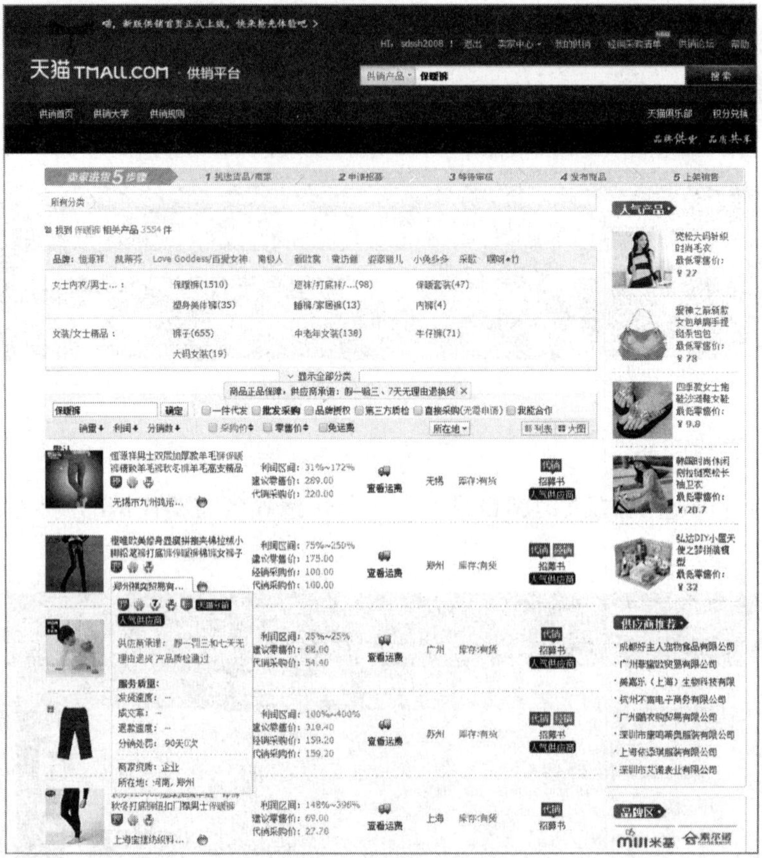

图 10-9　设置搜索条件

4. 阅读供应商的招募书

招募书是供应商招募供销商最重要的介绍，一般包括产品信息、加盟资格、供销商等级、利润分配方式和扶持政策等，如图 10-10 所示。

招募条件也是重要的环节，其中直接体现了供应商对供销商的店铺资质要求，包括信用等级、好评率、开店时间及主营类目。

5. 供应商的资格由系统自动检查

只要供销商在登录状态下查看供应商的招募信息，系统就会自动检查供销商的信用等级、好评率、开店时间及类目是否符合正在查看的供应商的要求，如果不符合，那么导航栏下会显示提示信息，如图 10-11 所示。

图 10-10　招募书

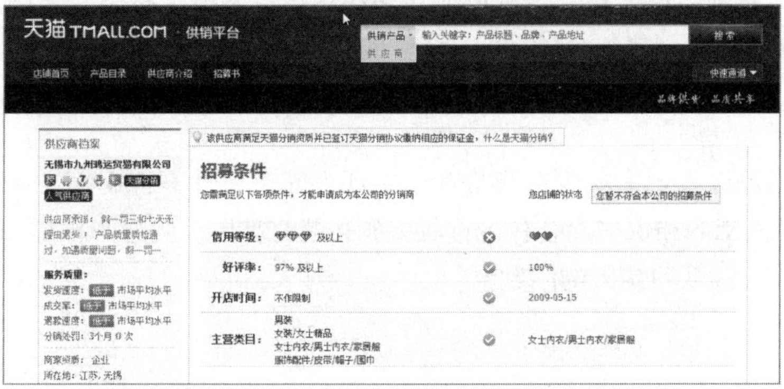

图 10-11　系统自动检查供销商的资格

第 119 讲　寻找合适的供应商

作为供销商，有必要了解自己需要与什么样的供应商合作，以及通过哪些方法来寻找合适的供应商。寻找合作伙伴的过程很像谈恋爱，直到最合适的那个人出现，才有婚姻的产生。一般从以下几个方面来考察供应商。

1．行业类目

申请代销的商品最好是我们熟悉的或者是比较新奇、独特、有创意、个性化的商品。选好代销商品，定位目标客户群，加大力度有效地进行有针对性的宣传，相信不久就能看到店铺流量的提升和销售业绩的飙升。对于供应商的选择，也要选择自己熟悉的行业。优质供应商是促进店铺成长及提高订单量的必备条件。

2．产品线

由于不同供应商的发货地、运费、配送时间有所不同，所以在选择供应商时会有数量上的局限。挑选匹配的产品线是选择供应商时的一个重要因素。在供销平台上，我们会看到很多供应商，有专注某一个方向的供应商，也有产品较为全面的供应商。我们应该根据自己的发展需要，挑选与店铺所售商品最匹配的代销商品，以及最符合店铺商品搭配的代销商品，甚至可以让供应商的商品覆盖整个店铺。

3．商品款式

深得众多买家喜欢的商品才能有好的销量。

4．利润空间

注意分析业内商品价格走势，结合供应商的代销价格和渠道政策，在同品牌或同类商品中进行比较，确保“有利可图”。

5．商品质量

商品质量高，可以有效地减少退换货和中差评，其重要性不言而喻。保障消费者权益，保证商品质量，是供销商和供应商合作的前提。务必就商品质量问题与供应商深度交流，避免后续时常出现纠纷等一系列恼人的问题。

6．售后服务

注意供应商提供的售后服务项目，确保消费者遇到的质量问题或运输问题能够得到妥善解决。

7．配送时间

了解供应商大致的订单处理流程和配送时间，结合自身经营习惯，做好搭配。

8．渠道激励

供应商成熟与否体现在除商品毛利之外的销售收入或资源支持水平的高低上。供应商在配合供销商进行销售的同时，要考虑自身发展。渠道激励目前大体分为销售返点、推广支持、节假日促销等。

9．产品描述

有人说过，网络市场之所以能成功销售，在于商品描述做得好。当消费者看不到实物时，商品描述对销量的提高发挥着重要的作用。在供应商提供部分完整、详细且富有细节的图片的同时，我们的描述和修饰也是非常有必要的。

第 120 讲　如何成为一个成功的代销商

做代销商很容易，但是做一个成功的代销商就不是那么容易了。怎样才能成为一个成功的代销商呢？以下几点需要注意。

- 要记住供应商的商品不只是我们在销售。可以挑一件供应商的商品去淘宝网搜索一下，会找到很多相同的商品，有些甚至连图片、商品名称、商品价格和商品描述都一样。同一件商品，几十家甚至上百家店铺都在销售。这时，买家会选择哪一家店铺？一般是选择高信用、高销量的。许多供应商本身就有自己的店铺，比信用、比销量，新手供销商是没有优势的。在这种情况下，如果我们把商品图片、商品名称或者商品价格稍微改动一下，效果肯定是立竿见影的。
- 虽然是做代销，但店铺还是需要整体装修的。多观察自己的店铺，修改自己的店铺，店铺的“装修”是永无止境的。
- 不要偷懒，重新编写一下宝贝描述。有些代销商的商品图片上会有供应商的店铺地址，注意一定要把它去掉。代销本来利润就不高，如果还把流量送到供应商那里去，岂不是给他们增加流量？
- 一个供应商有多家代销商，都在卖同一种商品，无法保证其库存是真实的，所以很有可能发生买家已经下单却因库存不足而取消订单的情况。为了避免这种情况的发生，最好在发布宝贝前与供应商沟通好。
- 要认真研究优秀代销商的经营方法，以及他们店铺的整体风格、宝贝描述页、促销活动等。大家既是同行，也是直接的竞争对手，多多观察、总结自己店铺的不足是非常重要的。

- 新手卖家可以将供销当成一个台阶，一个从“菜鸟”成长为高手的平台。等代销做大了以后，可以自己从供应商处拿货，自己发货，那样利润会比由供应商发货的利润高很多。也可以自己开工厂，直到替换绝大多数供应商的商品。那时，店铺就真正转型为自己的店铺了。
- 与供应商建立一个互相信任的经营模式。在阿里巴巴做“一件代发”供销时经常会出现供应商发错货或者货物破损等问题。这可能是供应商的一些小错误，但是如果能好好地和供应商谈一下，既能加深双方的感情，又能降低问题发生的概率。多向供应商提问或者多和供应商聊天可以培养双方的熟悉度，以便更好地开展一些活动并发展关系。
- 一定要坚持。即使好多天都没有生意，也一定要坚持。

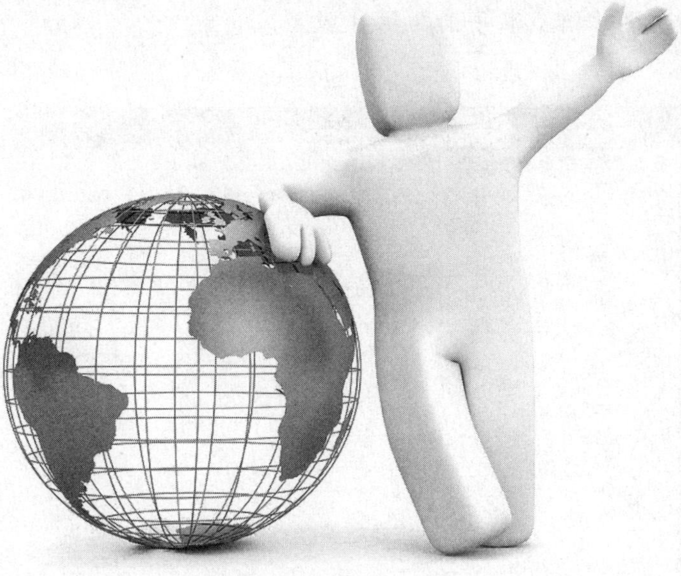

第 11 章 在店铺外进行推广的技巧

开店指导

店铺开业后，我们不能坐等买家上门来找自己，一定要运用一些媒介，有计划地进行宣传，让买家知道店铺的存在，了解店铺的商品。要做网店推广，除了可以在淘宝网内做免费和付费推广外，还可以在淘宝网外进行推广。本章就介绍在淘宝网以外进行推广的方法。

第 121 讲　登录搜索引擎

网上开店，如何让别人知道自己的店铺，成为开店成功与否的关键。登录搜索引擎的目的是更有效地进行网店推广。登录新浪、搜狐、百度、谷歌等搜索引擎，填写店铺的基本信息——虽然只是一个小小的举动，却会带来意想不到的效果。如图 11-1 所示为百度的登录页面。

从目前的发展趋势来看，搜索引擎在网络营销中的地位非常重要，并且受到越来越多网上卖家的认可。搜索引擎营销的方式也在不断演变，因此应根据环境的变化选择适合搜索引擎的营销方式。

图 11-1　百度搜索引擎登录页面

网店页面的搜索引擎优化是一种免费提高网店排名的方法，可以使网店在搜索引擎上获得较好的排位，让更多的潜在买家很快地找到店铺，从而实现网络营销效果的最大化。

我们知道，在搜索引擎中检索信息都是通过输入关键词来实现的，因此在登录搜索引擎时一定要填写关键词。那么，如何才能找到适合店铺的关键词呢？

首先，要仔细揣摩潜在客户的心理，猜想他们在查询与店铺有关的信息时最可能使用的关键词，并将这些词一一记录下来。不必担心列出的关键词太多，相反，找到的关键词越多，覆盖面就越大，也就越有可能从中选出最佳关键词。

第 122 讲　怎样设置关键词才能被搜索引擎收录

我们知道，在搜索引擎中检索信息都是通过输入关键词实现的。因此，正如其名，关键词的确非常关键。关键词的选择是整个网站登录过程中最基本、最重要的一步，是进行网页优化的基础。如果关键词选择不当，很少有人搜索，那么它给店铺带来的流量也不会很大。选择关键词时需要注意如下几点。

1. 揣摩买家心理

要仔细揣摩买家的心理，猜想他们在搜索时最可能使用的关键词，并将这些关键词一一记录下来。不必担心列出的关键词太多，相反，找到的关键词越多，覆盖面就越大，也就越有可能从中选出最佳关键词。

2．选择有效的关键词

关键词是指描述商品及服务的词，选择合适的关键词是创建一个高访问量店铺的第一步。选择关键词的一个重要技巧是选取那些人们在搜索时常用的关键词。

3．选择相关的关键词

对商家来说，挑选的关键词必须与自己的商品或服务有关。不要听信那些靠毫不相干的“热门关键词吸引更多访问量”的宣传，那样做会浪费很多资金，而且毫无意义。

4．关键词竞争度要适中

要想在短时间内见效，最好不要把竞争非常激烈的词作为主关键词，关键词在搜索引擎中获得好的排名是非常不容易的，而且要有足够的时间和耐心。应该选择一些竞争度适中的关键词，这些关键词不仅容易提高排名，而且花费也不会很多。

5．符合买家的搜索习惯

关键词要符合买家的搜索习惯，不要把买家不知道的词作为主关键词，也不要把自以为买家比较关注的词作为关键词。实际上，在没有进行分析和调查之前，最好不要这么做，也许买家根本就不会关注这些关键词。

第 123 讲　通过微博推广店铺

微博推广以微博作为推广平台，每一个听众（粉丝）都是潜在营销对象。店铺通过更新自己的微博来传播店铺和商品信息，树立良好的店铺形象和商品形象。卖家可以就每天的更新内容或者买家感兴趣的话题与买家交流，从而达到营销的目的。

在新浪微博上关注我们的人叫粉丝，在腾讯上关注我们的人叫听众（即收听我们的人）。没有粉丝的微博无异于一潭死水。从营销的角度看，没有粉丝，这个微博也就形同虚设，没有意义。粉丝是信息的接收者、传播者，也是潜在的消费者。显然，粉丝越多，传播效力就越大。为何那些名人、大型知名企业、政府机构的微博有成千上万的粉丝？因为他们本身就是人们关注的对象——知名度高，有影响力，人们对他们感兴趣，所以他们被人们关注。如图 11-2 所示为在腾讯微博推广店铺。

1．标签的设置

标签设得好，可以帮助卖家找到想购买自己商品的买家，同样，买家可以根据标签找到销售自己想要的商品的卖家。在不同的时间段需要使用不同的标签，从而让商品搜索结果一直处在第一页，这样才有机会被目标买家关注。

图 11-2　在微博推广店铺

2．主动关注别人

关注了别人，别人也会关注你。可以选择关注相关行业的人，这样，听众中的潜在客户率就会提高。

3．发布内容优质

发布一些真实、新鲜、有趣、质量高、大家感兴趣的内容去吸引听众。

4．发布频率要适当

发微博时，不能一天一两条，也不能一分钟几十条，每天控制在 5～20 条，可以有效避免一些粉丝因反感被“刷屏”而取消关注。

5．参与热门话题

每小时热门话题排行榜、每日热门话题排行榜都是很有用的，多参与能够提高“出镜率”，增加被用户搜索到的概率，从而带来更多的关注。当然，也可以发起一些活动或话题。

6．申请认证

申请认证需要与微博运营商沟通，一旦通过，效果甚佳。可以以企业名义进行申请，通过率会高一些。

第 124 讲　巧用博客推广店铺

在博客中，在发布自己的生活经历、工作经历和对某些热门话题的评论等信息的同时，还可附带宣传信息，如商品品牌等。如果博文作者是在某个领域有一定影响力的人，那么他所发布的文章更容易引起关注，吸引大量潜在顾客的浏览，进而为店铺提供展示自己的机会。用博客来推广店铺的首要条件是拥有良好的写作能力。

如图 11-3 所示是通过博客推广店铺。

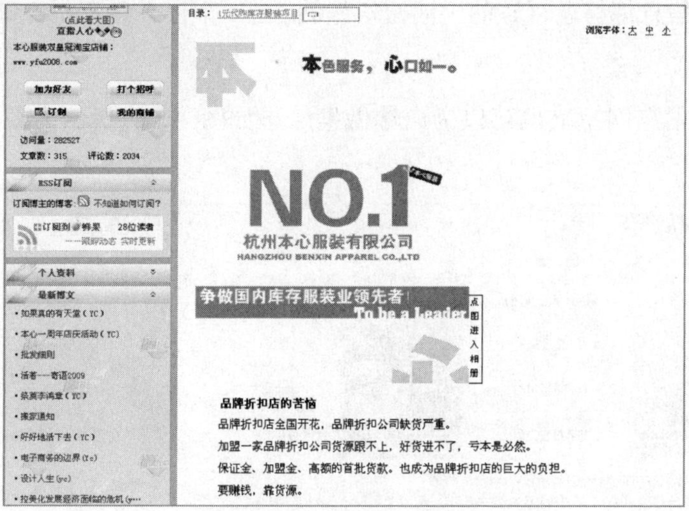

图 11-3　通过博客推广店铺

现在做博客的网站很多，虽然不可能把各个博客平台都利用起来，但也需要多注册几个博客进行推广。如果没有太多时间，可以少选几个，但是新浪和百度的博客是不能少的。新浪博客的浏览量最大，许多明星都在上面开博，人气很高。百度是全球最大的中文搜索引擎，国内大部分网民习惯用百度进行搜索。

博客内容不要只写关于自己的事，可以多写时事、娱乐、热点评论，这样会很受欢迎。利用博客推广自己的店铺时要巧妙，尽量不要生硬地做广告。最好写一些软文，文中可以提到博主目前正在经营淘宝网店铺，然后加上店铺地址，博文浏览者看到后可能会进入店铺，这样就达到了推广店铺的目的。

最后，博文内容要写得精彩，浏览者看了一次，也许下次还会来。发布博文以后，多去别人的博客转转，只要我们访问别人的博客，我们的博客头像就会在对方的博客页面上显示，出于对陌生访问者的好奇，大部分博主都会回访。

第 125 讲　在分类信息网站做推广

分类信息网站发展的核心是提供及时、方便、有用的关乎日常生活的信息，说得简单一点就是便民。要让分类信息网站成为便民信息网站，信息不仅要大而全，更要新而快，还要实用、易用。除了本地用户最关心的本地天气预报、实用电话、本地公共交通、旅游出行地图等信息要完善以外，分类信息网站的核心板块是房产、人才招聘、二手交易信息、征婚交友。分类信息网站的所有信息都与老百姓的生活密切相关，是一个让人足不出户即可知天下事、得天下物的平台。

当然，在分类信息网站上也可以为店铺做推广。如图 11-4 所示为在分类信息网站推广商品。

图 11-4 在分类信息网站推广商品

第 126 讲 到各个论坛发展潜在买家

除淘宝网以外，还有一些可以提供交易信息的平台——各个论坛的自由交易板块。通过这些平台，可以让更多的人了解我们的商品。要想到论坛发帖，要先进行注册，熟悉情况，了解相关规定，看帖，发帖，积累积分。帖子看得差不多了，积分攒够了，就可以发帖推广自己的商品了。

各大论坛都有一些可以发布信息的平台（如天涯、搜狐、网易、新浪等），在这些平台上，只要勤于发帖，就有机会"占领"第一页的第一行。当然，在网络这个虚拟社会里，人际关系也是相当重要的，多几个朋友就多几个顶帖的人，也就会让帖子在第一页多停留一会儿，浏览帖子的人多了，交易成功率必然会提高。一定要坚持发贴，时间长了，熟悉了，在论坛中的朋友多了，来买东西的人自然就多了。如图 11-5 所示为在新浪女性论坛推广商品。

图 11-5　在新浪女性论坛推广商品

各地都有本地论坛，也可以在这些论坛发帖推广自己的商品。当然，可以在店铺所在地的论坛发帖，也可以到其他地方的论坛发帖。在当地论坛发帖可以提高同城交易量，是一个不错的选择。

此外，各类专业论坛（某个行业或者某个专业的论坛）也会有交易板块。例如，我爱打折网、口碑网等都有专门的交易板块，这些网站都是比较成熟的专业网站，人气很旺，而且是免费的。

第 127 讲　登录导航网站

现在国内有大量的网址导航类站点，如 http://www.hao123.com/、http://www.265.com/等。在这些站点上放置店铺的超链接，也能带来很大的流量。不过，现在想登录 hao123 这种流量特别大的站点并不是件容易的事。如图 11-6 所示为将店铺登录至 hao123。

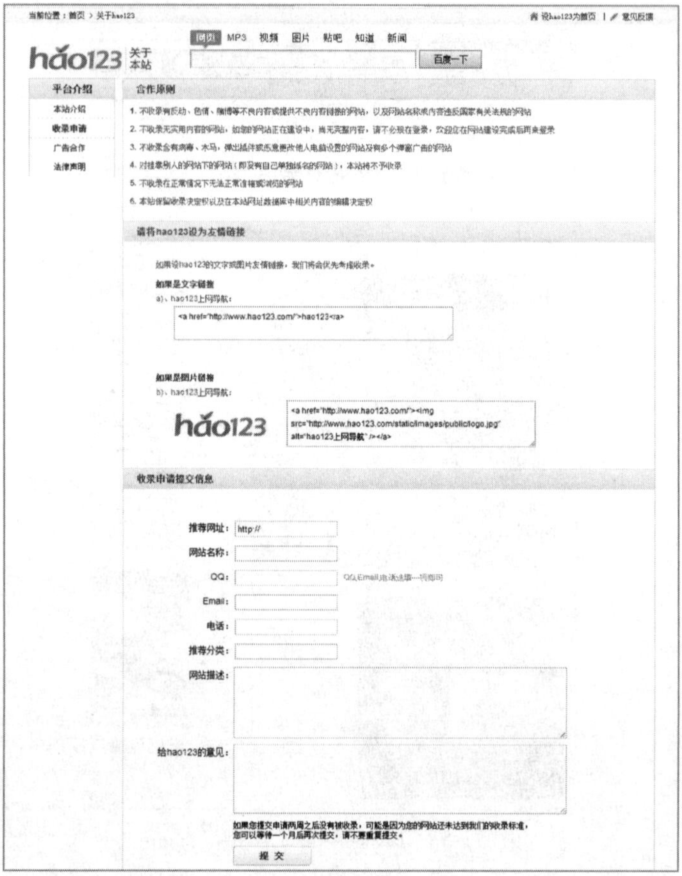

图 11-6　登录至 hao123

第 128 讲　如何寻找精确的客户源

现在许多店铺也在注意搜集精确的客户源，通常的方法是浏览与自己的商品有相似特点的网店，从对方的评价页面中挑选买家来聊天。以卖玩具的店铺为例，店主可以到其他玩具店铺去寻找买家，也可以到儿童服装店铺或者儿童图书店铺去寻找买家。例如，买家是 1～7 岁孩子的家长，找到这些家长，就是找到了精确的客户源。

有些卖家用一些利润高并且畅销的儿童玩具来做促销商品，实行“买一送一”的方法，但奇怪的是，赠送的对象不是买家，而是买家指定的朋友。也就是说，买家必须提交两个地址，一个是自己的地址，一个是买家要赠送的朋友的地址。毫无疑问，买家推荐的朋友也一定是孩子的家长。朋友收到赠品会感到高兴，带着愉悦的心情去搜索和浏览店铺，很有可能成为店铺的买家。店铺用这样的办法可以有效积累自己的精确客户群。

在 QQ 群里也可以发现精确的客户源。QQ 本来是一种聊天工具，后来发展成为一种营销工具。QQ 里面有很多圈子，其中冠名“玩具”、“育儿”、“幼教”的有很多。专门搜集并报名加入这样的圈子，和在线的网友聊天，熟悉以后，告诉对方自己的店铺地址，精确的客户源就这样建立起来了。

第 129 讲　通过软文推广有效增加店铺销量

店铺的软文推广，简单来说就是通过文章达到吸引顾客关注的目的，这样的方法适用于任何形式的店铺宣传。不管是独立店铺，还是淘宝网、易趣网、拍拍网等站内店铺，都可以采用软文推广的方式进行宣传。如果善于写作，软文推广是一个成本比较低廉的方法，只要将商品或服务巧妙地融入文章，随着文章的传播，软性广告会被很多人阅读和接受，潜在买家会更加青睐该产品和品牌。

软文的优点不仅在于直接带来买家，更重要的是，一篇好的软文可能会改变很多人的购买习惯和购买思维方式。以淘宝网社区为例，很多卖家会在论坛上分享自己的开店心得或者穿衣打扮的经验。看到店铺经营类文章时，作为新手卖家，是不是会对这些作者有些崇拜，甚至想拜师取经呢？而作为一个潜在买家，看到谈论穿衣打扮经验的文章，是不是会产生咨询甚至直接购买的冲动呢？可能仅仅通过一两篇文章，就能在目标受众心目中树立行业权威的形象。

千万不要将软文写成广告文，要做广告就专门买广告位去做，软文的主要目的还是传播行业知识，树立专业形象，推广产品理念。另外，一篇合适的软文最好不要少于 600 字，也不要多于 1500 字，因为软文讲究快速写作，写得太长时间花费太多，读者不容易在短时间内看完，多要点的总结也不利于读者短时间内理解和接受，而且，这个文章长度比较适合其他网站进行转载进而大范围传播。如图 11-7 所示为软文推广店铺的商品。

写好一篇软文，要抓住以下几点。

- 写软文首先要选择切入点，即如何把需要宣传的产品、服务或品牌等信息完美地嵌入文章。好的切入点能让整篇软文看起来浑然天成，把软性广告做到极致。
- 标题要生动、传神。一篇文章要吸引人，关键是标题要出彩，要让人产生浓厚的阅读兴趣。否则，即使内容再好，也不会有很多人阅读。
- 导语要精彩。一篇软文能否吸引读者，标题和导语起了 60% 以上的作用，有时甚至是起决定性的作用。

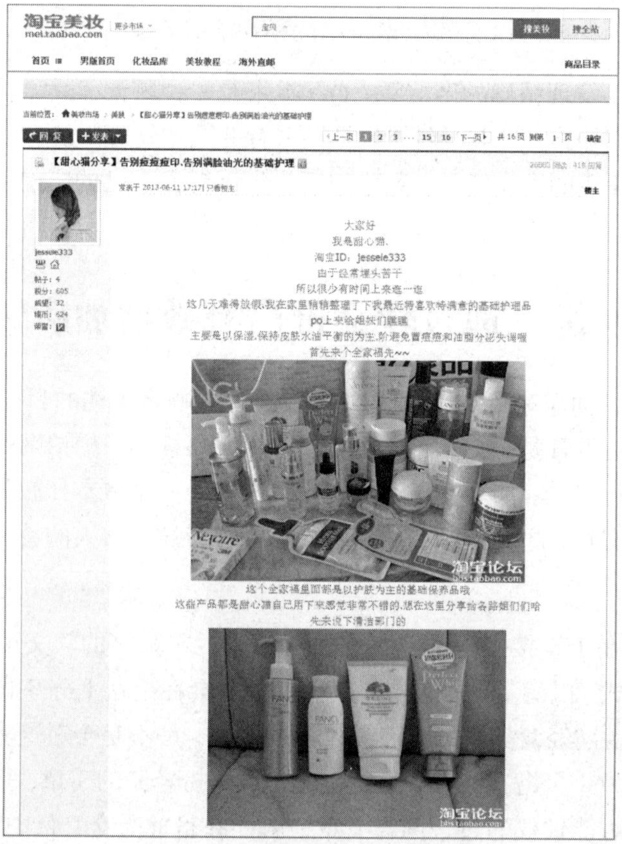

图 11-7　软文推广店铺的商品

➢ 利用读者的好奇心。一旦抓住了读者的好奇心，就不怕软文没人看。“脑白金”的《人类可以长生不老？》之所以能在市场启动时担当重要的角色，主要就是其标题充分利用了人们的好奇心。

➢ 主题要鲜明。一篇好的软文，读后一定要给人留下深刻的印象，而不是一头雾水。

➢ 多引述权威语言。大多数人都有这样一种心理，就是容易被权威机构和知名人士的观点说服，而对自卖自夸的人，常常会很反感，当然也就不会接受他的观点。因此，写软文时要多引用第三方的权威观点和语言，不要“王婆卖瓜，自卖自夸”。

➢ 网址必须在文中以举例的形式出现。

写好软文后，就要找发布的地方。淘宝网、易趣网、拍拍网的社区是网店经营类软文的最佳发布地点，产品类软文也可发布到相应的板块。另外，一些专业性网店资讯站点也是很好的软文发布平台。通过这些站点，可以让更多的人看到我们的文章，而且，每天都有很多网站到这些专业性网店资讯站点采集内容，所以文章传播的可能性也比其他网站要高很多。

如果选择在论坛发布软文，一定要记住将论坛个性签名改成自己的广告语并加上店铺的地址，这样才能让浏览者看完文章后快速找到我们的店铺，增加店铺的宣传渠道。

第 130 讲　扩大店铺的规模，发展网络代理商

网络代理商，顾名思义，就是卖家经过我们的允许，上传我们的图片，商品售价和我们相同，当有买家通过这些卖家的店铺购买我们的商品时，这些卖家向我们购买商品，然后我们在“发货人”栏中填写卖家的地址，在“收货人”栏中填写卖家提供的地址发货，但是我们向这些卖家销售商品的价格是批发价，这样卖家就有一定的利润，这些卖家就是网络代理商。

很多店主认为，由于货源和图片与自己的一样，发展网络代理商会造成竞争，影响自己的生意，其实这是一种错误的观念。

发展网络代理商，相当于通过更多的渠道让店铺的商品与买家见面，从而扩大受益面。如果有两个代理商，就相当于使商品获得了 2 倍与买家见面的机会，进而提高商品的销量——相当于开了多家店铺。如图 11-8 所示，某店铺发展了网络代理商，同一件商品在淘宝网中可以搜索到多个结果。

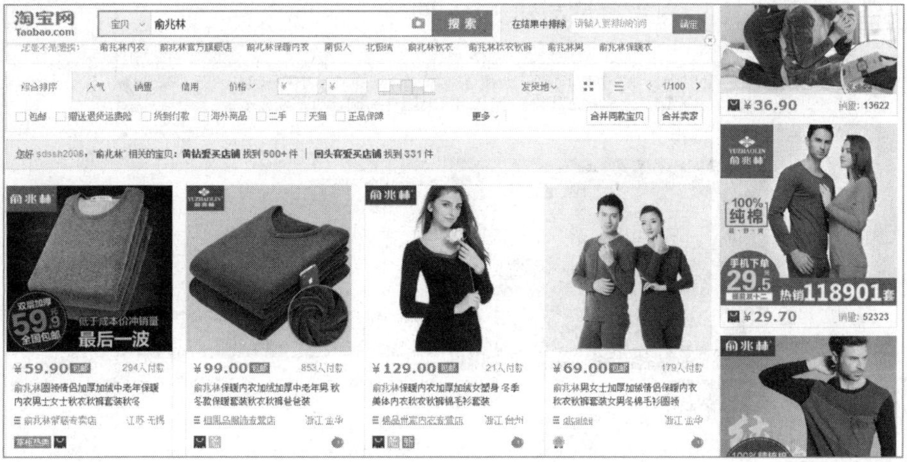

图 11-8　发展网络代理商

网络代理商可以帮我们解决很多问题，如果没有网络代理商，自己做生意，当多名买家同时询问、下单、要求修改价格时等，我们一定忙不过来，也许还会因此流失订单。有了网络代理商，可以使一部分买家分流，这样成功的机会也高一些。如果店主自己有多余的时间，可

以向买家推销其他商品，这样销量反而会增加。网络代理商谈下来的生意也是要从我们这里拿货的，这就等于有很多人在为我们做生意，在为我们“跑量”。

网络代理商的销量可以反映商品的好与坏。在网络代理商处销量很高的商品，可以大量进货，不必担心造成积压。因为网络代理商是等买家询问或者购买时才向我们下单的，所以我们可以放心进货。

以上这些就是网络代理的好处。从长远来看，发展网络代理商很有必要。当然，也不能盲目发展网络代理商，要挑选有网络销售经验且能长时间在线的网络代理商。

第 131 讲　网络团购是网店推广的助推器

所谓网络团购，就是互不认识的买家，借助互联网“网聚人的力量”来聚集资金，提高与卖家进行谈判的能力，以求得优惠的价格。尽管网络团购出现的时间很短，却已经成为网民中流行的一种新的消费方式。

网络团购商品包括服装服饰、装修建材、家居用品、汽车、房屋、家电、计算机、生活用品等领域。网络团购最早在北京、上海、深圳等城市兴起，目前已经迅速在全国各大城市流行起来，成为众多消费者追求的一种现代、时尚的购物方式。如图 11-9 所示的店铺参加了网络团购，销售量大增，30 天内销售量高达 5968 件。

图 11-9　网络团购

买家参加网络团购主要有以下好处。

- 省钱。凭借网络，将有相同购买意向的人组织起来，用大订单的方式减少购销环节。卖家将节约的销售成本直接让利，买家可以享受让利后的优惠价格。团购相当于批发，通过网络团购，可以将被动的分散购买变成主动的大宗购买，所以，购买同样质量的商品，买家能够享受更低的价格和更好的服务。
- 省时。一般发起团购的卖家都是某一领域中的知名品牌卖家。通过一站式团购，避免了买家东奔西跑选购、砍价的麻烦，节省时间和精力。
- 省心。团购时，买家在购买和享受服务的过程中占据相对主动的地位。在出现质量问题或服务纠纷时，买家更可以采用集体维权的形式，使问题以有利于买家的方式解决。
- 因为是团体购买，所以买家可以在网上网下通过购物会友，交流消费信息和购物心得，增加生活情趣，提高生活品质。

卖家以团购交易类型发布商品，就是为了把商品卖出去，同时也要有利可图，这才是发布团购的目的。但如何才能让团购产生效益呢？分享如下几点经营心得。

- 发布性价比最高的商品。买家选择团购，一般来说都比较理智，所以商品最好能够达到整个淘宝网一口价、团购价中的最低价，而且质量也要有保证。
- 团购商品要尽量展示细节。对于理智型买家，肯定会仔细询问商品的细节问题，如果把买家关心的细节问题展示出来，肯定可以打动这些潜在买家。
- 团购失败前，主动联系参加团购的买家。这些买家既然参加了团购，肯定是一个价值非常高的买家，只要晓之以理，动之以情，成交的可能性很大。

第 132 讲　投放网络广告，获得可观流量

网络广告是指运用图片、超链接、多媒体的方法，在互联网上刊登、发布广告，通过网络将信息传递给互联网用户的一种高科技广告运作方式。在网络经济高速发展的今天，网络广告已经被更多企业所重视。与一些发达国家相比，虽然国内网络广告业起步较晚，但其发展速度仍然是很快的。如今，只要登录各大网站，就会看到各式各样的网络广告。如图 11-10 所示，左侧为淘宝网广告。

网络广告采用文字、声音、图像、颜色、音频、视频等丰富的表现手段，可以使买家全方位亲身“体验”产品、服务与品牌，还可以在网上进行商品的销售。

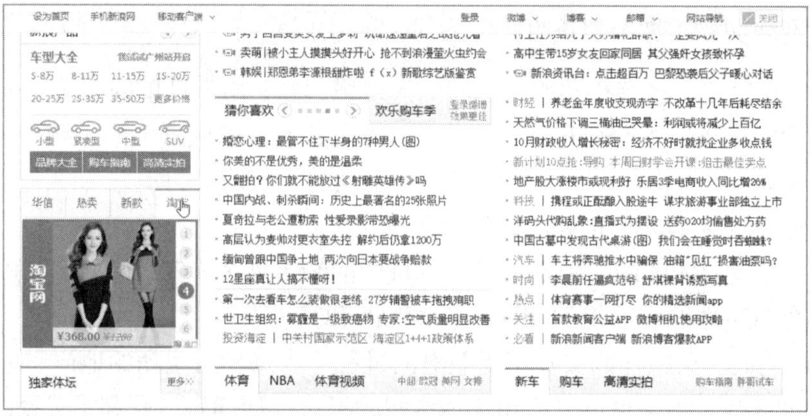

图 11-10　网络广告

第 133 讲　电子邮件推广

电子邮件推广以电子邮件为主要推广手段，常见类型包括电子刊物、会员通讯、专业服务商的电子邮件广告等。基于用户许可的电子邮件营销与滥发邮件不同，如图 11-11 所示为利用电子邮件推广店铺商品。

图 11-11　电子邮件推广店铺商品

电子邮件营销推广的优势有以下几点。

1. 即时性强

相比其他网络营销手段，电子邮件营销的速度非常快。搜索引擎优化需要几个月甚至几年的努力才能充分发挥效果，博客营销更是需要时间及大量文章，而电子邮件营销只要有邮件数据库在手，发送邮件后几小时之内就会看到效果，产生订单。

互联网使卖家可以随时与成千上万的潜在和已有买家取得联系。研究表明，绝大多数互联网用户在 24 小时内会对收到的电子邮件进行回复，而在直接邮寄活动中，平均回复率不到 2%。

2．响应率高

由于发送电子邮件的成本极低且具有即时性，因此相对于电话或邮寄，买家更愿意响应电子邮件营销活动。相关调查报告显示，电子邮件的点击率比网络横幅广告和旗帜广告高 5%～15%，电子邮件的转换率比网络横幅广告和旗帜广告高 10%～30%。

3．成本低

电子邮件营销之所以效果出众，甚至造成垃圾邮件横行，最重要的原因是成本十分低廉。由于营销活动无须印刷或邮寄费用，因此电子邮件营销的单位信息成本要远远低于直接邮寄。

4．针对性强

电子邮件营销具有很强的定向性，可以针对特定的人群发送特定的电子邮件。根据需要将客户按行业或地域等进行分类，然后针对目标客户进行电子邮件群发，能使宣传一步到位。

第 134 讲　让买家回复电子邮件的技巧

如果我们辛辛苦苦地向潜在买家发送了大量电子邮件，而买家收到后看也不看就直接删除，我们的工作是不是白做了呢？下面介绍几条让买家回复电子邮件的技巧。

- 邮件标题是买家求购商品的名称，不要有其他文字，这样，买家打开电子邮件的可能性一般可达 80% 以上。
- 开头的语言要简洁，一带而过，拉近与买家的距离。对买家来说，过多的废话实在无用。
- 简洁的开头之后，必须立即进入正文，即报价，因为买家关心的无非是商品规格与价格。
- 所报价格必须是实价，必须与现在的市场行情吻合。报价太低，买家会知道该卖家不是该行业的卖家，不会回应；报价太高，也会吓跑买家，同样得不到回复。所以，切勿乱报价，应该多比较、了解清楚后再报价。

第 135 讲　玩转百度，轻松提高宝贝浏览量

百度是全球最大的中文搜索引擎，对互联网有一定了解的人都知道百度的魅力。如果店

铺能在百度搜索结果中排名靠前，那么店铺的浏览量将有很大的提高。下面介绍如何在百度做推广。

1．百度贴吧

百度贴吧是目前百度品牌网站里很活跃的一个地方，流量很大，卖家要好好利用这里的资源，如图 11-12 所示。

图 11-12　在百度贴吧推广店铺

2．百度知道

可以在百度知道中回答别人的问题，但要有选择地回答。在回答问题的时候，有一个“参考资料”位置，这个位置是我们需要的。每次回答问题的时候，我们都可以把自己店铺的超链接放在那里。记得要认真回答问题，如果答案被采纳，浏览量会成倍增长。如图 11-13 所示为在百度知道中推广店铺。

图 11-13　在百度知道中推广店铺

第 136 讲　利用传统媒介推广店铺

利用传统媒介推广店铺有如下常见方法。

1. 印刷并散发广告传单

派发传单一般成本极低，现在许多企业使用的彩色胶印传单成本每张 0.2 元左右，派发传单的人工费用不过 30 元/人/天。

一份宣传单送到消费者手上的时候，突出醒目的标题会吸引他，让他不至于将传单扔掉，而是饶有兴趣地阅读起来。因此，传单上的内容必须要让看到它的消费者产生消费的欲望。要在传单上详细地说明商品或者服务的特点，语言要“煽情”。

对于那些没有多少钱做广告的小企业来讲，传单广告是上上之选。许多成功人士在创业之初就是靠传单掘得第一桶金。传单不仅成本低，而且覆盖面比较广。如果在大型超市门口派发，基本可以到达超市所覆盖的区域；如果随报纸夹送，覆盖面更广。传单的针对性相对电视、报纸广告要强一些。女性用品的传单可由发单人员直接送到女性消费者手中。

传单广告的最大优点是派发简单，发单人员只要手拎一袋传单就可以随时随地派发，无须发单人员具备高深的知识和技能。

2. 向杂志等媒体投稿

文章的文笔不一定要很好，只要能说清楚一件事情就好。例如，可以写自己一开始不太懂网络知识，经过学习和实践，在网上成功开店的整个过程，在文章末尾顺便提一下自己店铺的地址，或者干脆把自己的店铺作为案例写在文章里。这样，不但可以得到稿费，还能让更多的人知道我们的店铺。

3. 多参与活动，派发名片

现在有各种沙龙、俱乐部。例如，化妆品店铺的店主可以选择参加一些白领活动或女性沙龙等，这样发出去的名片更有针对性。

也许你会说，网上店铺大多是在网上宣传的，谁也见不到谁，做名片岂不是浪费成本？当然不是。店铺虽然开在网上，但面对的是生活中的人，给买家邮寄商品也是在现实中进行的。设计一张有个性的名片，印上自己的联系方式和店铺的地址，在邮寄时不妨放一张进去。如果名片外观设计精美，买家自然舍不得丢弃，还可能将它展示给别人，这样等于是在帮我们做宣传。

第 137 讲　利用 QQ 签名推广店铺

QQ 个人设置中有一栏“个性签名”，我们可以根据自己的爱好、心情来设置自己与众不同的个性签名。当然，也可以利用 QQ 签名添加店铺的广告，例如添加自己的店铺名称。下面讲述利用 QQ 签名推广店铺的方法，具体操作步骤如下。

（1）登录 QQ，单击 QQ 头像或者右侧的下三角按钮，在弹出菜单中选择“我的资料”选项，如图 11-14 所示。

（2）在“资料”对话框中单击“编辑资料”按钮，如图 11-15 所示。

图 11-14　选择“我的资料”选项

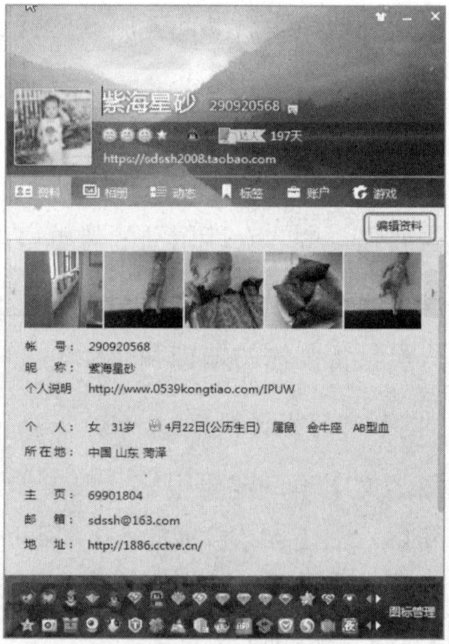

图 11-15　设置个性签名

> QQ 签名是一个非常强大的功能，推广店铺时内容最好保持在 80 字以内，把重点说清楚，第一要说明店铺的经营项目，第二要附上店铺的网址。

（3）设置个人信息及店铺广告信息，如图 11-16 所示。

（4）当与好友聊天时，聊天窗口上 QQ 头像右边就是设置的 QQ 签名，如图 11-17 所示，这样就可以利用 QQ 签名推广店铺了。

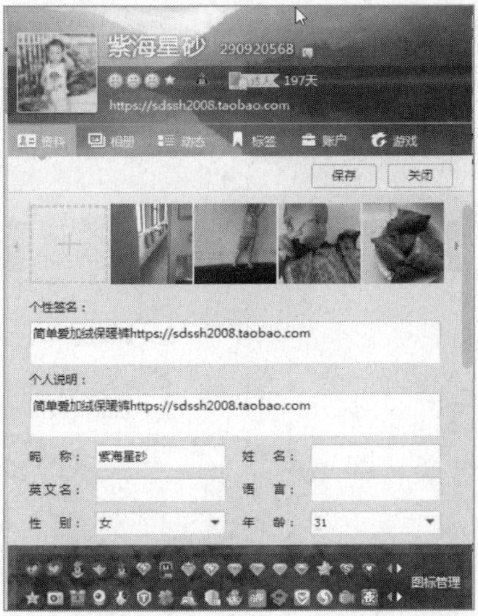

图 11-16　设置个人信息及店铺广告信息

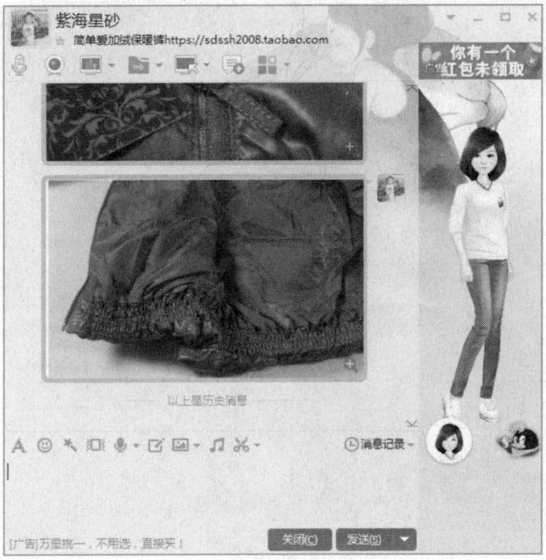

图 11-17　QQ 签名

第 138 讲　利用 QQ 空间推广店铺

利用 QQ 空间提高流量，就是通过去别人的 QQ 空间留言，让对方回访店铺。当然，要在 QQ 空间中添加店铺的广告信息。利用 QQ 空间推广店铺的具体方法如下。

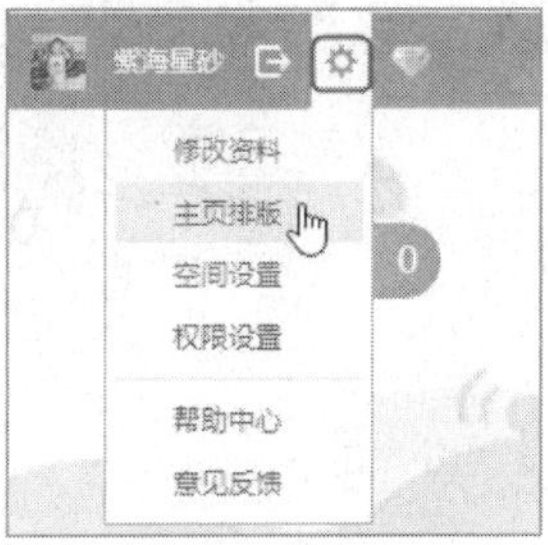

图 11-18　单击“空间设置”按钮

（1）登录 QQ，进入 QQ 空间，单击页面右上方的“空间设置”按钮，如图 11-18 所示。

（2）在空间设置页面中单击“个人资料”下方的“空间资料”超链接，可以设置空间名称和空间说明，如图 11-19 所示。

（3）单击底部的“保存”按钮，可以看到修改成功的空间资料，如图 11-20 所示。

（4）单击空间资料下方的头像，打开“选择图片”页面，选择要设置为空间头像的图片，如图 11-21 所示。

（5）双击图片即可选择图片。打开“编辑头像”页面，可以根据需要编辑头像，如图 11-22 所示。

图 11-19　设置空间资料

图 11-20　修改空间资料信息

图 11-21　选择图片

图 11-22　编辑头像

（6）单击“确定”按钮，即可成功修改空间图像，如图 11-23 所示。

图 11-23　修改空间头像

QQ 空间推广的方式很多，下面介绍一些常用的方式。

- QQ 互踩：QQ 空间互踩是一种常见的 QQ 空间推广方式。在 QQ 群中搜索“互踩”，大量的互踩群也说明了这一点，如 QQ 空间互踩群、QQ 空间互踩工具、QQ 空间互踩网等。
- 搜索引擎优化：这种 QQ 空间推广方法非常有效。可以将 QQ 空间内容（日志、相册之类）列出，以便搜索引擎索引。
- 通过 QQ 空间本身进行推广：多访问别人的 QQ 空间，尽量发表一些能引起别人注意的留言，从而引导这些用户回访自己的 QQ 空间。经过实验，这种方法的回访率非常高。
- 论坛中的签名栏：修改自己的签名栏，加上自己的店铺地址和经营项目，简要介绍一下店铺，也是一种很好的 QQ 空间推广方法。
- 丰富 QQ 空间的内容：不断丰富 QQ 空间的内容，特别是 QQ 空间的照片，吸引访问者再次访问。

第 12 章 提高网店流量的营销策略

开店指导

现在网上卖家众多，因此吸引买家消费变得越来越困难。为了摆脱这种困境，卖家纷纷使出各种营销策略。店铺经营者要把握买家的购买心理并制定相应的营销策略，如通过促销活动提高店铺的销售额。店铺促销是指利用互联网开展的商品营销活动，目的在于加快商品的流通，增加店铺的收入。

第 139 讲　赠品促销

在交易中，总是会有买家这样问：“有赠品吗？”当卖家回答“有”时，他们就会满心欢喜。拍下商品付款后，还要提醒卖家：“发货时不要忘记赠品！”这样的事情几乎每个卖家都遇到过。由此可见，买家总是希望获得额外的东西。其实，每个人在购物时都有这种心理，这是很正常的。

赠品是一个非常有效的营销策略，它既可以迅速促进销售，又能有效地应对竞争，所以，在网上销售商品的时候可以使用这个策略。赠品促销就是在买家购物时，以赠送其他商品的形式提供优惠，吸引其购买。如图 12-1 所示，此店铺通过买咖啡粉赠送杯子达到促销的目的。

图 12-1　赠品促销

赠品促销是最常用的促销方式，它把商品做为礼物赠送给顾客，以实物的方式给顾客非价格上的优惠。这种方式虽然没有价格促销直接，但可以以一种看得见、摸得到的方式冲击顾客，增强顾客的品牌观念，让顾客购买商品并长时间使用。创造性地运用赠品促销，可以创造出该商品或服务独具特色的、竞争对手不能轻易模仿的良好效果。可以说，赠品促销是一种既能短时间增加销量，又能长时间树立品牌的极佳促销方式。

第 140 讲　赠品促销效果不佳的原因

赠品是争取顾客购买商品、提升业绩的法宝，若运用得当，很有可能吸引顾客踊跃购买。很多促销活动都有这样的现象：发送赠品时成交量非常高，但赠后的营销效果却不好。其原因有以下几个方面。

- 不要选择次品、劣质品作为赠品，这样做只会适得其反。赠品也重质量，赠品体现了商家诚信的宗旨。不要以为“赠”就是“白送”，便可随意“忽悠”买家。保证赠品质量不仅是国家法律所规定的，而且体现了店铺的信誉。
- 要送到顾客的心坎里去，这样的赠品才会得到顾客的认可。当无法确定顾客要什么的时候，把选择权交给顾客，不要以自己为中心去理解营销。赠品的核心是让目标顾客认为“占了便宜”，否则，送让他们毫无感觉的东西，就失去了赠品的意义。
- 赠品要给顾客“超值”的感受。赠品的成本是多少才合理？商品的售价能承担这笔开销吗？要合理地处理成本与价格之间的关系，让顾客永远感觉“超值”。赠品价格要在预算内，不可因过度赠送赠品而造成营销困境。赠品如果选择得当，不仅会吸引买家的眼球，促销的效果也会事半功倍。

➢ 注意赠送赠品的时间和时机，如在冬季不要赠送只能在夏季使用的商品。

千万不要认为赠品就是额外送给顾客的，小小的赠品里面学问很大。

第141讲　赠品促销的操作要点

促销赠品实际上是对顾客的一种额外馈赠和优惠。赠品促销在操作时应注意如下要点。

➢ 赠品要让顾客容易获得，容易获得才能激发顾客的参与热情，促销的“势”才容易造出来。否则，顾客感觉自己与赠品无缘，即使参加了也很难获得，就不会有参与热情了。最好让参与的每一个人都感到可以获得赠品，“可遇而不可求”是赠品应该回避的。

➢ 先声夺人，广告信息要准确发布。在进行赠品促销之前，广告宣传工作是头等大事。广告宣传必须符合赠品促销的目标消费群体，要有的放矢地发布促销方式、赠品推荐等信息。

➢ 给赠品取一个响亮的名字，更容易让顾客记住我们的品牌。一个好的赠品名字会激发消费者美好的联想，这种联想不但可以对促销起到促进作用，而且可以在促进促销之后长久地进行销售——美好的印象是有延续性的。给赠品起一个响亮的名字，可以加快商品的流通，同时增加品牌的附加值。

➢ 通过赠品把店铺的信息告诉顾客。在赠品上印上店铺标志、设计得很可爱的电话号码等（这些事情非常容易做到），让顾客每次使用赠品时都会想到我们的店铺。

第142讲　积分促销

积分促销是商家为回馈老客户而采取的一种方法：先设定一定的积分，顾客达到一定的消费额度可取得一定的积分，获赠产品、礼品或参加其他优惠活动。积分最大的作用在于鼓励消费者重复购买，建立稳定的顾客群。

积分作为一种有效巩固和激励老顾客多次购买的促销手段，在促销中得到了广泛应用，如百货、超市、通话积分等。老顾客有重复购买商品或者服务的需求，获得老顾客再次消费的成本要远远低于开发新客户的成本，因此，越来越多的商家采用积分来留住老客户，也积累了大量的经验。

积分促销在网络上的实现比传统营销方式要简单得多。网上积分活动很容易通过编程和数据库等方式来实现，且积分统计结果的可信度很高，操作起来相对简便。积分促销一般设置价值较高的奖品，顾客通过多次购买或多次参加某项活动来增加积分以获得奖品。积分促销可以增加顾客访问网站和参加活动的次数，增强顾客对网站的忠诚度，提高活动的知名度等。

许多网站都支持虚拟积分，如果不支持，可以采用积分卡的形式，顾客每消费一次，就给予相应的积分，这些积分可以兑换赠品或在以后消费时冲抵现金。

如图 12-2 所示为店铺的积分促销。凡是在店铺购买过商品的买家，都可以成为店铺的会员。会员不仅可享受购物优惠，还可以累计积分，用积分免费兑换商品。

图 12-2　积分促销

为了给淘宝网卖家提供可以自己设置积分促销的平台，2011 年 8 月，支付宝推出了“集分宝超值送”工具，并在同年 9 月 8 日升级为淘宝网官方推荐营销工具。“集分宝超值送”是一个积分促销工具，可以让店铺迅速成长。

“集分宝超值送”是为所有淘宝网卖家提供的一款可免费订购、自由设置商品返还集分宝比例的积分营销工具，卖家无须预付款，系统自动统计和发放集分宝，提升卖家实际成交量后将优惠返还给买家，同时降低了卖家的运营成本。将全场购物返积分与店铺优惠组合，能使买家感受到店铺消费赠送的积分的价值，提高了下单量和回头率。购物确认付款后，系统自动返回积分，阿里旺旺也会提醒买家。如图 12-3 所示为积分换购。

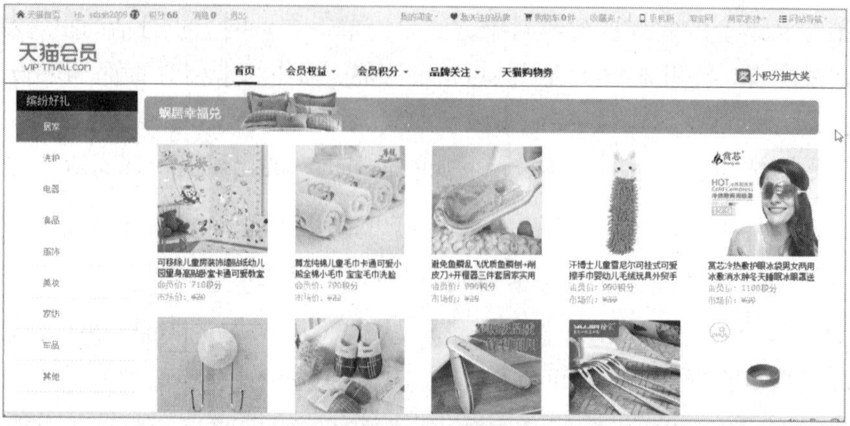

图 12-3　积分换购

第 143 讲　打折促销

由于打折促销直接让利于顾客，让顾客非常直接地感受到了实惠，因此它是目前最常用的一种阶段性促销方式。打折促销主要采取以下两种方式。

➢ 不定期打折。在重要的节日，如春节、情人节、母亲节、圣诞节等，商家通常会进行打折，因为在节日期间人们往往更具有购买潜力和购买冲动。卖家应选择价格调整空间较大的商品参加活动，而不是全盘打折。这种方式的优点是：符合节日需求；会吸引更多的人前来购买；虽然打折后可能造成利润下降，但销售量会提高，总的销售收入不会减少；增加了店内人气，拥有了更多买家，对店铺以后的销售也会起到带动作用。

➢ 变相打折。例如，采取捆绑式销售，以礼盒方式在节假日进行销售。这种方式的优点是符合节日气氛，更加人性化，如图 12-4 所示为商品采用打折促销。

图 12-4　商品采用打折促销

打折促销主要有以下优点。

➢ 效果明显。价格往往是顾客选购商品时的主要决定因素之一，特别是对于那些品牌知名度高的商品。因此，打折是对顾客冲击最大、最有效的促销方法。打折促销效果明显，可以处理即将到期的商品、减少库存量、加速资金回笼、配合促销等。

- 活动易操作。店主可以根据不同时间，在允许的促销预算范围内，设置不同的折扣。这种促销方法的工作量少，成本和风险也容易控制。
- 最简单有效的竞争手段。为了抵制竞争品牌商品的销售增长，可以及时采用打折的方式刺激顾客购买本商品，降低顾客对竞争对手商品的兴趣，并通过促进顾客大量购买或者提前购买来抢占市场份额，从而打击竞争对手。
- 有利于培养和留住老顾客。打折促销能够产生一定的广告效应，塑造商品物美价廉的形象，吸引购买过该商品的顾客重复购买，形成稳定的消费群。

第 144 讲　免邮费促销

网络购物中间环节的邮费问题一直是买家关注的焦点之一，这会影响买家对于网络购物价格优惠水平的感知。目前，商品寄送渠道主要分为邮局（包裹平邮）、物流快递、特快专递等。平邮的价格较低，但周期较长；物流快递价格适中、送货周期为 3～5 天；特快专递的价格昂贵。因此，物流快递是最容易被买家接受的。卖家可以根据买家所购买商品的数量或金额来相应地减免邮费，让买家从心理上觉得就像在家门口买东西一样，不用附加任何费用。如图 12-5 所示为免邮费的商品促销。

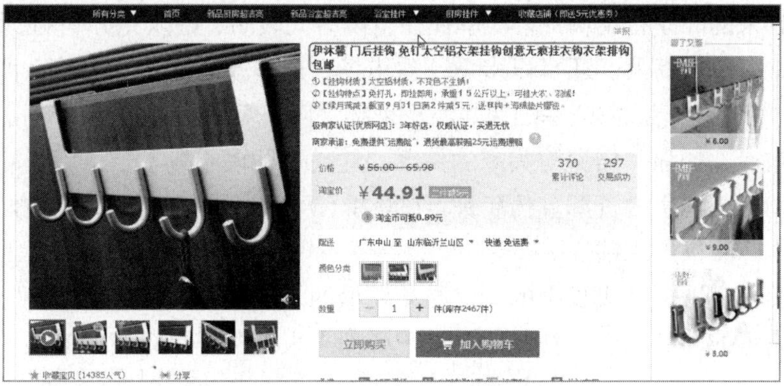

图 12-5　免邮费的商品促销

第 145 讲　有智慧，淡季也可变旺季

网店促销不管是对新店主还是老掌柜来说都是非常重要的，如果不通过促销来提高生意

是很难有订单的——没有订单，店铺的信誉就不会很高。

销售的淡、旺季交替正如季节的轮换。店铺经营出现淡季是正常现象，这是市场本身的特征，不是店铺可以改变的，但这并不是说卖家在淡季是无可作为的。

店铺如果能在销售淡季使自己的商品销售一枝独秀，不仅可以提高店铺的销售业绩和商品的知名度，还可以为即将到来的销售旺季打下坚实的基础，在未来的竞争中抢占先机。为此，店铺经营者必须洞悉市场淡季需求，抓住需求，提高销售业绩，彻底改变淡季营销思想。

- 在淡季，首先要做的是调整心态。有些卖家感觉淡季来临，认为即使投入再多，也不会有很好的收获，不愿再像旺季那样去投入和宣传，从而错失原本应有的一些生意。如果卖家自己都没信心，买家对这样的商品还会有信心吗？要树立“销售无淡季”的意识，只要多下工夫、多用心想想，总会找到出路的。
- 在销售淡季，要想制定有针对性的销售策略，必须先找到消费者对商品的需求，然后抓住需求，进而创造需求，引导消费，提升销售业绩。
- 如果商品不好，就要不断寻找和开发好的商品，果断放弃不好的商品。应该积极学习和研究在网上卖什么东西最适合、卖什么东西最火，积极和生产商沟通协调，保证货源的稳定、高效和优质。
- 寻找新的利润增长点。产生销售淡季的一个主要原因就是商品无法满足顾客的需求，因此，增加具有新功能的商品就可以满足顾客的需求。
- 为即将到来的旺季备足商品。淡季往往空闲时间较多，可以充分利用，多接洽一些供货商，调整、备足商品。还可以多看一看市场，这样就能知道旺季什么商品更抢手。
- 加深与顾客的感情。在旺季结束、淡季来临之际，卖家的时间相对充裕，一定要注重与买家的沟通，加强并加深与买家的关系，这是一种攻心战术。
- 利用一切可以利用的资源宣传店铺。在淡季，可以写原创帖在社区中推广店铺，并积极运用其他方法推广店铺。
- 在淡季美化店铺也是成长中的卖家必须要做的。例如，将店铺“装修”得漂亮一点，重新给不满意的商品拍照，补充因匆忙上架而未来得及详尽介绍的商品的描述。

店铺销售的淡旺季是客观存在的，关键是用什么心态去看待。卖家要想在销售淡季提升销售业绩，必须改变经营观念，树立“销售无淡季”的思想，面对如季节般轮换的淡旺季交替。只有以积极的心态引导买家，创造消费，才能走出销售淡季，提升销售业绩。

第 146 讲　抓住节假日，赚钱赚人气

节假日已成为消费者主要的消费时间，一年中的销售旺季大都在节假日，节假日的销量占总销量的很大一部分。每当节假日来临，各个商家摩拳擦掌，希望通过促销提升销售量。如何充分利用假日经济带来的契机做好促销，成了摆在广大网店卖家面前的重要课题。

1．做好策划，有备而战

商场如战场，在进行节假日促销之前，要有详细的规划，这样才能运筹帷幄，占领先机。要针对节假日的特点、网上买家的需求及目前的流行趋势来做策划，策划的内容包括节假日所针对的人群分析、活动如何宣传、以什么样的形式做促销、备货量是多少、活动所达到的预期效果是什么等。

2．及时多渠道推广

卖家投入了那么多心血开店，目的不过是想吸引买家来购买。做好一切准备后，卖家就要加把力气推广自己的店铺了。

可以到一些人气较旺的论坛做宣传，也可以针对自己的商品写一些消费指南类的帖子，指导买家如何鉴别商品等，如图 12-6 所示。

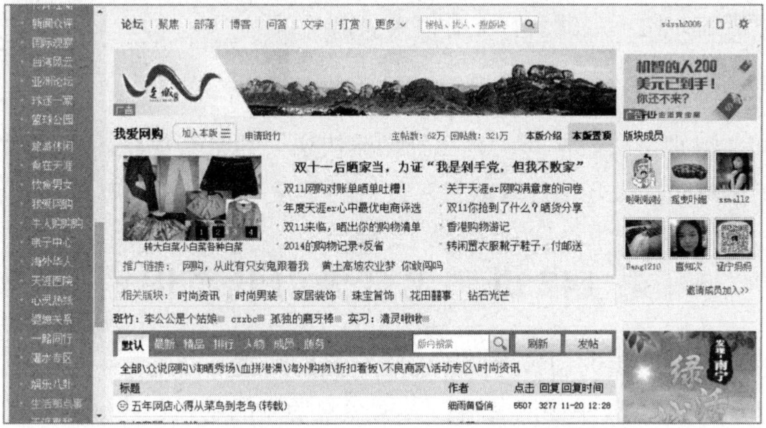

图 12-6　支付宝社区

另外，每逢节假日，各大论坛都会推出一系列的活动，如情人节促销、春节热卖等。积极参与这些活动，不但可以提升店铺的人气，宣传自己的店铺，而且有机会赚钱，赚的钱又可用于投放广告。

3．采取多种促销手段，让利买家

在节假日里，大多数顾客在关心商品质量和款式的同时，也希望能获得更多的实惠。选择合适的促销组合手段，如向购买商品的顾客发送赠品、将特定的商品打折出售、购物达到一定数量或金额的顾客可以参加抽奖或者获赠礼品等。正确选择促销手段，才能保证节假日的营业额持续增长。

不同种类、不同系列商品的搭配销售也是店铺促销活动的亮点，可以起到活跃气氛的作用。

4．丰富的商品是关键

节假日作为销售的高峰时段，只有在保证货源充足、货物优质的情况下，才能实现营业额的稳步增长。销售策略只是辅助手段，琳琅满目的商品才是吸引买家眼球的关键。另外，可靠的质量、优质的服务都会为营业额的增长做出贡献。一定要保证商品款式多样、质量稳定、货源充足，这样才能在繁忙的假日中让销售业绩更上一层楼。

5．生动亲切的店铺节日“装修”

同样的店铺，一个和平时的风格没什么差别，一个洋溢着浓郁的节日气氛，买家会选择哪一个呢？店铺装饰着节日的图片，氛围温馨而喜庆，会令到来的买家有特别暖心的感觉，也就会更多地浏览店铺，说不定就会看上哪件宝贝。

6．物流信息，提醒买家

节假日期间，特别是长假期间，大部分物流快递公司都会休息。要及时了解所在地区物流快递公司的工作时间，最好把这些信息在公告栏里发布，及时通知买家。

第 147 讲　怎样做好旺季促销

绝大多数商品都有特定的销售周期，有着明显的淡季、旺季。一般来说，旺季的营业额占营业总额的 70% 以上。旺季促销是很多卖家经常使用的手段，店铺经营者在旺季必须要做到热卖。

旺季热卖有以下几点需要注意。

- 做好调研工作，设计科学的促销方案。知己知彼，方能百战不殆，只有尽可能多地掌握市场信息，才能制定切实可行的促销方案，做到有的放矢，效果不言自明。

➢ 提前备货，保证货源充足，这是在旺季能否热卖至关重要的一点。
➢ 及时发掘重点推荐商品，这类商品货源尤其要充足。
➢ 促销措施一定要到位，要在店铺内营造产品热卖的气氛。要搭配一些促销或优惠活动，不一定要多，但一定要有。掌握买家的购物心理，进行人性化的合理设置，会起到不错的辅助作用，如图 12-7 所示。

图 12-7　在销售旺季促销

➢ 到了旺季，平时不舍得投入的卖家可以花点钱“装修”一下店铺，给买家留下良好的印象；买一两个月的旺铺试一试，旺铺可以按月买，如果没有效果可以不续费；尽量加入消费者保障服务协议。
➢ 保证营业时间充足。营业时间也是影响店铺销量的重要因素。特别是旺季，保证营业时间才有可能更胜一筹。

旺季促销是一门学问，值得每个卖家学习、总结。只有做到以上几点，有效把握促销的真正要义，在理论上领悟其真谛，在实战中把握其脉搏，才能在与其他店铺的竞争中实现销量的稳步快速提升。

第 148 讲　借助卖点进行店铺推广

网上开店虽然容易，赚钱却并非易事，这里既有商机，也有危机。因此，网店经营者要对市场定位、经营方向等进行全方位策划，建立独特的卖点，借助这些独特的卖点进行推广，才更有机会获得成功。

➢ 卖时尚：由于网络的特点，网店的买家以学生和年轻白领为主，具有年轻化和时尚化的特征，因此，网上开店在组织商品时要充分考虑这些主流买家的消费需求。如图 12-8 所示为一家销售时尚饰品的店铺。
➢ 卖渠道：如果有特殊的进货渠道，可以保证自己的商品独一无二，那就不愁卖不出去了。
➢ 卖爱好：许多人开网店是出于自身爱好。例如，一些收藏爱好者把自己的藏品拿到网上销售，与志同道合者分享收藏的快乐，这样也能另辟蹊径，形成自己独特的优势。

图 12-8　销售时尚饰品的店铺

➢ 卖服务：不卖商品，而是为网上卖家提供后勤服务。例如，由于商品的图片是卖家吸引买家的主要手段，所以提供图片制作等服务应该很受店铺老板的欢迎，可以拓展新的市场。如图 12-9 所示的店铺提供了设计店铺图片的服务。

图 12-9　提供图案设计服务的店铺

网上开店切忌盲目跟风。选货要有眼光，要尽量有与众不同的进货渠道，避免选择门槛低且非常热门的商品。

另外，不要忽视小单生意。其实，电子商务和传统商务一样，只有重视每一单生意，才能慢慢积累客户和经验，为以后的成功打下坚实的基础。

第 149 讲　口碑营销——用别人的嘴巴树立自己的品牌

口口相传，也就是人们常说的口碑营销。传统的口碑营销是指企业通过朋友、亲戚的介绍将自己的商品信息或者品牌传播开来。这种营销手段有着一般广告不可比拟的优势。下面介绍口碑营销的优势。

1．宣传费用低

口碑营销无疑是最廉价的信息传播方式，不需要太多的资金投入，节省了大量的广告宣传费用。与直通车、秒杀、卖霸和淘宝客等宣传方式相比，口口相传的成本是最低的。

2．可信度高

一般情况下，口碑传播发生在朋友、亲友、同事、同学等关系较为亲近或密切的群体之间。在口碑传播之前，他们之间已经建立了一种特殊的关系，相对于纯粹的广告、促销、公关、商家推荐等，可信度高。另外，商品或者服务只有形成较高的满意度，才会被广为传诵，形成良好的口碑。因此，口碑传播的信息对于受众来说，具有非常高的可信度。

3．针对性强

80% 的买家对口碑的信任度超过任何其他信息来源，而绝大多数买家喜欢在自己的社交网络中讨论商品和服务并分享信息，这样，“口口相传”在针对性和力度上就优于其他广告宣传方式。

4．具有团队性

不同的消费群体之间有着不同的话题与关注焦点，因此各个消费群体构成了一个个攻之不破的小阵营，甚至是某类目标市场。他们有相近的消费趋向和相似的品牌偏好，只要影响了其中的一个或者几个人，在当今这个沟通手段与途径无限多样化的时代，信息便会以几何级数的增长速度传播开来。

口碑传播不仅是一种营销层面的行为，更反映了小团体内在的社交需要。很多时候，口碑传播都发生在不经意间，如朋友聚会或共进晚餐时的聊天等，这时传递相关信息主要是因为社交的需要。只要能够“搞定”其中一个，已经尝到“甜头”的买家就会自发地帮助宣传。

5. 提升店铺形象

口碑传播不同于广告宣传。口碑是店铺形象的象征，而广告宣传仅仅是店铺的一种商业行为。当一个店铺赢得了较好的口碑之后，其知名度和美誉度往往非常高，这比单纯靠广告推广得到的知名度所产生的销售效果更好。

6. 发掘潜在消费者的成功率高

人们出于各种各样的原因，热衷于把自己的经历或体验告诉他人，例如新手机的性能如何等。如果经历或体验是积极的、正面的，人们就会热情、主动地向别人推荐，帮助店铺发掘潜在消费者。一项调查表明：一个满意的消费者会引发 8 笔潜在的买卖，其中至少有 1 笔可以成交；一个不满意的消费者足以影响 25 人的购买意愿。有句古话，“一传十，十传百”，说的就是这个道理。

7. 能够避开对手的锋芒

在口碑传播中，传播差异化的体验是最有效果、最能让新顾客牢记的一种方式。这种体验的分享，不但能够避开同质化竞争的价格战，而且可以迅速脱颖而出。

第 150 讲　限时限量促销

限时抢购对准了人们“爱占便宜”的“穴位”，是一种非常有效的促销手段。但是，如果不能系统地把握其中的诀窍，一针扎下去，不爽反疼。限时抢购紧紧抓住很多人“爱看热闹”、“爱占便宜”的心理特点，通过独特的道具及实施手段强烈地刺激店内顾客的感官。

那么，该采取哪些有效的方式，尽可能地扬长避短，以达到限时抢购应有的效果呢？

第一步：选择商品

哪些商品适合限时促销？流行商品、应季商品、大众化商品、单价不太高（也不太低）的商品是首选。限时促销商品最好根据不同的种类定为原价的 5～8 折，价格不能太低，太低就有假货、滞销货的嫌疑，会让买家失望、生疑。当然，考虑到吸引力，偶尔拿出一些非常“敏感”的商品做限时促销也是可以的，但最好不要频繁地做。

第二步：选择时间

很多限时抢购促销的失败都与时间的选择有关。可以选择节假日、周末，特别是有大型促销活动的时候，如“换季促销”、“周年庆”、“黄金消费周”等。这些时间网上的流量很大，限时抢购的效果很好。

我们常看到这样一些广告："5 日之内，本商品 3 折出售，欲购者从速"、"优惠只限于前 50 名幸运者"、"2016 年 5 月 5 日下午 2 点至 3 点，全场 6 折优惠"。如图 12-10 所示为限时促销商品。

图 12-10　限时促销商品

这种限定时间、限定销量的广告宣传，很好地抓住了买家的心理弱点。因为如果是随处可见、随时都可以买到的商品，人们自然不会产生强烈的购买欲望，但如果在数量上有所限制，就能触发买家的消费欲望，使他们觉得如果能抢购到此商品就占了大便宜。有了这种错觉，即使不做大规模的推广活动，买家也会前来抢购。

第 151 讲　网店推广要明确分析目标人群

有时会有新手卖家抱怨：推广了几个月怎么没有效果？

遇到这样的情况，新手卖家就应该考虑以下几个问题：我的目标人群是哪个群体？我的目标人群在哪里？推广不是使用的方法越多，效果就越好，要明白哪些是目标人群，以及用什么样的方法才能取得最佳效果。

- 分析目标人群：很多新手卖家都是在没有分析自己店铺的目标人群的情况下就开始盲目地进行推广，这样做不但花费了很多的时间和精力，而且效果也不好。通过店铺主营商品有针对性地进行目标人群分析，能更好地了解目标人群聚集的地方。找对了地方，推广效果自然更好。
- 根据目标人群制定推广方案：明确目标人群后，就要制定一套具有针对性的推广方案。在制订方案的过程中，应有效地整合一些有利于获得更好效果的推广方法。
- 针对推广方案，要有极强的执行能力：要积极推广，学会在实际工作中总结经验。方法是死的，人是活的，在实际工作中要学会灵活运用，才能不断地取得好的效果。

第 13 章 通过良好的售前沟通提高商品的销售量

开店指导

售前沟通是买家和卖家之间的纽带，其作用至关重要。卖家应尽量提高自身素质和思维严谨度，以免在交易过程中出现一些不必要的麻烦，并根据售前服务中的常见问题，形成一套与买家沟通的程序化文案，从而保证与买家顺利沟通，提高商品的销售量。

第 152 讲　与买家沟通的基本原则

在网店经营中，卖家虽然不能直接与买家面对面，但是与买家打交道的时候，必须注意技巧，否则买家流失的速度会比实体店快得多——买家会马上关掉页面，离开店铺。

1. 将心比心，换位思考

在与买家沟通的过程中，卖家不要把自己摆在“我是卖家”的位置上，要把自己当成一个买家。只有站在买家的角度来考虑问题，才能知道应该怎样吸引买家，卖家的观点和讲解才能引起买家的认同。

议价是常见的情况。想想自己，平时买东西时，也会经常还价，所以对于还价的买家应该给予理解。有的买家议价非常离谱，如 90 元的一件衣服要“50 元包快递”，虽然 50 元连成本都不够，但此时也别生气或嘲讽，而是要委婉地解释。

此外，售后出现异议时的沟通也很重要。如果买家反馈买到的商品不如期望中那么好或者不合适，先不要急于反驳，而是要换位思考——买到一件不太合适或不太喜欢的商品，谁的心里都高兴不起来。不应一口回绝或使用理直气壮的语气，否则有可能导致买家情绪激动，造成退款、中差评甚至投诉。如果此时引导买家说出不满之处并给出合理的建议，相信买家也能心平气和地接受现实。

2．礼貌待客，多说“谢谢”

礼貌待客，让买家真正感受到“上帝”般的尊重。买家进门先来一句“欢迎光临，请多多关照”或者“欢迎光临，请问有什么可以帮忙吗”，会给人一种亲切感，并且可以在成交前培养感情，买家的抵触心理可能会减弱甚至消失。

如果买家只是随便到店里看看，我们也要诚心地说“感谢光临本店”。对于彬彬有礼的店主，谁都不会拒之门外。诚心致谢是一种心理投资，不需要很高的代价，但可以收到非常好的效果。在适当的时候也可以真诚地称赞顾客——有谁不喜欢别人称赞自己？此时，买家心里估计也是美滋滋的，购买商品的可能性自然大大提高。

3．善于聆听，领会意图

要成为一个沟通高手，首先要学会聆听。当买家未问完时，不要打断他的发问，但要及时、准确地回答，这样买家会认为卖家是在认真听自己说话，感觉获得了尊重，也才会对店铺的商品感兴趣。同时，倾听可以使买家更加愿意接纳卖家的意见。

在交流中，要找出买家话语中的关键词，领会买家的想法。只要在沟通的话语中加入买家所说的关键内容，买家就会感觉到卖家对自己说的话很感兴趣或者很关心。

要想领会买家意图，抓住买家心理，还可以在交谈过程中去看看买家的信用评价或者发布的帖子。卖家一般从评价及购买商品列表中就能大致了解买家是一个怎样的顾客，然后就可以针对不同买家给出不同的反应与服务。

4．预先考虑买家的需求

每位买家的需求特点虽然不一样，但他们往往有共同的购物心理，有一定的规律可循。

抓住了这一点，就可以预先考虑买家需要什么。

要从商品照片的拍摄、商品说明的编写及信息回馈等方面为买家考虑周详，保证快速回复买家提出的问题。如果不经常在网上，就要留下自己的联系方式和相关说明，以免让买家觉得受到了冷落。最好将阿里旺旺与手机绑定。

5. 坚持诚信原则

网络购物虽然方便快捷，但有一大缺陷就是看不见、摸不着，买家面对网上商品难免会有疑虑和戒心，所以，必须要用一颗诚挚的心，像对待朋友一样对待买家，包括诚实地解答买家的疑问、诚实地告诉买家商品的优点和缺点、诚实地向买家推荐适合他的商品。

在买卖过程中，首要的一点是诚信，在销售商品时不要隐瞒任何问题，否则这些失信的行为将使店铺失去买家。坚守诚信还表现在一旦答应买家的要求，就应该切实履行承诺，哪怕自己吃点亏，也不能出尔反尔。

6. 尊重买家

得到别人的尊重在人类的需求中位于较高层次，买家的购买过程是一个在消费中寻求尊重的过程。买家对于网上购物活动的参与程度和积极性，很大程度上取决于卖家对买家的尊重程度。

少用“我”字，多用“您”或者“咱们”这样的字眼，让买家感觉我们是在全心全意地为他考虑问题。当买家表达不同的意见时，要力求体谅和理解买家，尽量用“我理解您现在的心情，目前……”或者“我也是这么想的，不过……”来表达。这样，买家会感觉卖家尊重他的想法，能够站在他的角度思考问题，同样，他也会试图站在卖家的角度考虑问题。

7. 倾听买家的观点

在买卖中，卖家常常会有与买家不同的看法。如果无法接受买家的观点，就可能错过很多机会，而且无法和买家建立融洽的关系。即使买家的看法与感受都和卖家不同，买家还是可以坚持自己的看法、结论和感受。

尊重买家的观点，让买家了解——我们一直在听，而且听懂了他所说的话，虽然不一定同意他的观点，但还是尊重他的想法。若卖家一直无法接受买家的观点，那期间的交易也一定是不融洽甚至失败的。除此之外，卖家的倾听也能够帮助买家建立自信，进而能够接受不同的意见。

8. 理性沟通，避免情绪化

在网上开店会遇到各种各样的买家：有的过于挑剔，问几天也没问完；有的对卖家不太尊重，连问话都是质问式的；有的拍下商品就消失等。这些买家都可能在沟通过程中让卖家的情绪爆发。当买家的行为真的很让人生气时，需要的是理性与冷静。不理性只会产生争执，不会得到结果，更不可能得到好的结果。

在有情绪时不要作决定：带有情绪的沟通常常无好话，既理不清、讲不明，也很容易作出情绪化的、冲动的决定，让事情无法挽回。常见的行为是投诉——当冲动地决定去投诉时，不一定有好结果，相反，与买家沟通协调后，可能会解除误会或者挽回错误，说不定“不打不成交”，买家还能成为店铺的忠实顾客。

9. 对买家的差评要虚心接受

每当完成一笔交易，买家都会为卖家打分。如果买家感觉卖家的服务不好，或者沟通不顺畅，就会给卖家差评，卖家店铺的总积分就会被扣去 1 分。卖家都很注重自己的积分，因为积分高了才能让店铺的等级上升，从而招徕更多的买家。

一旦得了差评，首先要客观对待顾客的批评。如果确实是自己做得不够好，一定要虚心接受，然后改正。只有这样，店铺的服务才会更好，买家也会觉得这是一个不错的卖家。

10. 提升职业素质

不是所有的买家都对自己要购买的商品非常了解和熟悉。当买家对商品不了解的时候，在咨询过程中，我们就要用自己的专业知识解答买家的问题，帮助买家找到适合他们的产品。一问三不知会让买家没有信任感——谁也不会在这样的店铺买东西。

- 了解商品的材质和制造、加工技术，这样才能体现出商品的特色和精工细做。
- 了解商品的功能、用途。
- 了解商品的耐久性、使用寿命。
- 了解商品的使用方法、保养方法等。
- 了解商品的设计风格与特色。
- 了解商品的包装、商标、形象，由商品本身开始向外包装延伸。
- 了解商品目前是否有优惠活动。
- 了解商品的售后保证，消除买家的后顾之忧。

通常在与买家交流时，会遇到一些意想不到或者比较难以回答的问题，此时要体现出职业素质，给出专业的意见，使买家感到卖家可信、可靠。

第 153 讲　与买家沟通中的禁忌

卖家在与买家沟通时，主要目的是销售商品，而不是辩论。要知道，与买家争辩解决不了任何问题，只会招致买家的反感。

卖家要理解买家会对商品有与自己不同的认识和见解，要允许买家有不同的意见。如果故意与买家发生激烈的争论，即使占了上风，得了胜利，把买家驳得哑口无言、无地自容，得到的又是什么呢？是失去了顾客，丢掉了生意。

1．忌质问

卖家与买家沟通时，要理解并尊重买家的需求与观点，切不可采取质问的方式与买家谈话。如下话语是绝对不能出现的。

- 你为什么不买这双鞋？
- 你为什么不喜欢这个颜色？
- 你凭什么说我的信用是炒作的？
- 你有什么理由说我的商品质量不好？

卖家用质问的口气与买家谈话，是不懂礼貌的表现，也是不尊重他人的反应，是最伤害买家的感情和自尊心的。

2．忌命令

卖家在与买家交谈时，态度要和蔼一点，语气要柔和一点，要采取征询、协商或者请教的口气与买家交流，切不可采取命令和批示的口吻对买家“发号施令”。

卖家不是买家的领导和上级，无权对买家指手画脚、下命令或下指示，卖家只是买家的购物向导。

3．忌炫耀

与买家沟通时，要实事求是地介绍自己的商品和店铺。万万不可忘乎所以，得意忘形，自吹自擂，炫耀自己的商品。要知道，还有比我们的商品更好的商品。况且，每个人的品位及审美观都不一样，我们认为好的买家未必认为好。

4．忌批评

买家成千上万，千差万别，他们的知识和见解都不尽相同。在沟通时，如果发现买家在认识上有不妥的地方，也不要批评和教育，更不要指责，因为批评与指责解决不了任何问题，只会招致买家的怨恨与反感。与买家交谈时要多用感谢词、赞美语。要多言赞美，少说批评，掌握赞美的尺度和批评的分寸，巧妙批评，旁敲侧击。

5．忌专业

在推销自己的商品时，一定不要用专业术语。例如，买家问一件衣服是不是全棉的，不要告诉他商品是棉几支，直接告诉他含棉量是 100% 还是 90% 即可。用专业术语不但会让买家一头雾水，而且还会让买家以为我们在他面前炫耀。

6．忌冷淡

与买家交流，态度一定要热情，语言一定要真诚，言谈中要流露出真情实感。在谈话中，冷淡必然冷场，冷场必定生意泡汤，因此要忌冷淡。

卖家在与买家的交流中，说话要有技巧，沟通要有艺术。良性的沟通可以使买家买完一次又买一次。要知道什么话应该说，什么话不应该讲。不知所忌，就会造成失败；不知所宜，就会造成停滞。

第 154 讲　把握买家的购物心理

如今，商家正面临着前所未有的激烈竞争，市场正由卖方垄断向买方垄断演变，消费者主导的营销时代已经来临。在买方市场中，消费者将面对更为纷繁复杂的商品和品牌选择。

消费者根据自己的需求购买商品，在这一行为中，心里会有许多想法，并驱使自己采取不同的态度，这些可以决定成交量的多少甚至交易的成败，因此，卖家对买家的心理必须高度重视。如果卖家不了解买家的心理，就很难激起买家的购物欲望。

1．求实心理

这是目前消费者普遍存在的心理动机。买家购买商品时，首先要求商品必须具备实际的使用价值。因此，商品的质量一定要过硬，才能保证以后有更多的交易。如果连商品质量都无法保证，就无异于给自己挖坟掘墓。如果是必需品（如生活用品）卖家，在商品描述中要突出“实惠”、“耐用”等字眼。

2. 求新心理

这是一种以追求商品时髦和新颖为主要目的的心理动机。买家购买商品时重视“时髦”和“奇特”，对于商品是否经久耐用、价格是否合理等因素考虑较少。

其实，这类买家多数时候也是最没有主见的，很容易受到别人的影响，只要稍加引导，就容易使他们下定购买的决心。所以，在商品描述中可以突出“时髦”、“奇特”之类的词汇，商品图片要鲜艳（这类买家多为青少年）。

3. 求美心理

当美的东西撞击我们的神经和情感，就会使我们产生强烈的满足和快乐。这类买家在选购商品时不以实用价值为宗旨，而是关注商品的风格和个性，强调“艺术美”。他们不仅关注商品的价格、性能、质量、服务，而且关心商品的包装、款式、色调、造型等。

4. 名牌心理

这是一种以显示自己的地位和威望为主要目的的购买心理。买家特别重视商品的品牌，并以此来炫耀自己的社会地位和购买力。这部分买家消费动机的核心是“显名”和“炫耀”，同时对名牌有一种安全感，觉得其质量信得过，不容易上当受骗。

精明的卖家总是善于利用买家的求名心理做生意，所以在描述中要突出品牌的名字和相关字眼，商品图片要有质感。

5. 求廉心理

这是一种“少花钱，多办事”的心理动机，其核心是“廉价”。这类买家在选购商品时，往往要对同类商品之间的价格差异进行仔细比较，还喜欢选购折价或处理商品——只要价格低廉，他们对其他不太在意。

绝大多数买家到网上买东西都是图便宜，而且，随着卖家的增多，商品价格越来越透明。针对这个特点，需要选取几种质量较高的商品，设置特别低的价格来吸引买家。举个例子：一些大型超市每逢周末或节假日都会用一些低价商品来吸引顾客，只要顾客进店，肯定会顺手购买其他东西，商家要的就是这个效果。实体店如此，网店也可以采取这种“以点带面”的促销措施——当然，这得看卖家的技巧了。

6. 好奇心理

现实生活中，很多人喜欢旅游，观看新景致，追求新刺激，这种欲望，年轻人比老年人更强烈。作为卖家，可以利用人本身的好奇心来吸引他们对某些商品的注意，进而诱发他们购买商品。在年轻人当中普遍存在这样的心理：凡是新事物，他们就要试试，他们追求新奇、刺激的欲望比任何人都要强烈。对这类买家，需要通过强调商品的新颖和独特来唤起他们的购买欲望。

7．跟风从众心理

其实不仅是网上的买家，大多数人都有这种想法：看到别人买的商品不错，就会一窝蜂地跟着到一个地方去买。即使是同样的商品、同样的价格，卖势不错的店铺，买家会聚得越来越多，而没有开好头的店铺，肯定是冷冷清清。所以，新手卖家要拿出十二分的诚信和热情才能完成一笔交易，而且，只要有买家光顾，卖家一定要充分发挥时间上的优势，不厌其烦并认真完成交易的每一步。

在商品的销售过程中，可以利用这种购物心理，但一定要在商品描述中说明这件商品是时髦人所崇拜的、明星爱用的，也可以把以前的成交记录或买家的评价放在商品描述中。

8．隐秘性心理

有这种心理的买家，购物时不愿为他人所知，常常采取“秘密行动”。他们一旦选中某件商品，而且周围无人时，便迅速成交，购买成人用品时常有这种情况。所以，成人用品之类的商品在网上销售有很大的市场，卖家在宣传中可以强调隐秘性。

9．安全心理

有这种心理的买家对要购买的商品，要求在使用过程中和使用以后必须安全。例如，食品、药品、护肤品、电器和交通工具等，不能出任何问题。

10．疑虑心理

这是一种瞻前顾后的购物心理动机，其核心是害怕上当、吃亏。这类买家在购买商品的过程中，对商品质量、性能、功效持怀疑态度，怕商品不好用，怕上当受骗，因此会反复向卖家询问，仔细检查商品，并非常关心售后服务工作，直到心中的疑虑解除后才肯购买。卖家和这类顾客打交道时，要说明商品的质量经得起考验，如果出现质量问题可以退货等。

第 155 讲　用诚心换取买家的耐心

用诚心打动买家是卖家的服务宗旨，卖家应该从每一位买家的角度出发，对经营中的每一个细节加以放大，有针对性地提供最佳服务。

销售确实是一门学问。卖家每天都要接触不同的买家，只有具备丰富的专业知识才能灵活应对，只有用真心、诚心才能打动买家，成为买家的朋友。每次与买家交流的机会都应该珍惜，都应该把握住，一点点的失误就可能让我们与买家失之交臂，因此，我们不能错过任何一次机会，要把自己掌握的商品信息传达给每一位买家，只有这样，才能提高店铺的营业额。

卖家一定要以真心、诚心为服务宗旨，这是维护良好客户关系的基础。

与买家的交易一定要追求双赢。在交易时要注意，不要把买家没有用或并不适合买家的商品卖给他，也不要让买家花多余的钱，要尽量减少买家不必要的开支。即使没有交易成功，多交一个朋友收获也不小。

下面我们来看一位卖家的亲身经历。

记得有一位广州的买家买我的化妆品，5月20日下单，但到6月初才有货，她很耐心地等我的货，她说因为我诚实所以她愿意等。8月27日，广州的一位买家看上了我店里的香水，可他执意要让我降价10元，但价格我已经定得够低了，我也执意不降。于是，从27日开始，我们就经常聊，结果9月3日他终于买下香水，说冲着我的诚心与服务态度也要买。做生意真的不是一拍即合的，还是要细水长流，诚心与顾客沟通，才能赢取买家的耐心。

第156讲　认真待客，及时回复买家留言

及时回复买家的留言，把握每一个机会，不要冷落任何一个买家，不要让买家长时间地等待。一般买家买东西时都喜欢找在线的卖家，如果发过去的信息半天无人理睬，买家会觉得这个卖家很没有礼貌，也会有一种被冷落的感觉。网上卖家成千上万，买家的选择余地非常大。所以，要重视每个买家和每条阿里旺旺留言。如果离开计算机，要更改阿里旺旺的状态，并且设置自动回复向买家道歉。如果很忙，也要设置自动回复，请买家稍等一会儿，并很快回复，请他谅解，而一般买家都会谅解——你尊重别人，别人才会尊重你。

另外，把商品介绍写得详细一些也会减轻自己的工作量。将商品质量、规格、功能、用法、适用范围、保养方法、注意事项、邮费及售后服务等全部列出，买家就可以直接得到答案，一般也不会有那么多的疑问需要卖家一个一个地解答了。同时，这样做会提高买家对卖家的信任度，至少会认为这是一个比较用心的卖家。

只有诚信经营，提供优质的服务，真诚对待每位买家，才能得到信任和尊重，生意也会

越来越好。如果用心了，重视了，买家信任我们了，觉得我们是真诚的，商品真的让买家喜欢，买家就一定愿意购买我们的商品，而且会成为我们的朋友。

第 157 讲　真诚对待买家，迎来完美交易

商家制胜的原因，不仅得益于产品质量，更重要的是如何对待顾客。人们都说，“你怎么对待别人，别人就怎么对待你”。对买家要真诚，才能赢得信任，赢来完美交易。

要想让买家购买我们的商品，就要让买家产生购买的欲望，这样才能使对方主动接受我们的要求，购买我们的商品，否则，无论怎么说都是没用的，甚至会适得其反，引起对方的不满。

下面是一位卖家的故事。

> 前段时间，一位买家想在叶云的店里买一件棉袄。叶云仔细地询问了尺寸（叶云的店铺是销售大码女装的），通过沟通，向她推荐 XXL 号，但买家说尺寸可能小，想要 XXXL 号的。叶云告诉她，XXXL 号可能大了，可她就是要买 XXXL 号的，没办法，叶云只好给她发了 XXXL 号的。由于买家是东北的，加上那几天东北忽然下了大雪，叶云想，买家肯定要着急了。叶云每天上网跟踪运单记录，还打了两次电话询问物流公司，同时和买家联系，告诉她货物的运输情况。三天之后，货终于到了买家的手里，叶云的心终于放下了。买家对货物质量很满意，但说穿着有些大想换小一号的。叶云心想：不听我的话，出麻烦了吧？但顾客是上帝，叶云二话没说让买家把货寄回来换小一号的，并主动提出延长确认收货时间（因为再过两天支付宝里的钱就要转到叶云的账户里了），这使买家感动不已，主动要求再到店里买衣服。后来，这位买家又在叶云的店里买了 4 件衣服。相信所有真诚对待每位买家的卖家，都可以拉来回头客。

很多店铺的客服人员在遭受买家的拒绝以后，就觉得毫无希望，没有做任何争取，也没有询问买家不需要的理由，而是去向其他人销售，这样恐怕很难取得好的业绩。

买家之所以拒绝，可能不是不需要我们的商品，而是我们没有成功引导他购买。买家的拒绝都是有一定理由的，也许嫌商品贵，也许对商品不够信任，也许抱怨商品没有售后服务等。只要能够消除买家的这些疑虑，就可以引发买家的内在满足感，使其产生购买欲望。

买家之所以要对商品精挑细选，在购买时小心翼翼，其目的只是想要买到货真价实的东

西，避免上当受骗。如果店铺客服人员能够帮助买家解决各种疑问，买家就会产生强烈的购买欲望，并安心地购买。所以，面对买家的审视，不必感到窘迫——真诚地面对买家，接受他的检验就是了。

第 158 讲　通过耐心细致的沟通留住买家

作为卖家，对待买家要耐心、耐心再耐心。也许很多卖家都有这样的经历：买家问询了两三个小时甚至一个下午，但最后却说“谢谢了，我再考虑一下”。遇到这种情况也不要着急，可以对买家说“希望下次有机会合作”，而不是当场谩骂。买家这次不买，也许有其他原因，但是他一定会记得我们的诚心，也许会介绍朋友、邻居下次光临我们的店铺。态度好了，就会有很多回头客。下面介绍针对不同买家的沟通交流方法。

1．针对直接问价的买家

这样的买家一般都是已经看中了我们的商品，只是为了确定货源、价格及运费。针对他们的问题，一定要以最快的速度回答，并且要清楚，不能含糊不清，不可拖拉，否则可能会因此而流失性急的买家。当然，也有一些问得特别细致的买家，想在成交之前把商品的相关性能了解得清楚一点，这时就更需要耐心而详细地回答他们的问题。不能因为买家的问题太多而爱理不理，这样的卖家会让买家产生一种不敢信任的感觉，自然很难形成交易。

2．针对以后需要但先询价的买家

不要看轻这类买家，他们一般都是潜在客户。而且，这类买家当中很可能有大客户，他们有可能要大量购买，所以提前进行细致的了解。因为不着急购买，所以他们一般会把商品的每一个细节都了解清楚，这时就不能只求效率了，一定要慎重地回答他们的问题，如果遇到一时答复不了的问题，可以请买家稍等，或者约定一个明确的时间再一一进行详细的解答。

3．针对压价的买家

压价的买家可分为两类。

第一类是习惯性压价。这类买家在生活中已经养成了买东西就要还价的习惯，所以不管店铺是否注明了“已为最低价，恕不还价”，他们都会一定程度地压价。针对他们的压价，卖家一定要耐心解释，在不会亏损的情况下可以稍微降低价格，让他们能得到一种心理平衡，不然他们会觉得这是个很死板的卖家，不愿意再次交易。

第二类是在网上找到了价位更低的同款商品。这类买家之所以选择到我们的店铺购买，一方面可能是我们的图片更好看，另一方面可能是对我们的信任，也可能是对方的运费设置得不合理。对于这种压价，需要更理智地对待。如果买家说的价位正好是恶意压价的卖家出的价，并且比我们的成本价还低，那我们就只能向买家耐心地解释并说明这款商品的市场价位是多少，把自己的商品和竞争对手的商品的各种优劣势进行详细比较，用数据、证书等直观的方式，从店铺的状况和商品的定位、包装、质量等方面进行说明。例如，在质量方面，必要时可向买家出具商品获得的 ISO9000 等质量保证体系的证明文件，告诉买家，自己店铺的商品价格背后有着优于竞争对手的完善的服务体系。

4. 针对首次网购的买家

第一次在网上购物的买家最害怕的就是受骗，而且因为没有经验，所以很多新手买家对购物的流程都不是很了解。在拍下宝贝之后，他们在付款时往往会有很多不明白的地方，一般会向卖家询问。这时，我们一定要耐心地解答，如果自己也不清楚，应该帮他一起想办法解决，并告诉他不用着急，这样做会让买家感觉我们很可靠，不是一心只想着赚钱的卖家，很愿意和我们做朋友。

在付款之后，一定要及时发货，告诉买家到货时间。在与第一次购物的买家交易时，最好能适当送些小礼物作为留念，这样买家会觉得我们很贴心，也很让人放心，以后再有需要的话会直接找到我们。

5. 针对闲聊的买家

这类买家要么是来讨经验的，要么是觉得我们人不错，想和我们聊聊。如果认为这是在耽误时间，那可就错了，这类买家很可能成为我们以后的客户，他现在和我们做了朋友，当需要店里同类产品的时候，自然第一个想到的就是我们。所以，如果不是特别忙的话，一定要非常真诚地同他聊聊，也许从他那里我们可以得到一些不错的经验。如果比较忙，只要说明，一般都会得到谅解。

6. 针对回帖及给店铺留言的买家

回帖及给店铺留言的买家，一般是对我们的帖子和店铺比较认同的。回帖和留言都代表了对我们的支持和认可，在时间允许的情况下，最好一一表示感谢。在这个过程中，一般都会得到他们的再次回复，我们也就自然而然地和他们交上了朋友。以后有促销活动时，及时告诉他们，一般不会遭到拒绝，甚至有些还会成为我们的长期客户。

第 159 讲　营造紧迫感，激发买家的购买欲望

在现实生活中，人们对于随处可见的商品往往都会不觉得稀奇，而当它突然变得很难获

得的时候，反而又把它当成宝贝，认为它很珍贵，想方设法要得到它。这是人的一种深层次的心理——害怕得不到的心理。在购物消费方面，这种心理表现得更加明显。越是买不到的东西，人们越是想要买到。例如，商家总是隔三差五地搞一些促销活动，“春节期间全场产品一律 6 折”、“本店前 10 名顾客享受买一送一”、“10 周年店庆，全场 8 折仅售 2 天”等，很多消费者知道这样的消息都会争先恐后地去抢购，因为机不可失，失不再来。

对待不能果断作出决策的顾客的办法是营造紧迫感。无论销售什么商品，总要想出一些使顾客产生紧迫感的办法。可以根据不同的情况采用以下回复。

- 王先生，该商品的需求量非常大，如果您现在不马上拍下的话，我就不能保证在您需要的时候一定有货。”
- “您好，这款商品的价格随时都会上涨，如果您现在拍下的话，我将保证这批订货仍按目前的价格收费。过了这几天价格就会涨上去了，您到时再拍的话，需要多付 20% 的费用。”

当一个人真正想要得到某件东西的时候，会因为害怕无法得到而不由自主地产生一种紧迫感，在这种心理的作用下，就会积极地采取行动。针对顾客这样的心理，销售人员在与其沟通时，要善于恰当地制造一些悬念，如只剩下 1 件的商品、只有 5 天的优惠活动、已经有人订购等，让买家产生一种紧迫感，觉得如果再不买的话，就错过了最佳的购买机会，可能以后就没有机会得到了，从而促使买家果断地作出决定，使交易迅速达成。

“物以稀为贵”，在消费过程中，买家往往会因为商品的优惠期即将结束或数量变少而害怕以后再也买不到。卖家如果能掌握买家的这一心理，适当地加以刺激，就可以激发买家的购买欲望。

第 160 讲　真诚赞美，让销量翻番

每个人都喜欢听好话，可以说，没有人喜欢别人指责自己。即使是好朋友，当我们指出他的错误时也需要善意地提醒，如果当众说出来，会让他的面子挂不住，严重的时候，可能会连朋友都没得做了。而对于赞美之词，一般情况下，人们都会乐于接受，即使赞美有些过头，往往也会“来者不拒”。

在网络交流中，可以运用一些赞美的小技巧，让买家在购物的过程中不仅能买到自己中意的宝贝，也能收获一份好心情。更重要的是，这会让买家更加喜欢我们的店铺，增加对我们店铺的印象。如果买家对商品很满意的话，他最终会成为我们最忠实的顾客。

赞美对方时，必须恰到好处，如果过量，那就成了“拍马屁”，不仅得不到想要的结果，还会使人反感。所以，在赞美顾客之前，一定要掌握一些技巧。赞美顾客时一定要注意以下几个方面。

- 如果是新顾客，不要轻易赞美，只要礼貌回复即可。因为大家还不是很熟悉，贸然地去赞美顾客，只会让其产生疑惑乃至反感，弄不好就成了谄媚。
- 如果要赞美顾客，一定要从具体的事情、问题、细节等层面赞美，如赞美其问题提得专业、看问题比较深入等，这样会让顾客感觉赞美真实、真诚。
- 赞美要有针对性。实践证明，有针对性的赞美能比一般的赞美收到更好的效果。年纪大的顾客总希望别人不忘记他“想当年”的业绩与雄风，同其交谈时，应称赞他引以为豪的过去；和年轻顾客交流，应称赞他的创造才能和开拓精神；对于经商的顾客，应称赞他经营有方，生财有道；对于知识型顾客，应称赞他知识渊博，宁静淡泊。
- 赞美要基于事实。虽然人人都喜欢听赞美的话，但并非任何赞美都能使对方高兴。基于事实、发自内心的赞美，更能赢得顾客的认同。相反，无凭无据、虚情假意地赞美顾客，不仅会使其感到莫名其妙，而且会使其觉得我们油嘴滑舌、蓄意讨好，并因此心生厌恶。

在网上赞美买家的方法是多种多样的，在我们看不到对方，也不知道对方外貌的情况下，可以从以下几个方面进行赞美。

1．对买家 ID 的赞美

当买家第一次来咨询的时候，我们只能看到此买家的 ID，这时可以从 ID 入手。

- “亲，您的 ID 取得很有个性哦。”——买家看了会很高兴的。
- “亲，从您的 ID 就可以看出来你很爱你的男（女朋友）吧，你买这个宝贝是送他的吧，你男（女）朋友可真让人羡慕哦。”——有的买家的 ID 是“XXX0205”或者“某某爱某某”。

2．对买家头像的赞美

- “亲，你的头像是您本人吗？长得很漂亮很有气质哦。”——买家听了心里会美滋滋的。
- “亲，您的头像是您本人吗？那么有气质，您应该是个老师吧？”——即使猜错了也没关系，因为我们是在赞美她，她如果想跟我们聊，就会告诉我们她是做什么的，这样就可以进一步拉近感情。

3．对买家所在地的赞美

- “亲，您是 XX 市的啊，你们那边的 XX 很出名哦。”——这要求我们必须对那个城市的风景名胜或其他方面比较了解。

- “亲，您是 XX 市的啊，我老家也是那边的哦。”——必须真实。
- “亲，您是 XX 市的啊，我认识很多那边的朋友，那里的人给人的感觉就是很豪爽，很朴实，我非常喜欢跟那边的人交朋友。”——拉近感情。

> 利用地名赞美必须真实，或者在聊天的感情更进一步时才能使用。一开始就用，假如有些人不喜欢别人知道他是什么地方的，会产生反感的情绪。另外，对对方所在城市不了解就千万不要用，不然会适得其反。

4．对买家咨询或购买商品的赞美

一般来讲，买家购买完商品后，总是怀疑自己买亏了或者买得不合适，所以他们会去询问身边的朋友、亲戚、家人，来判断自己这次所买商品是否合适。例如，卖衣服时，可以说：“您的眼光真的是很独特哦，这件衣服很多买家都非常喜欢呢。”

5．交易完成后的赞美

- “谢谢您对我们的支持，没想到您是一个这么豪爽的人。”——主要针对咨询得少，随便问一问就拍下付款的买家，这种人的性格一般是很豪爽的，也是潜在的长期客户。
- “谢谢亲对我们的支持，更谢谢您对我们的信任，请您放心，我们产品的品质一定会让您满意的。”

6．评价后的赞美

买家给我们好评之后，可以适当地给一些赞美之词，如“感谢您的信任与支持”、“非常爽快的买家”、“非常守信用的买家”等。有的买家也会关注卖家给他的评价，如果看到我们给他的赞美的话，他也会很高兴的。

把赞美的方法用好，老客户会越来越多，再加上一些礼品促销，只要商品质量过硬，服务态度够好，买家就会成为我们最忠实的客户，以后他需要类似商品时不会再找别人，客户就是这样一点一滴积累起来的。当然，客户多了，销量翻番就是水到渠成的事了。

> 更要记住的是：赞美一定要真诚。用真心赞美别人，别人也会感受得到。不是发自真心的赞美，只会带来负面效果。

第 161 讲　实事求是——介绍宝贝的必要方法

在向买家介绍商品的时候，必须针对商品本身的特点及商品的缺点，有技巧地向买家解释并进行推荐。商品的缺点本来应该尽量避免触及，但如果因此导致卖家抱怨，反而会失去信用。所以，要让买家了解商品的缺点，并努力让他知道商品的其他优点。

怎样得知商品的优点与问题呢？以下是一些信息来源，要记得掌握。

- 向本店的资深工作人员询问。
- 向生产商、批发商的营业人员询问。
- 阅读报纸、专业杂志。
- 参观展示会、工厂。
- 利用电视、杂志等媒体收集资料。
- 亲自试穿、试吃、试用。

要陈述商品对消费者有价值的部分，而不是只滔滔不绝地讲述商品的特征。

在介绍商品时应该实事求是，给买家真实、全面的信息，不要为了使自己的商品卖出就满口称赞。在网络上经营，最重要的就是诚信。如果骗人，路会越走越窄，最终无路可走。

第 162 讲　打消买家的顾虑，促成交易

在购买商品的过程中，大多数买家经常心存疑虑。卖家首先应该了解顾虑是怎样产生的，以及顾虑产生的根源是什么，是对商品不了解，还是沟通有问题。

买家所担心的问题可能是客观存在的，也可能只是心理作用。这时，卖家应该主动发现买家的疑问，打消买家的疑虑。在交易过程中，消除买家的疑虑是非常重要的，只有当买家对商品或服务完全相信，没有任何疑虑时，沟通才算成功。聪明的卖家都知道，如果不能从根本上消除买家的顾虑心理，交易就很难成功。

初步沟通之后，一般买家已经接受这款商品了，但还是有些顾虑。每个买家的顾虑不太一样，但总体有以下两点。

- 担心不是正品：向买家保证是正品，间接地指出并非商场的才是正品，网店不需要商场的门面费、代理费、员工工资等费用，所以价格低很多，但绝对是正品。
- 担心商品尺码不合适：向买家承诺，尺码不合适可在一定时间内退换，如“本店为品牌

专卖店，收到货七天内可无条件退换，但要保证包装、吊牌齐全且商品没有任何损坏，不影响下次销售。另外，没有质量问题的退换，邮费由买家承担”。退货条件一定要写清楚，以免后续发生纠纷，导致中差评。一般买家都是想得到心理上的保证，不会轻易退货的。

从某种意义上说，消除买家顾虑的过程也是帮助买家恢复信心的过程。因为当买家犹豫是否购买某件商品时，他们的信心出现动摇也是正常的。这时，如果能及时地帮助买家消除顾虑，也就帮助他们增强了购买的信心和勇气。

第 163 讲　先交朋友，后做生意

卖家与买家之间的关系不是对立的，而应该是互利的。所以，在谈生意的时候，要像对待朋友那样来对待买家。要亲切友好，不要斤斤计较，要为长远的发展着想，使彼此之间的关系更加融洽。

在很多卖家的观念里，与买家谈生意就是为了赚钱，双方可以为一点点利益拼得你死我活。实际上，相互争斗不仅会伤了和气，甚至会导致两败俱伤。只有在和谐的氛围中，才会取得好的结果。在交流中，要对买家表示出足够的理解和尊重，消除买家的抵触情绪，使彼此的情感升级，从陌生人变成朋友，这样才能顺利地进行交易。

在买家还不认同卖家是一个诚实的、可信赖的人之前，许多生意是无法做成的。因此，要学会像朋友一样同买家谈生意，只要能成为买家的朋友，想要实现交易就会顺利很多。

要想在与买家相处的过程中将买卖关系发展成朋友关系，需要有诚恳的态度，更需要有相互的信任。如果能够取得彼此的信任，设身处地地为对方考虑，不断去理解对方，就完全有可能使两个本为“对手”的人成为朋友。这样做不仅有利于在谈判中获得成功，更重要的是，能够帮助卖家化解来自买家的压力。

李敏喜欢把买家称为朋友。李敏用她的真心、诚心、热心对待每一位来店的买家。每次，她都怀着感恩的心态看待每位来店里的买家——不管最后有没有成交。而且，在实际的交流过程中，她总能站在对方的角度看问题，想买家之所想。例如，来店的买家看中某件宝贝，但说实在的，这件宝贝对买家并不适用，这时李敏会推荐她购买另一种更适用的商品。虽然这样做也许会暂时失去一次成交的机会，但李敏相信，买家是能体会到她的诚意的。当然，在这个时候，她一定会

提醒买家先收藏自己的店铺，并附上一句“不管在什么时候，只要有床品方面的问题请随时联系我”。这样，一般的买家都会马上收藏她的店铺，这就增加了以后成交的机会。

有一次，一位买家的货原本是前三天就应该送到的，但由于运输过程中的失误延迟了收货的时间。也就是在这段时间里，买家把李敏当成了朋友，在收货后的第一时间不仅给了好评，还在没有告知李敏的情况下到自己所在小区的业主论坛发贴，主动帮李敏宣传，推荐李敏的产品，这让李敏非常感动。后来李敏问买家，怎么会想到发这个帖子。买家的回答更让李敏感动——她说李敏是一个很值得相信的人，而且商品的质量又真的非常好，这么多天以来，与李敏所有的交流都能让她感受到李敏的诚心。最后，买家真心祝愿李敏能越做越好。其实，李敏当时就是像对待朋友一样，站在买家的角度考虑问题，并且一直没有刻意夸大自己商品的质量，只是在用一种平和的心态与买家交流，而这种用心换来的竟是如此大的收获。

第 164 讲　如何应对不同类型的买家

买家受性别、年龄、性格等因素的影响，对相同商品的反应也不尽相同。因此，卖家应该因人而异地对待买家。

1．外向型买家

外向型买家一般做事情都很有自信，凡事亲力亲为，不喜欢他人干涉。如果他意识到做某件事是正确的，就会比较积极爽快地去做。遇到此类买家，要赞成其想法和意见，不要与其争论，要善于运用诱导法将其说服。在向他们推荐商品或服务时，要让他们有时间讲话，研究他们的目标与需要，注意倾听他们的心声。

2．犹豫不决型买家

有的买家在卖家进行解释说明后仍然优柔寡断，迟迟不能做出购买决定。对于这类买家，卖家要极具耐心并多角度强调商品的特征。在说服过程中，卖家要做到有根据、有说服力。这种买家犹豫不决，又想买又不想买，所以要想方设法下“最后通牒”，如店铺的打折或优惠马上就要结束了、商品所剩不多等，让买家有“过了这个村就没这个店”的感觉，从而让他“痛下决心”。

3. 理智型买家

这类买家的购买行为是在理性购买的动机支配下形成的。这类买家头脑冷静、清醒，很少受外界环境的干扰。他们购买商品时，很少受广告宣传、商标及华丽包装的影响，可以按照自己既定的购买目标进行购买活动，购买以后很少后悔。对待这类买家，应详细介绍商品的各种特性和优点。

4. 小气型买家

喜欢贪小便宜是小气型买家最大的特征。他们买东西时总是嫌贵，还特别喜欢砍价。应对这种买家，跟他"套近乎"是最佳做法。首先应该热情地向他打招呼，赞美他，并且要让他感觉自己占了便宜。

5. 稳重型买家

个性稳重的买家大都比较精明。他们注意细节，思维缜密，决定迟缓，个性沉稳，不急不躁。对这类买家，一定要让他自己说服自己，否则他便不会做出购买决定。不过，一旦赢得了他们的信任，他们就会非常坦诚。

6. 挑剔型买家

这类买家一开始就怀疑卖家，不管卖家介绍的情况是否真实，他都认为卖家是在说谎骗人。对待这种买家，不要加以反驳，不应抱有反感，更不能用情绪来对待，要耐心地与之沟通。而对于难缠的买家，并不是要"对抗"，而是要将其转化为最忠实的客户。

应对这类买家的方法是扬长避短——虽然你不喜欢这件商品的样式，但是比起外表，功能才是最重要的，不是吗?

7. 猛砍价型买家

这类买家总觉得卖家赚得很多，于是使劲砍价，砍得卖家差点要跳楼。与这样的买家交流时要转移话题，如送对方一点礼物，在避免尴尬的同时也不至于赔太多。

对待不同性格的买家，应采取不同的接待和应对方法，只有这样，才能博得买家的信赖。

8. 知识渊博型买家

知识渊博型买家都非常注重炫耀自己，因此我们可以表现出信服的态度。这种买家里不乏确实懂行的，绝对不能大意。只要彻底表现出信服、接受其指导的态度，就可以达到成交的目的。

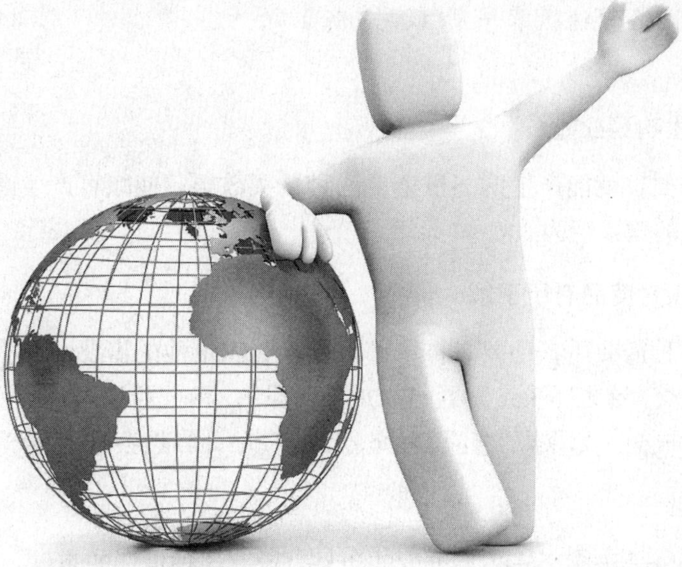

第 14 章

售中服务绝招——成功搞定准客户

开店指导

售中服务是指在产品销售过程中为顾客提供的服务。卖家要热情地为买家介绍、展示商品，详细地说明商品的使用方法，耐心地帮助买家挑选商品，解答买家提出的疑问等。售中服务与顾客的实际购买行为相伴随，是促进商品成交的核心环节。

第 165 讲　成功达成交易的条件

顾客对商品虽然有着浓厚的兴趣，但要达成交易，还应该具备以下几个条件。

1．满足顾客的需要

商品越是能满足顾客最近的、最强烈的需要，就越容易成交，成交的机会往往与顾客需要的强度成正比。

2．顾客产生购买欲望

顾客有了需要，就能产生购买欲望，这种购买欲望驱使顾客产生购买动机，只有购买动机才能唤起顾客的购买行为。

3．顾客必须对商品有所了解

顾客有了某种需要后，还要具体了解商品能否满足他的需要。顾客一般不会在自己还不了解商品时就成交，这也是决定是否进入成交阶段的基础。可以通过提问来观察顾客是否了解商品，是否愿意成交。如果顾客还没有充分了解商品，自然会毫不客气地拒绝成交建议。

4．顾客的信任

顾客的信任也是达成交易必不可少的条件。没有这种信任的态度，不管商品多么吸引人，顾客都会对达成交易产生动摇。因为顾客考虑更多的是商品使用后的效果，如果不能给顾客一个可靠的信誉保证，顾客是不会轻易购买的。

5．要在适当的时机促使顾客作出购买决定

“急于求成”反而会“欲速则不达”，与顾客达成交易要等待适当的时机。每一次的洽谈也有高潮和低潮之分，如果没有在这次高潮中与顾客达成交易，就应该争取在下次高潮中尽量与顾客达成交易。但不要为了达成交易而做出太大的让步，这样反而容易引起顾客的怀疑，从而最终影响销售的成功。

6．抓住重点，解决关键问题

影响顾客做出购买决定的因素，往往集中在一两个主要问题上。销售人员应及时抓住这些问题，努力说服顾客，有针对性地解除顾客的疑虑。重点问题解决了，顾客的态度明朗了，交易也就实现了。这是一种极其有效的方法。这样做还可以减少洽谈内容，压缩洽谈时间，提高工作效率。

7．排除异议

顾客异议表现在多个方面，如价格异议、功能异议、服务异议、购买时机异议等。有效地排除顾客异议是达成交易的必要条件。一个有经验的销售人员面对顾客争议，既要采取不蔑视、不回避、注意倾听的态度，又要灵活运用有利于排除顾客异议的各种技巧。

8．必须了解顾客

顾客感兴趣的是什么？顾客会提出什么样的反对意见？顾客为什么会作出这样的购买决

定？了解这一切，才能针对顾客的情况采取相应的对策，尽快帮助顾客做出购买决定。

即使顾客拒绝购买，也不应该放弃努力。成交诚然是销售的直接目的，但这并不是一锤子买卖，这次没达成交易，保持良好的关系，以后还可以洽谈。从长远来看，一切事物都处在变化之中，新情况随时都可能出现——顾客今天什么都没买，以后却可能成为我们的大客户。

第 166 讲　了解买家的特点，对症下药

你明白潜在客户的特点吗？你明白网络买家的需求吗？要想与买家成功交易，就要了解买家的特点。下面是在淘宝网购物的买家的一些共同特点。

1．买家喜欢盲目跟从

其实不仅是网上的买家，大多数人都有这种想法：看到别人买的商品不错，就会一窝蜂地跟着去买。所以，级别越高的卖家生意越好做，即使是同样的商品、同样的描述，即使皇冠店铺的价格比新手卖家的价格高得多，级别高的买家也可能去级别高的店铺购买。而有些买家，问这问那之后还是半信半疑，这也是对新手卖家来说最致命的地方。所以，新手卖家要拿出十二分的诚信和热情才能完成一笔交易。而且，只要有买家光顾，就一定要充分发挥时间上的优势，不厌其烦并认真地完成交易的每一步。

2．买家都喜欢便宜货

绝大多数买家到网上买东西都是图便宜，而且随着网上卖家数量的增多，其价格越来越透明。针对这个特点，需要选取几种质量不错的商品设置特别低的价格来吸引顾客，“以点带面”进行促销。

3．买家关心商品的质量

为什么现在还有很多人对网上购物存在一种惧怕心理呢？原因很简单，就怕买到假货、次货——即使价格再便宜也不愿上当受骗。所以，商品的质量一定要过硬，价格一定要合理，这样才能保证后续交易的顺利进行。

4．买家看不到真实的商品

网上购物看到的只是图片和文字描述，看不到实际的商品，所以商品图片要尽量真实，文字描述要尽量详细但不能夸大，免得日后闹出纠纷，无法收拾。这也是诚信的一个方面。

5. 买家不喜欢当“试验品”

当有新商品上架时，一定要自己先试用，了解商品的性能、特点，这样，买家询问时才能说得头头是道，而不会让买家有做“试验品”的感觉。当然，如果能够尽快卖出第一件商品就更好了。

第 167 讲　接待买家——达成交易的真正考验

随着网上卖家越来越多，网店比实体店更难达成交易，所以，网店卖家必须比实体店卖家更懂得沟通，更善于揣摩顾客的心理。下面是接待顾客时的一些注意事项。

1. 与买家打招呼

当买家主动打招呼的时候，无论对方是否买东西，都要客客气气地打招呼，如“您好！请问有什么需要帮忙的吗”，然后加上一个表示友好的表情，如“微笑”、“握手”等。

2. 掌握与买家交谈的气氛

不要自始至终那么严肃，要学会适当运用小小的玩笑来活跃气氛，也可以在适当的时候聊聊商品以外的话题，用真诚的态度了解对方的习惯、爱好等，不要吝惜祝福的文字。

3. 回复买家的砍价要求

当买家认为价格太高的时候，可以回复：“我们的价格的确是很实在的，现在又是促销期，本来就没什么利润，只是为了快速赚点信誉，而且包邮，还赠送一些小礼品，严格算下来已经亏损了。”

- 如果想要一定的利润，可以查询竞争对手相同或相似商品的价格，了解相关信息后，根据情况回复：“我们的价格在同行中的确是很低的了，您选择了性价比最高的商品，这才是最重要的，而不是单纯看价格，那样会降低商品质量，售后服务也会受到影响的。”
- 也可以一步一步来。例如，先告诉对方可以包邮；不行的话，再赠送小礼品；还不行的话，就稍微打点折扣。当然，如果超过了价格底线，那就要客气地回复“实在是对不起哦，我已经拿出最大的诚意来了，如果还是达不到您的要求，我给您推荐另外几款宝贝看看行不行？”这样可以引导买家降低自己的期望值，力求达成稍低价位的交易。
- 如果推荐的商品价位已经无法降低，买家还是不能接受，也只能委婉地回复：“实在对不起您了，今天没能让您选到合适的宝贝，希望您经常关注我们的店铺和宝贝，一有新宝贝上架我会及时通知您的，希望下次能合作。”

4．回复与商品图片有关的问题

商品图片是所有买家都非常关心的。对于图片是否经过处理、是否真实可信的问题，可以回复："请您放心，我们的图片都是实物在自然光下拍摄的，除了剪切没有做任何人为处理，颜色跟拍的时候是一模一样的，只是可能会受到相机性能、显示器的影响而有点偏色，如果您认为实物没有屏幕上显示的漂亮是可以退货的。"

5．回复商品质量方面的问题

如果买家问及商品质量方面的问题，回答要肯定、坚决，尽量不要出现"可能"、"也许"、"大概"、"大约"、"无所谓"、"不一定"、"左右"这样的词，否则买家一定会认为我们根本不专业且对商品了解不透彻，只是在敷衍了事，对商品质量也没有把握。

6．回复交易安全与售后服务方面的问题

- 关于交易安全与售后服务，如果有些新手买家对支付宝不了解，担心付款后上当受骗，可以回复他："请您尽管放心，支付宝交易属于第三方支付，您的钱并没有到我的账上，而是在支付宝中，只有您收到宝贝以后，检查没有问题了，再登录支付宝确认付款和评价，您的钱才能到我的账上。如果产品有问题，您可以在收货当时就退回来，然后登录淘宝网申请退款，这是非常方便和安全的。这是由淘宝网设置好的程序来完成的，而不是人为操作的，您丝毫不用担心。"
- 如果买家担心确认付款后产品出现质量问题而卖家不履行售后承诺，可以使用下面的语言回复："我们的退换货承诺是必须兑现的，否则您只要打个电话给淘宝网投诉我，我的店铺就会被封掉，账户也会被冻结，直到给您解决问题，您满意了以后，才有可能重新营业，这期间我们的损失远远大于您这笔生意的收入，我们不会舍本逐末、因小失大的，对吧？"

只要自始至终保持自信和忍耐，有充分的心理准备和商品知识作铺垫，相信再刁钻的买家都会被打动。即使与一些咨询的买家没有达成交易，我们也会因为耐心和友好而赢得买家的信任，在众多卖家中给买家留下深刻的印象，买家一旦有需要，首先想到的就是我们。

第 168 讲　如何把咨询的买家变成成交的买家

开店做生意，相信大家都希望门庭若市，但高浏览量未必带来高成交量。如何把每一位咨询的买家留住，进而变成成交的买家，也是一门学问。很多卖家都会遇到只咨询而不购买的买家。那么，买家为什么只是问问而不购买呢？

我们分析一下这些买家只问不买的原因。所有咨询的买家都是对商品感兴趣且有购买意向的，之所以最终没有达成交易，主要有两大原因：一是嫌价格贵；二是对质量存有疑惑。

要想与这些只问不买的买家达成交易，必须要把买家心里的这两个问题彻底解决。

1．商品价格贵

买家都希望花最少的钱“淘”到最好的商品。有的买家一上来就是问价格，或者三句话不离价格，就想以最低的价格买到最好的商品。这种买家不是爱占便宜的人，就是精明的卖家同行，砍价是他们的习惯。

如果属于前者，那就想方设法给一点优惠，送一些小礼品，或者引导买家购买利润相对较高、有打折空间的类似商品，总之，要让他感觉占了便宜，心里舒服。如果价格不能再降，可以向买家介绍一下商品的特色，突出商品的优势和价格底线。这两点是非常关键的。我们的介绍可能会让买家感觉到我们的真诚，因此产生信任且增加了购买的欲望。

如果是后者，那就要讲究技巧了。既要不直接反驳买家，让他享受砍价的过程，又要坚持原则，保持自己的利润空间。不让价当然最好，但估计实现起来比较困难。如果非让价不可，也要一点一点地让，不可一步让太多。

2．对商品的质量存有疑惑

这是众多新手卖家最为头痛的问题。明明店铺的商品图片非常漂亮，价格便宜，质量好，为什么买家不相信呢？这时需要卖家掌握以下知识。

- 行业知识。各行有各行的知识，做一行就要懂一行，只有掌握行业相关知识，才能一一解答买家提出的问题。如果不了解该行业，没法回答买家提出的问题，又怎能让买家相信我们呢？
- 相关承诺。有些买家因为担心商品质量不好或者款式和颜色等没有图片上好看而一直不肯购买，这时，在商品描述里注明商品退换货的承诺与规则是个不错的办法。只有打消心里的担忧，买家才会放心地购买商品。

第 169 讲　消除买家对特价商品质量的疑虑

将买家当成朋友，这样买家会更加信任店铺，减少发生问题的机会，即使发生问题，处理起来也更加容易。一次，笔者问一位皇冠店铺的老板：“最近您店里的生意是越来越好了，有哪些经验呢？”他回答：“平时我们没事就和买家聊聊，这样可以增加店铺的人气，而且很多都交上了朋友。现在这些人都是我们忠实的顾客，好多都是带人来买。”

买家表面上是怀疑商品质量，实际上是对卖家不信任。所以，处理好这个问题的关键是要取得买家的信任，让买家相信我们所说的话。用简单、空洞的语言向买家介绍商品，难以取得买家真正的信任。以下方式都是不合适的。

- 您放心吧，质量都是一样的。
- 都是同一批货，不会有问题的。
- 都是一样的东西，怎么会呢?
- 都是同一个品牌，没有问题。

可以坦诚地告诉买家商品特价的真正原因，以事实说服买家，同时以特价商品实惠、划算作为引导买家立即购买的催化剂。当卖家行为坦诚、语言真诚，并且表现得敢于负责的时候，往往很容易取得买家的信任。

卖家可以采用如下语言来回复买家的担心。

- 您有这样的想法可以理解，毕竟您说的情况在我们这个行业确实存在。不过我可以负责地告诉您，虽然我们这款是特价，但它们都是同一品牌，实际质量一样，而且现在价格比以前要优惠得多，所以现在买真的非常划算!
- 我能理解您的这种想法，不过我可以负责任地告诉您，这些特价货之前其实都是正价商品，只是我们为了回馈老顾客，特价促销，但质量是一样的，您完全可以放心挑选。所以，现在买这些商品真的是非常划算。您完全可以放心地拍下!

> 首先学会认同买家的顾虑，然后针对顾虑以真诚负责的口吻告诉买家事实，并且强调现在购买的好处，以推动买家立刻做出决定。

第 170 讲　如何应对买家的延迟购买

买家说“考虑考虑”、“与家人再商量商量”、“比较比较”等，是店铺销售过程中经常遇到的问题。买家这么说有可能是为自己找一个拒绝的借口，但也可能是一种真实的心理状态。所以，首先要了解买家的这种说法到底属于哪种类型，也就是说，一定要知道其真正的原因。可是，许多卖家一遇到买家提出类似的问题，要么就是不着边际地重复介绍，要么就是机械地强调商品的优点，要么就是无言以对，显得非常被动和消极。下面是常见的错误应对方法。

- 这款真的很适合您，还商量什么呢?

➢ 真的很适合，您就不用再考虑了。
➢ 那好吧，欢迎你们商量好了再来。

“这款真的很适合您，还商量什么呢”给人的感觉太强势，容易招致买家的排斥，毕竟买家花钱买东西，与家人商量也是很正常的。“真的很适合，您就不用再考虑了”有些牵强附会，空洞的表白没有说服力。“那好吧，欢迎你们商量好了再来”属于没做任何努力，而且有下逐客令的感觉，因为只要这句话一出口，买家就只好离开了。

其实，这类问题的处理可以从以下 3 个方面着手。

1．找原因，给压力

面对买家的异议，采取不作为的方式，买家感受不到任何压力，就会轻易地离开，从而降低销售成功的概率。大量的销售案例证明：适当给顾客施加压力，可以使销售变被动为主动，从而找到顾客离开的真正原因，有利于促进成交并提升销售业绩。但一定要把握好，压力不可以太大，也不可以太小，因为太大会让顾客讨厌，太小则没有任何作用。

2．处理买家异议，推荐立即购买

找到买家的所有异议后，就应该立即处理问题，解决之后推荐买家购买。因为当买家在线的时候，我们可以去影响并激发其购买的欲望与热情，而买家一旦下线，我们就鞭长莫及了。所以，不要轻易让买家离开，应该抓住机会进行销售，具体方法如下。

➢ 给压力：例如，告诉买家这是最后一件商品、优惠活动即将结束、赠品有限等，营造一种紧迫感。
➢ 给诱惑：告诉买家现在购买可以得到哪些好处。其实，人都是利益动物，将买与不买的利弊陈述清楚，可以提高销售的成功率。

3．提高回头率

如果买家确实想到其他店铺去比较一下或与家人商量一下，这种心情应该给予理解。此时不可以再强行推荐，否则会让买家感觉不舒服。但是，一定要提高买家的回头率。有研究表明，买家一旦回头，其购买的概率为 70% 。那么，如何提高买家的回头率呢？可以从以下两个方面着手。

➢ 给面子：如果不给买家面子，即使买家喜欢也不会回头，因为回头就意味着买家软弱和没有面子。
➢ 给印象：买家离开后还会去很多店铺看很多商品，可能会受到诱惑，导致最后对我们的

商品没有任何印象，这非常不利于买家回头。所以，在买家离开前可以再次强调商品的卖点，一定要给买家留下深刻而美好的印象。

有时女性买家给男朋友买一双鞋，自己对鞋很满意，却说要跟男朋友商量一下。女性买家为男朋友买鞋始于对男朋友的爱，作为卖家，应该把握这个心理，引导买家说出现在不能立即决定购买的原因，并推动对方马上采取行动。卖家这时可以采用如下的语言来回复买家。

- “您好，我可以感觉得出来，您做事非常细心。其实您刚才也说了，这款鞋无论款式还是颜色，您的男友穿都比较适合，可是您又说要等男朋友来了后再说。我想知道，现在主要是哪方面的问题让您难以立即做出决定？”
- “您好，真是羡慕您的男朋友，有您这么一位关心、体贴他的女朋友。上个礼拜也有位男士给女朋友买衣服，我当时还不理解呢，后来才知道他只是想通过这种方式给女朋友制造一份惊喜和浪漫。我相信，您男朋友穿上您给他买的这双皮鞋，也一定会非常开心的，您说呢？”

第 171 讲　卖家与买家沟通时应该和不应该说的话

网上店铺以其看不见、摸不着且仅凭文字、图片、语言交流的特性获得了比实体店更多的经营特质，因此需要卖家付出更多的真诚、耐心与细心。如果信用相同、商品和价格相同的卖家想争个优劣高低，就只能拼服务了。

1. 买家首次咨询时

应该回答“您好，有什么可以帮到您的吗”或“您好，欢迎光临”。

不应该冷淡地说“什么事啊”或“说啊，有啥事”。

2. 买家询问时卖家正好离开计算机且没有设置自动回复时

应该和气地回答：“真的很抱歉，刚才临时有急事，不在计算机旁，没有及时回复您，有什么需要帮助的吗？”

不应该置之不理或不说明离开的理由而直接回答“你说的这个没有”或“你想要哪件商品”等，这样会给买家留下不礼貌、冷淡的坏印象。

3. 买家讨价还价时

应该回答“很抱歉啊，本店定价都是经过再三考虑的，利润有限不接受议价，请多多理解”。

如果不想与买家“理论”太多，可以回答“没关系，您可以再考虑一下，不买都没关系的，非常感谢您的光临，希望以后有合作机会”。

不应该回答“买不起就别买”或“本店不接受讨价还价，还价免谈请绕道”。

4．买家说其他店铺的商品价格便宜时

应该回答“我们不能保证自己所有的商品都是淘宝最低价，但我们一定能保证我们的商品质量和服务。其实，一件衣服上市除了设计、工艺，还有面料、品牌形象等都会影响价格，最主要的是会影响服装的质量和穿起来是否舒适合身。如果一件衣服穿在身上不合适，虽然价格便宜点，可买回去穿几次就不爱穿了，这样的衣服其实更贵，您说是吗”。

不应该回答“那你去买便宜的吧，不要在我们这里浪费时间了”，或者说一些打压同行的话，如“因为他的是假货，而我的是正品”等。

5．买家提出其他不合理要求时

应该回答“真的很抱歉，我们对每个顾客都是公平的，请理解和支持，您也可以考虑后再决定购买，没关系”。

不应该回答“你怎么这么爱占便宜呢”或“你这人要求也太多了吧”，甚至“有多远滚多远，本店奉陪不起”。

6．买家说我们的运费比别的卖家高时

应该回答“在运费上我们承诺绝不会赚您一分钱，快递公司收我们多少我们收您多少”或“也许我们还不是大卖家，发货量有限，还享受不到大卖家的快递折扣，但绝不会在快递上赚一分钱，请放心也请理解”。

不应该回答“嫌高别买啊，没人逼着你买”或“没人说我的运费高，就你这样说”等。

7．买家希望我们为他推荐商品而我们正忙时

应该回答“现在询问的顾客较多，希望您别介意我回复慢，您可以先挑选好宝贝然后我给您参考意见”。

不应该回答“没时间，我很忙”或“我怎么知道你喜欢什么，自己看啊”。

8．买家要我们对她（他）挑选的商品发表意见时

应该实事求是、客观公正，真实且具体地给出建议：“我觉得这样搭配可能比较协调，我觉得你选的个性些，我推荐的可爱些，不过我的意见只能作为参考，主要还是看您的喜好和选择，相信自己的第一感觉一般没错。”

不应该不管三七二十一，为了卖出，不负责任，千篇一律，夸大其词。

9．买家长时间挑选和犹豫不决时

应该真诚地回答“其实您选的这款不错，我觉得这款比较适合您，不用再犹豫了”或“那您慢慢选，我现在顾客较多，请别介意，选好了告诉我就行”。

不应该不耐烦地回答“晕，你都选了 10 多件，两个小时了，还要选到什么时候啊”或“你到底买不买啊，不买别浪费我时间好不好”。

10．买家说我们的商品有质量问题时

应该回答“请别着急，如果的确因为我们的疏忽而造成的质量问题我们不会逃避责任，如果是我们的原因给您带来的遗憾，先说声对不起”。

不应该回答“绝对不可能，你血口喷人”或“有没有搞错，谁知道是不是你自己弄坏的”等。

第 172 讲　怎样应对买家货比三家的心理

货比三家通常是指买家为了选择最满意、最适合的商品，在一定范围和程度的市场调研、咨询后，做出购买决策的行为。市场经济发展越繁荣、越发达，货比三家的现象就越多。

在网上销售商品的过程中，经常会遇到买家货比三家，说其他店铺的商品便宜之类的情况。这当然是一个价格问题，但卖家必须首先分辨买家是真的认为我们的商品比其他店铺贵，还是故意为之，以此作为砍价的借口。

1．认真分析买家的语言

分析买家用哪家店铺的商品与我们的商品进行比较。如果买家拿大品牌的商品与小品牌的商品比较，就应向买家说明，因为品牌的知名度和市场定位都不一样，所以，两者的价格是不能相提并论的。

2．不要贬低其他店铺

如果自己的商品好，就没有必要通过诋毁其他店铺的商品来证明。如果其他店铺的商品比我们的好，也没有必要去贬损他人。因为往往在贬低其他店铺的时候，也贬低了自己在买家心目中的形象。

3．分析自己店铺商品的优势

把自己店铺的商品和竞争对手店铺的商品的优劣势进行详细比较，用数据、证书等直观的方式，从店铺的状况和商品的定位、包装、质量等方面向买家说明。

4．强调完善的服务

告诉买家，自己店铺的高价商品背后有着优于竞争对手的完善的服务体系，它是商家持久发展的重要保障。

5．处理问题的方式

处理买家问题时一定要从容不迫、语气平和，整个过程都要保持自信，但不要自大。处理问题的方式往往比问题本身重要。

第 173 讲　如何应对讨价还价的买家

网上交易，买卖双方是一对矛盾体，卖家希望以高价成交，赚取最多的利润，而买家则希望以最少的费用买到最好的商品。有些卖家面对买家的讨价还价却避而不谈，有些卖家觉得与买家讨价还价是在浪费时间。

在沟通过程中，买家一般会对商品的价格提出异议。事实告诉我们，讨价还价的过程可能直接影响乃至决定交易的成败。作为网店经营者，必须掌握一些讨价还价的策略和技巧。这里列出 9 种常见的应对买家砍价的技巧。

1．较小单位报价法

较小单位报价法是指将报价的基本单位缩至最小，以隐藏价格的“昂贵”，使买家产生“价格不贵”的错觉。例如，名牌鞋垫一打是 12 元，那么“每双 1 元”会让买家听起来很舒服；每斤茶叶 200 元，“20 元一两”更容易被人认可。买家听到这种形式不同而实质相同的报价，其心理感受是大不相同的。

2．证明价格是合理的

无论出于什么原因，任何买家都会对价格产生异议，大都认为商品价格比他想象的要高得多。这时，店主必须证明商品的定价是合理的，证明的办法就是多讲商品在设计、质量、功能等方面的优点。通常，商品的价格与这些优点有相当紧密的关系，正所谓“一分钱，一分货”。

卖家可以应用说服技巧，透彻地分析并讲解商品的各种优点。

当然，不要以为价格低了买家就一定会买。大幅度降价往往容易使买家对商品产生怀疑，认为它是有缺陷的，或是滞销品。只要能说明定价的理由，买家就会相信购买是值得的。

3．在小事上让步

在讨价还价的过程中，买卖双方都要作出一定让步。尤其是卖家，如何让步是关系到整个沟通成败的关键。

就常理而言，虽然每个人都愿意在讨价还价中得到好处，但并非每个人都是贪得无厌的，多数人只要得到一点点好处就会感到满足。因此，卖家在沟通中要在小事上作出十分慷慨的样子，使买家感到自己得到了优惠或让步。例如，免费向买家提供一些廉价的、微不足道的小零件或包装品可以增进双方的友谊。

4．比较法

为了消除价格障碍，卖家在沟通中采用比较法，往往能收到良好的效果。

比较法通常是拿所推荐的商品与另外一种商品相比，以说明价格的合理性。在运用这种方法时，如果能找到一个很好的角度来引导买家，效果会非常好，如把商品的价格与日常支付的费用进行比较等。

一位家电卖家这样解释商品的价格："这台全自动洗衣机的价格是 3000 元，但它的使用期是 10 年，这就是说，每年只花 300 元，每月只花 25 元左右，每天还不到 1 元钱。考虑到它能节约那么多的时间，1 元钱又算什么呢？"

5．尾数报价

卖家报价时，保留价格尾数，采用零头标价（如报价 9.98 元，而不是 10 元），使价格保持在较低的档次。这样，一方面给人以便宜感，另一方面又因其标价精确给人以信赖感。

6．讨价还价要分阶段进行

和买家讨价还价要分阶段进行，不能一下子降得太多。有的买家故意夸大其词，甚至用威胁的口气，并装出要离开的样子吓唬卖家，如"价格有点贵，我看看再说吧"。这时千万不要"上当"，一下子把价格压得太低。卖家可以表现出很棘手的样子，如通过阿里旺旺发送一个"思考"的图标，实在没办法就稍微降低一点价格，切忌一下降得太多。

7．讨价还价不是可有可无

通过讨价还价，买家会相信卖家说的都是实在话，自己确实买到了便宜货。同时，也让买家相信卖家的态度是很认真的，不是商品质量不好才让价，而是被逼得没办法才被迫降价，这样一来，会使买家产生买到货真价实的商品的感觉。

卖家千方百计地与买家讨价还价，不仅能使商品卖个好价钱，也能使买家觉得“战胜”了卖家，获得了便宜，从而产生一种满足感。假如让买家轻而易举地把价格压下来，其满足感则很淡，而且还会有进一步压价的危险。

8．不要一开始就亮底牌

有些卖家不讲究价格策略，一开始就把最低价抛出来，这种做法的成功率是很低的。要知道，在沟通的初始阶段，买家是不会相信卖家的“最低报价”的。

9．如何应对讨价还价

在买家中，确实有一部分人胡搅蛮缠，没完没了地讨价还价。这类买家与其说是想占便宜，不如说是成心捉弄人。即使卖家告诉他最低价格，他仍会要求降价。对付这类买家，卖家在讨价还价过程中要多花点时间，每次只降一点，而且降一点就要说自己“又亏了”，这样降个五六次，他也就满足了。

总之，面对买家的讨价还价，灵活运用以上策略，大都可以轻松应付。

第 174 讲　买家购买多件商品要求打折怎么办

因为卖家的错误，有些店铺每天都在上演着主动驱逐买家的一幕，只不过卖家自己并不知道，还继续用错误的方式与买家沟通，继续主动驱逐买家。

如果遇到买家购买多件商品要求打折，卖家可以首先认同对方的感受，然后一定要通过商品的不同之处、优越性及令人信服的质量保证等来说服买家，让买家知道商品物有所值。如果对方还是不依不饶，则可以通过向老板申请或者赠送小礼品等让步达成交易。一定要让买家感觉到我们在尽力帮助他解决这个问题，语气要真诚，态度要诚恳。这样，即使最后没有对买家做出任何实质性的让步，买家也会明白我们确实已经尽力了。很多买家其实不一定是冲着那点折扣，关键是需要一个购买的理由或台阶。

买家购买多件商品要求打折时，可以回复：“您好，我可以理解您的这种心情。如果我是您的话，我也会认为多买几件就应该得到一些折扣。不过，这一点一定要请您多包涵，您作为我们的老顾客一定也很清楚，我们店的商品都是实实在在的价格，所以还要请您多理解和支持我的工作。不过考虑到您的情况，这样吧，我送您一个很实用的赠品，您看行吗？”

第 175 讲　引导买家购买商品的绝招

咨询在线客服的买家，大多数都能成交。但这并不是顺理成章的，卖家等着收钱就行了，相反，还需要在线客服人员付出巨大的努力。而且，如果方法对头，还可能使大多数之外的那一小部分买家购买。当今商业竞争日益激烈，买家不一定会非常痛快地作出购买决定，这就更需要卖家循循善诱、想方设法地让买家购买。

一般来说，使用如下几种方法可以引导买家购买商品。

1．引导成交法

如果买家有心购买，只是认为商品的价格超出了自己的预算，这时，只要向他进行意向引导，一般都能使洽谈顺利进行下去。事实上，“引导”的一切行动都是由在线客服人员安排的，但在买家看来，一切都是由他自己设计的，一直到交易成功，他都以为自己占了便宜。

引导在买卖交易中的作用很大。它能使买家转移脑中所考虑的对象，产生一种想象。这会使买家在购买过程中变得特别积极，在他们心中也会产生一种希望交易尽早成交的愿望。

2．用途示范成交法

在向买家介绍商品时，少不了要介绍商品的用途，但并不是仅仅把商品的功能罗列出来就可以了，还需要向买家演示，如利用摄像头现场示范或拍摄一些视频短片发送给买家，这往往会加深买家对商品的印象，使买家获得一种安稳的感觉，增加他们对商品的信任感。这样，买家一方面早已心动，一方面亲自体会了商品的特别，所以会毫不犹豫地进行交易。

3．不断追问成交法

有的买家在购买商品时，左思右想，举棋不定。对待这类买家，使用不断追问的方法就非常有效。使用这种方法的前提是对买家要有耐心，充满热情。

4．加压式成交法

对买家施加压力并不是强迫买家购买，而是运用一种心理战术，使买家在无形中感到一种压力，促使他们尽快成交。使用这种方法必须做好充分的准备，而且要求在线客服人员具有非常好的应变能力，让买家感觉到卖家是在为他着想，处处为他考虑，这样，成交的概率就非常高了。对于看中商品又不着急购买的买家，使用这种方法是最好不过的了。

第 176 讲　预防恶意差评，将骗子扼杀于摇篮中

网上购物的人越来越多，但是在交易量和人数急剧增加的同时，也有越来越多的交易纠纷出现，一些不良买家可能会对卖家进行恶意评价和恶意投诉。下面介绍一些预防恶意差评的方法。

- 在发布商品之前，应仔细核对商品价格，最好采用“双保险”，在宝贝描述里标明具体价格，万一发布的价格有错误，在宝贝描述里也有据可查。
- 务必在店铺公告、介绍或者宝贝描述页面注明注意事项，如“在本店购买商品前需先和卖家沟通确认有无商品”，“擅自拍下造成的一切后果由买家承担”。这样，即使买家恶意拍下，以后在投诉过程中将之出示给淘宝网客服，对卖家也是很有帮助的。
- 在做好以上两点后，万一还有不良买家要挟，说要给差评和投诉，不要害怕，先客气地与他协商。买家提出无理要求时，该义正辞言就义正辞言，退缩反而会助长对方的嚣张气焰。但千万不要辱骂和侮辱买家，这样对方就可以借题发挥了。
- 看买家信誉。如果没有信誉或者信誉很差，那么这单生意不做也罢。
- 看送货地址、电话、联系人等是否属实。在发货前，最好通过阿里旺旺或淘宝网站内信确认一下，如果对方不在线，最好打电话核实一下。
- 一定要把阿里旺旺聊天记录保存好。务必学会截图，有了截图，遇到买家恶意投诉的时候，就可以把阿里旺旺截图提供给淘宝网。
- 如果已经遭遇恶意差评，可以拨打淘宝网客服电话进行投诉，提供所有交易和聊天记录。注意，一定要确保证据的一致性，确认此人的身份，并说明事情的严重性，淘宝网一定会受理的。

第 177 讲　如何对待未成交的潜在买家

无论是因为价格、宝贝款式还是其他原因没有成交的潜在买家，都不该被我们冷落。因为对方光顾我们的店铺就是对我们的鼓励，向我们询问就是对我们的信任，对未成交的买家，我们应该表示歉意。

- “抱歉，这里没有您合适的，您再到别处看看，希望您能找到更满意的，我也会为您留意的，如果找到，我通知您。”

➢“对不起，我的报价没让您满意，但我确实不能再让了，买卖不成仁义在吧，愿意交您这个朋友，随时欢迎您的再次光临。”

保持一颗平常心及一种平和的态度，即使没有把宝贝卖出去，也要让买家认可自己的为人，这样才能长久地经营下去。

第 178 讲　各种砍价类型的应对实战

作为卖家，难免会遇到砍价的买家。那么，如何应对那些把价格压到死角的买家呢？这是令所有卖家头痛的事。下面介绍几种砍价类型的应对方法。

1．无奈型

买家说：“我支付宝里的钱不够了，现在充不上钱。”

一般这些买家都是差几角钱或几元钱。遇到这样的买家，如果情况属实，买家又确实很喜欢这件商品，在不赔本的情况下，可以成交。

2．利诱型

买家说：“我下次一定会再来的哦。”或者说：“我下次会介绍朋友来的。”

遇到这样的买家，只要价格不是低得太多，可以适当让利成交，毕竟我们看中的是买家身后的市场。

3．爽快干脆型

买家说：“50 元包快递行吗？行我就拍了，不行就算了。”（例如商品标价 52 元。）

既然买家这么直接，可以以不赔本为前提直接答应买家成交，不能成交就委婉拒绝。对于这种买家，千万不能有情绪，如果真有还价的余地而我们又想做这单生意，可以免邮费或送点小礼品。如果确实不能接受买家要求的价格，就直接说：“我只是一个客服，不是老板，每个月只有 1000 元工资，卖得太便宜，老板还要扣我工资的，敬请谅解。”

但是，这类买家有时说的也不是实话，即使卖家没有降价，买家也一样购买。所以，无论如何都不要做赔本买卖，信用虽然重要，可是开店还是为了赚钱。

4．死缠烂打型

这种买家最厉害，为了几元钱可以说来说去。如果是学生，那就让一点；如果是白领，那就要告诉他，老板有规定，店铺的优惠种类只有会员优惠和指定区域优惠。

总之，应对砍价时，要注意保持良好的心情，不管买家以什么样的语气讲话，都应该保持谦虚和善，这样才会让双方更愉快。同时，要尽量让自己的宝贝物超所值，比买家想象的好一点。还有最后一点，既然是做服务的，就要以服务为宗旨，有时也得站在买家的角度考虑，商品要物美价廉才具有吸引力。要理解买家，从自己做起，不断改善自己的定价策略。

第 179 讲　快速促成交易的几种有效方法

下面介绍几种快速促成交易的有效方法。

1．优惠成交法

优惠成交法又称让步成交法，是指通过提供优惠条件促使顾客立即购买的一种方法。这种方法主要利用顾客购买商品的求利心理，通过销售让利促使顾客成交。这种方法能够增强顾客的购买欲望，融洽买卖双方的人际关系，有利于双方长期合作。

这种方法尤其适用于销售某些滞销品，减轻库存压力，加快存货周转速度。但是，采取优惠成交法，通过让利来促成交易，必将导致销售成本上升，若没有把握好让利的尺度，还会减少销售收益。

在使用优惠成交法时，销售人员要注意以下 3 点。

- 让顾客感觉自己是特别的，优惠只针对他一个人。
- 千万不要随便给予优惠，否则顾客会提出进一步的要求，甚至是我们不能接受的要求。
- 表现出自己的权力有限，需要向领导请示："对不起，在我的处理权限内，我只能给您这个价格。"然后话锋一转，"不过，因为您是我的老客户，我可以向经理请示一下，给您一些额外的优惠。但我们这种优惠很难得到，我也只能尽力而为。"这样，顾客的期望值不会太高，即使得不到优惠，也会感到我们已经尽力，不会埋怨我们。

2．保证成交法

保证成交法是指销售人员直接向顾客提供成交保证来促使顾客立即成交的一种方法。所谓成交保证，是指销售人员对顾客所允诺担负的交易后的某种义务。保证成交法针对顾客的忧虑，通过提供各种保证来增强顾客的决心，既有利于顾客迅速作出购买决定，也有利于卖家有针对性地化解顾客异议，有效促成交易。采用此法必须"言必信，行必果"，否则势必失去顾客的信任。

- 使用保证成交法的优点

➢ 可以消除顾客的成交心理障碍。
➢ 可以增强顾客成交的信心。
➢ 可以增强说服力和感染力。
➢ 有利于销售人员妥善处理与成交有关的异议。

- 使用保证成交法的时机

➢ 当商品单价高昂，成交金额大，风险大，顾客对商品不十分了解，对其性能、质量没有把握，存在成交心理障碍，犹豫不决时，应向顾客提供保证以增强顾客成交的信心。
➢ 顾客对商品的销路尚无把握，或者在顾客的心目中商品的规格、结构、性能复杂，这时应向顾客提供保证，减少其疑虑。
➢ 顾客对交易后可能遇到的一些问题还有顾虑，如运输问题、安装问题等。此时应通过提供保证，解除顾客的后顾之忧，促使其尽快作出成交决定。

如下对话就使用了保证成交法与顾客进行沟通。

> 买家：“如果我买了这个商品以后，发现问题，比如质量问题，怎么办呢？”
> 卖家：“我们商品的生产过程是非常严谨的，绝对没有问题。万一出现问题，我们将马上给您更换。”

3．从众成交法

从众成交法也称排队成交法，是指销售人员利用顾客的从众心理，促使顾客立刻购买商品的一种成交方法。运用此方法前，必须分析顾客类型和购买心理，有针对性地适时采用，积极促使顾客购买。

从众成交法利用了顾客的从众心理，可简化销售人员劝说的内容，降低劝说的难度，但不利于准确、全面地传递各种商品信息，对于个性较强、喜欢表现自我的顾客，往往会起相反的作用。

使用从众成交法时出示的有关文件、数据必须真实可信，采用的各种方式必须以事实为依据，不能凭空捏造、欺骗顾客，否则，受从众效应的影响，不但不能促成成交，反而会影响信誉。

例如，顾客看中了一台微波炉，却没有决定是否购买。这时可以告诉顾客：“你真有眼光，这是目前最为热销的微波炉，平均每天要销 50 多台，旺季还要预订。”如果顾客还在犹豫，可以说：“我们员工也都在用这种微波炉，都说方便实惠。”这样，顾客很容易就能做出购买决定了。

4．先买一点试用

当顾客想要购买商品，却对商品没有信心时，可建议他先买一点试用。只要顾客对商品有信心，虽然刚开始订货数量有限，然而试用满意之后，就可能大量购买了。这一技巧既可以帮助顾客做出购买决定，也不会留给顾客急功近利的感觉。

5．机不可失成交法

这种方法主要利用人们“怕买不到”的心理。人们对越是得不到、买不到的东西，越想得到、买到，这是人性的弱点。一旦顾客意识到购买这种商品是难得的良机，那么他会立即采取行动。机不可失成交法正是抓住顾客“得之以喜，失之以苦”的心理，通过给顾客施加一定的压力来敦促其及时做出购买决定。

机不可失成交法利用人们害怕失去能够得到的某种利益的心理，可以引起顾客的注意，刺激顾客的购买欲望，避免顾客在成交时提出各种异议。把顾客成交时的心理压力变成成交的动力，促使他们主动提出成交。

在使用这种方法的时候要注意以下几点。

- 限数量，主要是表示“购买数量有限，欲购从速”。
- 限时间，主要是在指定时间内享有优惠。
- 限服务，主要是在指定的数量内会享有更好的服务。
- 限价格，主要是针对要涨价的商品。

6．二选其一法

假如顾客已经确定购买，却又犹豫不决，拿不定主意，可采用“二选其一”的技巧。例如，对顾客说：“请问您要这条深色的还是那条浅色的呢?”只要买家选中一个，其实就相当于销售人员帮顾客拿主意、下决心了。

7．不断追问成交法

有这样一类顾客，在购买商品时，左思右想，举棋不定。对待这类顾客，这种销售方法最有效。对顾客要有耐心，充满热情，专心致志地听他说。对于顾客所说的，千万不可妄加评论。

8．用途示范成交法

在向顾客介绍商品时，免不了要介绍商品的用途，但这并不意味着仅仅罗列商品的用途，还需要进行演示。例如，利用摄像头现场示范或者拍摄一些视频短片，往往会加深顾客对商品的印象，使顾客获得一种安稳的感觉，增加他们对商品的信任感。这样，顾客一方面早已心动，一方面体会了商品的特点，就会毫不犹豫地购买了。

第 15 章 用完善的售后服务吸引回头客

开店指导

售后服务是整个交易过程的重点。售后服务和商品的质量、信誉同等重要，在某种程度上，售后服务的重要性或许会超过信誉，因为有时信誉不见得是真实的，但适时的售后服务却是无法做假的。优质的售后服务会带给买家非常好的购物体验，可能使这些买家成为店铺的忠实客户，以后经常购买店铺的商品。

第 180 讲　如何做好售后服务

有些卖家认为，商品卖出后就“万事大吉”了，其实不然，好的售后服务可能会给我们带来更多忠实的买家。

1．树立售后服务的观念

做好售后服务，首先要树立正确的售后服务观念。卖家都应该建立一种“真诚为客户服务”的观念。服务有时很难做到让所有顾客百分之百满意，但只要在“真诚为客户服务”这一思想的指导下，问心无愧地做好售后服务，就一定会得到回报。

2．交易结束及时联系

成交后，卖家应主动和买家联系，避免成交的买家由于没有及时联系而流失。及时联系买家应该做到以下几点。

- 通过阿里旺旺发送信息，再次确认商品详细信息、收货地址和联系方式等，以免发错货，造成不必要的麻烦。
- 由于网络有时不稳定，有些买家的电子邮箱不一定能及时收到邮件，所以，如果买家两天内没有回复邮件，可以主动打电话询问其是否收到了邮件。
- 货到后及时联系买家，询问买家对商品是否满意、商品有没有破损。如果商品没有问题，就请对方确认并评价。如果商品存在问题，因为卖家是主动询问的，也会缓和一下气氛，有利于解决问题。很多事情从情理上讲，争取主动要比被动更容易占“上风”。当然，遇到“胡搅蛮缠”的买家则另当别论。

3．随时跟踪包裹去向

买家付款后要尽快发货并通知买家，货物寄出后要随时跟踪包裹去向，如有意外，要尽快查明原因，并向买家解释说明。例如，一位卖家发了一个包裹，在查询时发现两天了运输地点也没有变化，就马上询问快递公司，原来是买家所在地区下了大雪，无法送件，卖家向买家说明情况后，买家表示理解，从而避免了差评。

4．交易结束如实评价

评价是买卖双方对于一笔交易的最终看法，也是潜在买家的一个重要参考因素。好的信用会让买家放心购买，差的评价往往会让买家望而却步。交易结束要及时作出评价。信用至关重要，无论是买家还是卖家，都很在意自己的信用。在完成交易后及时作出评价，会让其他买家看到自己信用度的变化。

5．认真对待退换货

商品寄出前最好认真检查一遍，千万不要发出残次品，也不要发错货。如果因运输而造成商品损坏或因商品本身的问题买家要求退换货时，也应痛快地答应买家的要求，说不定这个买家以后会成为店铺的忠实客户。

6．用平和的心态处理投诉

因为来自五湖四海的买家性格各异，货物运输能力也有不足之时，所以不可避免地会出现各种各样的纠纷。面对纠纷，能和平解决的尽量和平解决，如果真的遇到居心不良或者特别固执的买家，也要拿起合法的“武器”据理力争。

7. 管理买家的资料

随着信誉的增长，买家越来越多，管理买家资料也变得越来越重要。卖家应该好好总结买家群体的特征，因为只有全面了解买家的情况，才能确保自己销售的商品正好是买家喜欢的，从而使店铺有更好的发展。最好建立一个买家资料库，及时记录每个成交买家的联系方式。

8. 定期联系买家，发展潜在的忠实买家

忠实买家所产生的销售额通常能够达到一定比例，所以，对于曾经购买店铺商品的买家，除了要做好第一次交易，更要做好后续的维护工作。

- 定期向买家发送有针对性的、他可能感兴趣的商品信息，把忠实买家设定为自己的 VIP 买家，制定相应的优惠政策，例如享受新品优惠等。
- 定期回访，通过电话、阿里旺旺或者电子邮件关心买家，与他们建立良好的关系，同时可以从他们那里得到很多意见和建议。

> 世界很大，买家“千奇百怪”，再完美的售后服务也无法使每一位买家都能如愿以偿。认真去做，但求无悔。

第 181 讲　站在买家立场，为买家着想

多为买家着想，不仅售前、售中的服务要做好，售后的服务也要做好。让买家买得开心，他才会把我们当朋友，下次自然还会再来买东西，而且会给店铺好评，向自己的朋友推荐我们的店铺。

设身处地为买家着想是做到始终以买家为中心的前提。经常进行换位思考是非常重要的，设身处地为买家着想就意味着要站在买家的角度去思考问题并理解买家的观点，只有这样，才能吸引忠实的客户。

1. 卖家换位成买家，更容易与买家沟通

卖家对自己的商品很了解，但如何把这种了解传递给买家，就要讲究方法了。把自己当成买家，真实、客观地介绍商品的性能、品质，有助于买家对商品产生更为真实的印象，为以后的交易达成打下基础。

2．卖家换位成买家，更容易达成交易

客观、真实地回答买家的问题，“知之为知之，不知为不知”，能让买家觉得这是一个诚实守信的卖家，进而觉得店铺的商品也是“一分钱，一分货”。有了这种心灵上的沟通，交易也就更容易达成了。

3．卖家换位成买家，能有效减少交易纠纷

由于卖家以买家的身份来看待自己的商品，所以在与买家沟通时，必然会实事求是地讲解自己的商品，并告诉买家商品的优点和缺点。当然，在说到缺点时，一定要强调商品的价格与价值是一致的，这样才不至于让买家总是想到商品的缺点。经过这样的沟通而达成的交易，产生纠纷的可能性是极小的。

4．把买家的问题当成自己的问题

在销售过程中，只有把买家的问题当成自己的问题来解决，才能赢得买家的信赖。适当地为买家着想，会使卖家与买家之间的关系更加稳定，也会使合作更加长久。

5．为买家提供省钱的建议

时时刻刻为买家着想，站在买家的立场上来看待问题，先不考虑从中得到的利润，而是帮助买家想想怎样才能省钱——其实这也是在帮买家赚钱，帮助他们以最少的投入获得最多的回报。

其实，先为买家省钱，然后自己从中赚钱，这并不矛盾。因为，当买家充分信任我们之后，才会继续与我们合作。

第 182 讲　避免与顾客发生争执

古人说得好：“和气生财。”做生意以赚钱为目的，争执只不过是要出口气，结果生意上吃了亏，可谓得不偿失。或许卖家是一个争强好胜、喜欢争辩的人。好胜是无可非议的，但好胜应当用在对事业的追求上，为一点不影响大局的琐事而火冒三丈，只会伤害顾客，给顾客留下不好的印象，想成功交易自然不可能了。可见，受损失的还是卖家，而且卖家的“胜利”没有任何意义。

一定要避免与顾客发生正面冲突，这样才能博得顾客的好感，获得真正意义上的胜利。从心理学角度来讲，这主要是指在销售的过程中要尊重顾客的意思，满足顾客的心理需求，顾客只有感觉到自己的需求得到了满足，才能够对卖家和卖家的商品产生好感。

在顾客与卖家之间，顾客永远是对的。因为卖家追求的是利润，嘴上占便宜没有多少实际意义，是否成交的最后决定权在顾客那里。因此，在商业活动中，要与顾客进行语言沟通，认真倾听顾客的意见甚至抱怨，斗气是卖家的大忌。切记，得理不让人只会失去顾客。

理解顾客有与自己不同的认识和见解，允许顾客发表不同的意见。此外还要注意：绝不能口出狂言、恶语伤人，自己的言行要谨慎，要勇于说“对不起”。每个人都有可能犯下小错，或者犯下一些非自己所为的“错”。当自己做错时，要有勇气承认错误，说“对不起”不代表真的犯了什么天大的错误或者做了什么伤天害理的事，而可以把它当成一种软化剂，使事情最终有缓解、转化、沟通的余地。

第 183 讲　服务老顾客，留住回头客

生意的好坏，主要取决于新顾客的消费和老顾客的重复消费。开发一个新顾客的成本比留住一个老顾客要高 4 倍，所以，老顾客的数量决定了生意的好坏。因此，要多搞活动，留住老顾客。

抓住每一个顾客，留住回头客、老顾客，让他们成为永远的“上帝”，需要做到以下几点。

1．把握商品质量

质量是维护顾客忠诚度最好的保证，是对付竞争者最有力的武器，是保持增长和赢利的第一要务。只有在商品的质量上下工夫，保证商品的耐用性、可靠性、精确性等价值属性，才能取得优势，为商品的销售及品牌的推广创造一个良好的运作基础，真正吸引顾客并留住回头客。

2．诚实待客

做生意一定要诚实，靠欺骗顾客是不会长久的。顾客是最聪明的，也是最公正的，只要在一家店铺上过当，日后定会避而远之，而且可能会给店铺差评，结果必然是顾客越来越少。

3．处处优先考虑老顾客

无论是货源采购还是售后服务，对待老顾客要比对待新顾客更好，这样才能体现出对老顾客的重视。可以给老顾客提供折扣并将限量商品优先推荐给老顾客，也可以让老顾客在第一时间获得新商品的资料和动态。如果给不了太多优惠，最简单的办法就是给老顾客免掉邮费，这相当于给老顾客一个长期折扣。

4. 建立客户档案，定期回访

制作一份顾客姓名、联系电话、地址、购买商品的详细清单，方便回访。

5. 提供优惠

优惠主要包括打折、送优惠券、送“红包”等。例如，对曾经买过东西的顾客，都送 5 元购物“红包”，用于购买任意商品。使用这个方法的关键是控制成本，一定要在吸引顾客和保持利润之间取得平衡。

6. 介绍策略

请成功购买店铺商品的顾客介绍自己的朋友前来购买，并向这些顾客赠送一些小礼物。这类策略特别适合商品有竞争力的店铺，以好货吸引顾客再次购买。

7. 节假日回访

定期对顾客进行回访，节假日花几分钟时间真诚地给买家发送贺卡、问候留言等，都有助于维护客户关系。顾客也会感觉到卖家的尊重和惦记，同样，他再次购物时也会想起这样的卖家。

8. 日常回访

一般建议淘宝网卖家使用阿里旺旺或者淘宝网站内信给买家留言，这样买家登录淘宝网的时候就可以看到了。

进行回访，一是让买家觉得卖家在关心他，若没有按时到货，最好及时为买家查询，二是有利于买家及时给出好评。买家会因为卖家热心周到的服务而感动、感激，觉得这是一个可以信赖的卖家；卖家也赢得了更多的回头客，生意越来越好，还能结交很多朋友。

第 184 讲　勇于承认错误是成交的技巧之一

人非圣贤，孰能无过？中国的古人已经给我们指出了对待失误的态度。作为买家，最厌烦的就是卖家用各种理由去解释自己没错，总是推卸责任。买家是活生生的人，有不满的情绪需要发泄当然可以理解，即使面对故意或恶意的买家，卖家也先要勇于承认错误和失误。

卖家要用淡然、平和的心态来友善地对待所有买家。可以说，99% 的买家都想顺利地买到自己中意的商品，所以卖家没有理由不为他们提供完善的服务。买家可能会因为卖家的主动承认、勇于承担、敢于赔偿而和卖家成为莫逆之交，而且这种情谊往往比传统的成交更有意义。

无论是卖家还是买家，多一份宽容，多一份理解，多一份坦诚，才会多一份信任。有了诚信的网购环境和网购风尚，店铺才能有更多的生意。

第 185 讲　顾客为什么会抱怨

顾客抱怨是因为感到不满。顾客满意度主要涉及 3 个方面，分别是顾客的期望值、商品和服务的质量、卖家的态度与方式。

1．顾客的期望值

一般情况下，顾客的期望值越高，购买商品的欲望也就越高。但是，顾客的期望值越高，顾客的满意度就越低；顾客的期望值越低，顾客的满意度就越高。因此，卖家应适度管理顾客的期望值。当期望值管理失误时，就容易导致顾客抱怨。

顾客期望值管理失误主要体现在两个方面：一是“海口”承诺与过度销售，如有的网上店铺承诺包退包换，但是一旦顾客提出此类要求时，总是找理由拒绝；二是夸大商品的功能，结果当顾客见到实际商品时，发现不符，进而产生不满。这些管理的失误会导致顾客在消费过程中有失望的感觉，从而产生抱怨。

2．商品和服务的质量

顾客对商品的质量和性能不满意，主要表现在以下几个方面。

- 商品本身存在的问题，如质量没有达到规定的标准。
- 商品包装问题导致商品损坏。
- 商品出现小瑕疵。
- 顾客没有按照说明书操作而导致出现故障。

3．卖家的态度与方式

错误的推荐技巧和工作态度都将导致顾客不满，进而产生抱怨，这主要表现在以下方面。

- 服务态度差，不尊重顾客，缺乏礼貌，言语不当，用词不准，引起顾客误解。
- 缺乏耐心，对顾客的提问或要求表示烦躁，不情愿，不够主动；对顾客爱理不理，言语冷淡，似乎有意把顾客赶走。
- 缺乏专业知识，无法回答顾客的提问或者答非所问。
- 过度推销，过分夸大商品的好处，引诱顾客购买，或者有意设立“圈套”让顾客“中计”，强迫顾客购买。

第 186 讲　处理顾客抱怨的策略与技巧

在销售的过程中，卖家可能会遇到顾客各种各样的抱怨。如果不能正确处理顾客的抱怨，将给店铺带来极大的负面影响。一定要积极地回应顾客的抱怨，适当地对顾客进行解释，消除顾客的不满，让他们传播店铺的好名声而不是负面消息。处理顾客抱怨的策略主要有以下几个方面。

1．重视顾客的抱怨

通过顾客抱怨，不仅可以增进卖家与顾客之间的沟通，而且可以找出经营与管理中存在的问题，发现店铺需要改进的领域。

2．及时道歉

当出现顾客抱怨事件时，卖家必须主动向顾客道歉，要让顾客知道卖家因为给顾客带来不便而感到抱歉——即便不是卖家的过错——不管是谁的过错，卖家所要做的第一件事就是向顾客道歉。

3．耐心多一点，没错也承认有错

要耐心地倾听顾客的抱怨，不要轻易打断顾客的投诉，不要批评顾客，而是要鼓励顾客倾诉，让他们尽情宣泄心中的不满。当顾客得到了发泄的满足感之后，就能够比较自然地听一听客服人员的解释和道歉了。

4．态度好一点，语言得体一点

态度谦和友好，会促使顾客平复心绪，理智地协商并解决问题。顾客对商品不满，在发泄的陈述中有可能言语过激，若与之针锋相对，势必使关系恶化。因此，在解释问题的过程中，措辞也应十分注意，要合情合理，得体大方，尽量用婉转的语言与顾客沟通，即使是顾客的抱怨中有不合理的地方，也不要过于冲动，否则只会使顾客失望。

5．倾听顾客的诉说

卖家应以关心的态度倾听顾客的诉说，然后用自己的话把顾客的抱怨内容重复一遍，确信已经理解了顾客抱怨的问题所在，而且对此已与顾客达成一致。如果可能，告诉顾客自己愿意想尽一切办法来解决他提出的问题。面对顾客的抱怨，应掌握聆听的技巧，从中找出顾客抱怨的真正原因及期望的结果。

6．正确、及时地解决问题

对于顾客的抱怨应该及时、正确地进行处理，拖延时间只会使顾客的抱怨变得越来越强烈。例如，顾客抱怨商品质量不好，卖家通过调查研究，发现主要原因在于顾客使用不当，这时应及时通知顾客维修产品，告诉顾客正确的使用方法，而不能简单地认为与自己无关，不予理睬。如果发现商品确实存在问题，应该给予赔偿，尽快告诉顾客处理结果。

7．记录顾客抱怨与解决的情况

对于较复杂的事件，需要详细询问顾客问题发生的缘由与过程，详细记录事件的时间、人物、经过等细节，理解顾客的心情，并告知顾客准确的回复时间。要善于在处理顾客抱怨的过程中发现问题。如果是商品质量问题，应该及时通知生产商。对于服务态度与技巧，应该加强对相关人员的教育与培训。

8．追踪调查顾客对于抱怨处理的反馈

处理完顾客抱怨之后，应与顾客积极沟通，了解顾客对处理结果的态度和看法，增加顾客的忠诚度。

第 187 讲　向买家退款时的注意事项

做生意谁都想一帆风顺，马到成功，可是也难免会有不顺利的事情发生。顾客购物后因为某些原因要求退款，在现实生活中会有，在网上购物中也很常见。为了保证店铺的利益不受太大的损失，在退款时一定要注意以下几点。

1．买家声称“没收到货”

如果买家确实没收到货，淘宝网支持“全额退款”。但是，有很多买家是在收到货的情况下仍说没收到货，要求申请全额退款，这时一定要小心，根据快递单号就可以知道买家是否已经签收。

2．看清买家申请退款的金额

做生意难免会有失败。一旦交易失败，买家对商品不满意，要求全额退款，或者只付卖家一半的运费时，一定要在退货时协商退款的金额。

3．处理退款协议时要看清是“同意退款”还是“不同意退款”

做生意的人往往都是很忙的，所以处理事情都很讲究时效。但是，在关键时刻一定不能马虎。在与买家协商好退款金额后，一定要记住对买家申请的退款是“同意”还是“不同意”，如果在不同意的情况下选择了“同意”，那么前期所做的工作就将付之东流了。

4．尊重买家的建议，但不盲从

有的买家会故意刁难甚至威胁新手卖家，声称如果不退款则要给差评或投诉，但大多数买家还是值得信赖的，不要因为买家对商品不满意就手足无措，没有谁的商品是十全十美的。

第 188 讲　如何面对强烈要求退货的买家

容易退货是对买家购买动机影响力最强的因素，甚至超过了对服务和商品的选择。因此，卖家应该清楚地告诉买家，什么样的条件下可以退货，以及往返运输费用由谁来承担，否则买家会因为不清楚退换货条件而犹豫是否购买。

买家要求退货，通常有 3 种情况：第一是商品有缺陷，存在质量问题；第二是商品本身质量完好，但是商品过时，技术落伍，买家反悔，特别是服装类商品，常常是买家收到之后以“我不喜欢，款式不是图片上的”等理由要求退货；第三是买家在质量保证期或维修期内退货，要求更换或者维修。

退货是每个卖家必须面对的一个重要问题。那么，卖家应该如何预防退货，使得退货损失最小化呢？

1．制定合理的退货政策

对于退货条件、退货手续、退货价格、退货比例、退货费用分摊、退货货款回收及违约责任应制定一系列标准，利用一系列约束条件平衡由此产生的成本和收益。

2．加强验货

在进货、发货等环节加强验货，尽可能确保在将商品发给买家前发现商品的缺陷。

3．引入信息管理系统

仅仅依靠手工和大脑无法准确、实时地把握商品管理的每个环节。在淘宝网，专业化的（或者说皇冠级别以上的）卖家都引进了客户管理系统，只要买家报上自己的 ID，卖家就可以查看其具体消费情况。现在，很多皇冠级卖家都拥有自己的自动化退换货管理系统。

4．采取“少进勤添”的进货方式，提高进货质量，把握进货种类

加强每日销量预测，不要一次进太多商品，合理、高效地安排商品供应，少进勤添，以

减少盲目进货，千万不要贪图进货量大就可以得到的便宜价格，如果商品销售不出去，资金周转不灵，那就更加困难了。

第189讲　正确对待中差评

网上卖家都很关注自己的信用度，因此对买家的评价也越来越敏感，总希望得到100%好评。一般而言，只要交易比较顺利，买家还是愿意给好评的。但是，在网店经营中难免会碰到一些挑剔顾客的差评。作为卖家，莫名其妙得到一个差评，会觉得委屈。那么，如何面对中差评，就是卖家必须要考虑的问题。

1．反思

碰到中差评，卖家首先应该自我反思，检查自己在交易过程中是否犯错、服务是否周到，而不要首先寻找借口为自己开脱。如果反思过后，发现自己确实有工作不到位的地方，就要吸取教训，并在以后的工作中逐渐改善。如果发现是买家的误解，最好和买家联系，说明事实真相，但千万要注意措辞，不要因为自己占理而口无遮拦。

2．千万不要生气

面对中差评，如果错误在卖家自己，还有理由生气吗？而如果卖家诚实经营，发生问题后也和买家认真地沟通，就应该坦然面对，正所谓“身正不怕影子斜”。如果工作全部到位，可买家还是说三道四，也千万不要为此生气，更不要说难听的话去报复买家，不如把时间和精力集中到其他买家身上，努力用更多的好评去掩盖住少数的中差评，照样会获得其他买家的信任。如果碰到恶意评价，可以选择向网上交易平台投诉，以维护自己的权益。

3．及时回复

在买家给出评价以后，卖家的及时回复尤为重要。及时回复不仅能让买家觉得卖家再忙也没有忽视自己，而且能及时看到买家给出的是什么评价，以及是否有不良评价。

4．客观解释

首先要针对出现的问题给出合理的解释，因为每一个评价都会展示在其他买家面前，如果对这些评价不理不睬也不给出解释，其他买家又如何相信商品不会再出现类似的问题呢？解释完了，别急着提交，借“中差评”这个展台打个广告。在给出解释时，可以附上其他买家对同款商品的好评（要挑选最有说服力的评价），或者附上最近店铺开展的优惠活动，这样一来，这个不良评价不一定会对店铺有很大害处，甚至可能带来更多的客源。

> 无论面对什么样的评价，卖家都不能失去理智。卖家对买家评价的解释会被很多潜在买家看到，如果措辞不当，甚至有人身攻击的话语，会造成很大的负面效应，使部分潜在买家流失。

第 190 讲　如何避免中差评

卖家是十分看重买家评价的，好评率也是买家选择店铺时一个重要的参考因素，它会直接影响买家的购买心理。对卖家来说，如果得到中差评，不仅会影响好评率，更会影响店铺“冲钻”、“冲冠”的速度。卖家做生意时间久了，和不同的人打交道多了，可能会由于种种原因得到中差评。那么，如何防患于未然，把中差评消灭在萌芽状态呢？努力做好以下几个方面，就可以最大限度地消除中差评。

1．严把商品质量关

在网上开店，竞争是非常激烈的，但任何时候商品质量都不能打折，否则很难在网上立足，这就要求卖家在进货的时候一定要把好关。例如，销售运动鞋的店铺，在进货时宁可价格高一点，也要选质量好的，在发货时再检查一下，哪怕是一个线头都要剪掉，保证发给买家的是一件完美的高质量产品。

2．关于色差问题

现在有很多卖家喜欢使用杂志、网站或者厂家提供的模特图片，而不去拍实物图，造成图片失真，以致买家收到货后给出“照片是天使，实物是垃圾”之类的差评。买家在网上买东西是看不到实物的，图片是买家判断商品优劣的重要依据，所以一定要使用实物图。

3．对待买家要热情

要善于利用阿里旺旺的表情营造一个轻松愉快的对话氛围。卖家有时会遇到一个客服人员接待几个甚至十几个买家的情况，感觉忙不过来，这时要向买家说明情况，不要不回复或者很晚才回复，让买家等很久，这些都是不礼貌的，是对买家的不尊重。

4．商品描述与实际不符

商品描述与实际不符很容易产生纠纷。卖家在描述商品时应尽量用客观的语言描述，不要误导买家，这样可以减少这种问题的出现。

5．成交后再次确认有关信息

尽管在前期的沟通中已涉及买家所购买商品的部分信息，但买家付款后，还是要再次完整确认商品的有关信息（名称、款式、大小、数量、颜色等），一方面留下最后确认的交易凭证（防止日后少数买家以发错货为由而投诉），另一方面也再次提醒自己核对达成的交易信息。

另外，一定要再次确认买家的收货地址、姓名等信息，不要以为默认的买家收货地址就一定是正确的。因为有的买家是将商品送给别人做礼物的，所以会直接将商品发给他人；有的买家可能需要修改收件人姓名；有的买家的电话号码已经更换。

6．发货前仔细检查

卖家发货前一定要检查商品的完整性，这样做可以减少买卖双方在商品缺陷方面的纠纷。假如自己已经检查了，不但可以尽量避免出现这样的问题，而且一旦有些居心叵测的不良买家找茬，自己心里也有底。

如果买家购买商品数量较多，那么发货时一定要仔细检查商品的数量、颜色及号码。一款商品可能有不同的颜色、号码，如果因为一个小小的疏忽招致退货、换货甚至中差评，都是很不值得的。所以，卖家应该在和买家交易的时候准备好记录本，把这些细节记录下来，千万不要遗漏。

7．发货后有问题要及时处理

卖家发货以后，商品在运输途中及送到买家手上后可能出现这样那样的问题。一旦出现问题，卖家一定要注意自己的态度，要让买家把事情讲完，要认真地倾听。买家说完以后，卖家一定要说些安抚及道歉的话，并用委婉的语言来阐述自己对这件事情的想法及解决方案，及时提出补救建议，采取有效的补救措施。对于这一点千万不可大意，不要嫌麻烦，要坦然面对。

第191讲　如何引导买家把中差评改为好评

现在淘宝网上的生意越来越难做，对于中小卖家而言，信誉度是命门。对于买家来说，大部分都是抱着淘宝网东西便宜的态度来购买的，如果买到的东西没有达到预期，心理落差可想而知，也自然会对卖家刻薄！

中差评是网上开店过程中不可避免的问题，很多中差评都是由误会引起的。卖家应想方设法去解决问题——人心都是肉长的，只要愿意在解决中差评上花时间，花精力，给买家意外和惊喜，相信没有解决不了的问题！

卖家收到中差评时，不应盲目抱怨甚至投诉买家，这样做会激怒买家，使问题没有解决的余地。如果卖家确实存在过错，应诚恳地向买家道歉，承认自己工作上的过失。卖家在耐心听取买家的不满和要求后，应表达自己的观点并提出补救措施，双方达成一致意见后，卖家可以提出自己的要求，如“我有个小小的请求，您能否为我修改一下评价？真的很感谢您为我们提了很好的建议和意见，希望以后多多合作”。通常买家也不会因为一点小事伤了和气，一般都会同意修改评价。

对于无法解决的中差评可以采取如下态度。

- 绝对不要以公布买家的信息作为报复手段，此举可能导致店铺被淘宝网处罚，严重的会被封号。
- 以良好的心态对待已经产生的中差评，100% 的好评率可能会招徕更多的职业差评师。
- 对于恶意中差评的解释，可以写得很彪悍，以达到警告和震慑其他职业差评师的目的。
- 调整好心态，几个中差评不可能毁了店铺。坚持下去，一切都会过去的。

第 16 章 维护客户关系，在网上获得永续财富

开店指导

在网店经营中，维护客户关系是非常重要的。不管是否已经成为客户，都应该重视买家，让买家得到满意的服务。这样，不但可以留住原有客户，还可以发展潜在客户。维护客户关系是一项烦琐、艰巨，同时又需要讲究技巧的工作。处理好客户关系，才会有回头客，才会有买家介绍新买家，才能树立良好的口碑。

第 192 讲 重视客户的感受，培养客户的信赖感

商家应当重视客户的感受与眼光，应该对售出商品的质量多加关心。多想想客户使用后是否满意，商品有没有发生故障。如果每天都能抱着这种重视客户感受的心理做买卖，就能和客户建立起超越买卖关系的信赖感。一旦达到这种程度，商家必然会受到客户的欢迎，从而使生意越做越好。

在任何时代，从事商业活动必须注重服务。随着新商品陆续出现，卖家更应该重视服务，

主动询问买家的想法和需要，听取意见，赢得信任。

一般来说，生意兴隆的店铺在销售上会用尽心思，在服务上也应给予买家更多的关心，而在商品存货不足或发生问题时提供的服务更是重要。如果抱着不负责任的态度，就很难有服务的热情。网店经营者不仅要有强烈的责任意识，而且要随时向客服人员强调其重要性。只要店铺的所有工作人员都重视买家的感受，关心买家的需要，就不怕买家不光顾。

在销售关系中最重要的就是建立与客户之间的信任，因此要将思考方向集中在客户身上，谈他们关心的问题，谈他们的需要，谈如何解决他们的问题。要看透客户的潜在需求，只有他们的需求被满足，他们的自信心和自我价值才会提升，同时间接提升了对商家的喜爱与信任。

那么，建立信赖感最有效的方法是什么呢？简单地说，就是重视客户的感受，多问、多听，尽量聆听，因为聆听能带来信任、减少排斥。专心聆听时，客户会感受到重视。

第 193 讲　从小处着手黏住买家

淘宝网店铺有一个“信用评价”栏目，允许卖家和买家互相留言交流。其实，这个栏目是一个互动的通道。卖家要想巧妙利用这个通道与买家沟通，需要做好以下几点。

➢ 对买家的每条评论都要回复，买家没有评论也要回复。
➢ 买家对商品和服务不满意的，尽量在回复中恢复信任。
➢ 买家对商品和服务进行表扬的，应表示感谢，还可以将一些最新的商品信息一同发送。

回复是一门艺术。许多卖家希望提高销量，就要从这些细微之处做起。已经有一批皇冠店铺开始在淘宝网外建立社区，将其作为黏住稳定买家的平台。

➢ 有店主的最新公告或者博文。
➢ 有促销商品的预告板块。
➢ 有买家对新商品的体验报告板块。
➢ 有供买家发牢骚的板块。

这样的社区被证明是黏住稳定买家的最佳平台。现在的皇冠店铺，大都拥有上万买家及上千稳定买家。以前，皇冠店主曾试图用礼品、VIP 卡、博客、圈子等多种方法黏住买家，但是规模有限，因此，建立这样的社区就成为一种最新模式。

一些皇冠店主认为，与其花钱在网络上做广告，不如建设这样的店铺社区，在自己的社区里做广告。

第 194 讲　做好客户关怀，留住老客户

研究表明：网店吸引新客户的成本至少是留住老客户的成本的 8 倍，而老客户几乎创造了店铺的 80% 的收入和 90% 的利润，因此，店铺应该把有限的资源放到重点客户的关怀和维护上，仔细分析他们的需求。精准的营销才有可能形成爆炸式的利润增长。

其实，客户关怀就是所谓的会员营销。客户关怀能提高客户的忠诚度和满意度，最终达到商家需要的效果。高度满意的客户会更加持久地忠实于商家的商品和品牌；主动尝试更多的新产品并购买价值更高的商品；容易形成良性口碑；忽视商家的竞争品牌及其广告，并对价格变化反应平淡；由于更加熟悉与交易的程序而降低商家的服务成本。

维护老客户可以带来以下好处。

- 老客户回头率超过 20%。
- 老客户是忠实的新款体验者，他们的评价总是最丰富、最能打动人的。
- 老客户会不断带给商家新品开发的灵感和素材。
- 老客户会不断把商家宣传给身边的人。
- 老客户会不断帮商家指出问题，同时鼓励商家进步。
- 老客户会为商家的荣誉和成绩喝彩。
- 老客户会帮助商家监控竞争对手的产品动态。
- 老客户会帮助商家发现仿冒者，并帮助商家维护市场秩序。
- 老客户和商家是朋友关系，会和商家分享生活中的酸甜苦辣。

很多商家通常会采用下面的方法留住老客户。

- 购物满 1000 元享 9 折优惠，满 3000 元享 8.5 折优惠。
- 多次购买者免运费。
- 多次购买者赠送礼品。

“这样做最容易，老买家不外乎就是为了要点实惠，满足他就可以了。这样，他就可以变成回头客了。而且从某种意义上说，只要在我的店铺累计购买 1000 元甚至更多，那么我就对他具有锁定效应，他去其他店铺，肯定不会拿到这种实惠的价格。”通常卖家在做老客户的关怀工作时总是认为上面说的就是买家的心态。

当然，淘宝网上的买家，大都是奔着实惠来的。但是，如果我们给买家的价格比其他皇冠店铺甚至钻石店铺高的时候，买家还会毫不动摇地在我们这里购买吗？如果其他店铺给买

家的价格比我们便宜非常多，买家会不会到其他店铺购买呢？

作为一个买家，在同一家店铺重复消费，可能不仅出于价格原因，还有其他原因。

- 品类齐全，价格便宜。
- 服务周到。
- 专业的售后服务流程。
- 重视客户（现在越来越多的店铺开始重视这一点了）。

第 195 讲　巧用千牛分组管理买家和客户

很多卖家的千牛上有很多联系人，但是没有对其进行管理，显得杂乱无章，店铺一有促销活动就群发信息。这种方法或许能吸引一些买家，但也很容易导致另一些买家的反感，一不小心可能会被投诉，很不划算。

我们可以利用千牛分组更好地管理买家和客户。例如，可以将千牛联系人分成 7 个组，分别是“咨询”、“订单”、“发货”、“成交”、“回头买家”、“进货”、“家人”，如图 16-1 所示。

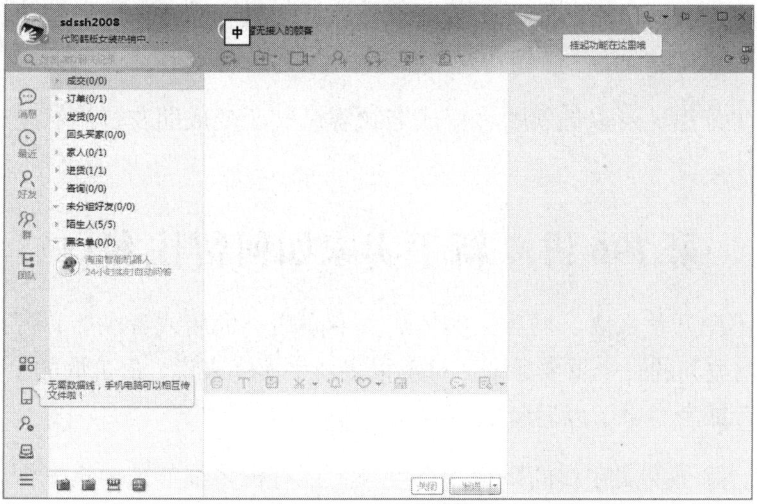

图 16-1　千牛分组

- “咨询”组：把每一个前来咨询的买家都加为好友，同时在备注里说明买家咨询过的产品，这样时间再长也不会忘记这个买家曾经对什么产品感兴趣。前来咨询的买家，肯定是对商品感兴趣的，虽然最后因为价格等因素改变了想法而没有成交，但是这些买家仍然属于目标客户。有类似商品到货或者有促销活动时，就可以发给这些买家看看：“亲，上次您看到的那款商品，最近搞活动特价了哦，亲可以到小店来看看。”因为商品是买家感兴趣的，所以得到回应的概率自然高了许多。

- “订单”组：这个分组中是已经拍下商品，但是还没有付款的一部分买家。一般来说，买家都是在拍下之后就付款的，但有时还是会遇到买家因为网络不畅、支付宝里没钱这样的情况最后没有达成交易。在这个分组里，要礼貌地提醒买家付款：“亲，上次您拍的那款商品超过付款日期了哦，亲有空就请先付款吧，这样可以早点拿到宝贝了哦。”
- “发货”组：付款、发货之后，将订单里的买家加到这个组里，随时询问买家是否已经收到货，或者对收到商品的意见。如果一切都搞定了，还要提醒买家及时对店铺作出评价：“亲，您收到宝贝还满意吧？那祝您新年快乐！记得给我评价。”
- “成交”组：成交之后的买家，大都收藏了我们的店铺，也感受过我们的服务，只要对自己的商品有信心，那么我们很容易就能把这些买家再次吸引过来。当然，我们不仅要给这些买家发一些商品促销信息，而且要真的把他们当成朋友。例如，在圣诞节的时候给这些买家留信：“亲，祝您圣诞快乐，每天都有好心情!”收到这样的留言，相信所有的人心情都会不错。
- “回头买家”组：“成交”组里的买家第二次到店铺来买东西时就要注意了，这表示店铺的商品是让买家满意的。而要让买家继续感觉舒服、满意，给一些小小的折扣是免不了的。

好好利用千牛分组，可以把新顾客变成老顾客，甚至变成朋友，当然，也就不愁生意不好了。

第 196 讲　新手卖家如何留住客户

一直以来，不论开什么店，网店、实体店、专卖店、大店或者小店，源源不断的客流都是长期经营、长期盈利的一个重要保证。对于很多新手卖家来说，最苦恼的事情就是“我的店铺怎么没有人来”或者“来了以后怎么不购买呢”。

把握老客户，除了实实在在的质量和态度外，还有很多细节需要卖家深入地了解、开发和执行。

1. 紧随

新客户第一次收到商品后作出的评价，即使是抱怨，也要从中提取有用的信息，加强自己对商品缺陷及该客户购物习惯的了解，以便日后推荐客户喜欢的商品，同时让客户对店铺形成一种信任感。

2．紧追

最好看看客户的购物记录，从中找到客户的购买方向和喜好，如果确定客户喜欢的就是店铺商品的风格，就将其列入自己的客户列表，定期进行有针对性的回访，如新货通知、活动公告等。如果发现该客户没有再次购买的意图，可以调整一下回访的间隔时间，不要太频繁。

3．紧抓

仅仅记住客户的爱好还不行，接下来要做的就是抓住客户的心。当客户购买商品后，不仅要仔细包装，还要抽出一点利润来为客户准备一份温馨的小礼物，当客户收到时，感受到的不仅有惊喜，还有感动。对于老顾客来说，惊喜肯定所剩不多，但感动还是有的，所以可以更直观一些，在店铺里专门为他们准备小礼物，让他们各取所需——需要的才是好的。

可以在店铺公告里注明赠送新买家神秘小礼物。中国历来是礼仪之邦，这也是抓住客户的方法。

4．精算

一个客户如果能成为老客户，那肯定是因为所购商品实惠。要站在客户的立场，精打细算，尽量为客户节省每一分钱，利用好客户每一次购物的机会。可以推出积分制度，例如，购买一件商品可以积 1 分，积累到一定程度可以换购某件商品或者作为现金来购买店铺的商品，这样可以让客户在购物时多一个目标或者一份动力。当然，也可以推出折扣制度，如买 3 件以上包邮、买 4 件以上 8 折等，让客户消费得更高兴，也更信任卖家。

5．精明

卖东西时，不管销售手段如何高明，质量还是最重要的。质量不过关，售后服务不好，自然不会有源源不断的客流，更别说回头客了。所以，作为店主，一定要从自己了解的商品做起，做熟不做生，或者销售自己比较感兴趣的商品。如果是自己进货，根据客户的意见，第二次进货时要多看、多查，发现有损坏的要马上更换，而不是寄给客户，蒙混过关。

6．细心

细心的店主总是让人难以忘怀。如果有时间，要多与老客户沟通，多去了解他们的爱好、性格、购物理念，把每个客户当成自己的朋友。

7．更新

有能力的话，最好一周更新一次商品，让客户时时保有新鲜感，有“回头”的理由。如果客户确实喜欢我们的商品，通常有空就会进店看看，如果商品总是不更新，那么再有兴趣的客户也会溜走。

第 197 讲　把店铺回头率做到 100%的秘诀

店铺要想拥有 100% 的回头率，必须做到商品好、服务好、回访好，用心、耐心、诚心、细心。

1．熟悉商品的专业知识

顾客咨询时，千万不能用“大概”、“可能”、“也许”等词语来回答，这样不仅说明自己不专业，同时会给人不信任感。同样的商品，顾客买得放心是最基本的要求。

2．不要为自己的错误找借口

千万不要为自己的错误找借口，因为顾客只会记得商家没有兑现承诺却又借口多多。

与其找借口，还不如老老实实承认自己的过失，然后尽力补救，哪怕是再给予顾客优惠。当商家承担了所有的责任并改正了错误，本来一件不好的事情可能反而会让商家赢得顾客的好感和信任。

3．改变消极懈怠的思想

开创自己的事业不是一件容易的事，一旦开张，商家必须随时面对大量琐碎、繁重的工作，还要为现金周转而奔波。不管多么艰难，商家都必须保持乐观和自信——人们更愿意和那些充满自信的人做生意。集中精力在自己的工作上，相信不管遭遇多少挫折，自己最终都能心想事成。商家这份对工作坚定的信心也会同样使顾客对正在洽谈的生意信心倍增。

商家也不要理所当然地认为顾客购买过一次就会成为自己的终生顾客，一旦懈怠下来，竞争对手就可能将顾客拉走。

4．不要有意损害竞争对手的声誉

对顾客和潜在客户说竞争对手的坏话只会让顾客认为商家是个小人——明里竞争不过，就在背后说别人的坏话。

5．不要在生意好的时候降低服务标准

商家也许会在生意好的时候悄悄降低商品的质量或者服务标准，认为这样细微的变化顾客无法觉察。如果商家这样想，那么顾客的流失将是无法避免的。

6. 不要有成绩时不思进取

不要因为有了一点点成绩就不思进取。在市场飞速发展的今天，如果不求发展，就会在同行中落伍。所以，要不断学习、改变、发展，我们对行业的了解越深，顾客对我们就越有信心，我们也会成为顾客心目中的第一选择。

7. 货源要可靠

商家对自己的货源一定要清楚，要向顾客保证自己的商品质量等级，不同质量等级的商品有不同的价格。顾客当然明白，要想买到更好的东西，就得花更多的钱。所以，不用担心顾客会跑掉。但如果销售的商品质量达不到承诺的等级，也许会带来麻烦。

8. 打包要认真

别小看打包，细心的买家会从包装中看出商家是不是诚心做这笔生意，以及商家对自己的商品是否珍爱。因此，不管销售什么商品，都应该非常仔细地把包打好。

第 198 讲　有序地管理店铺，潇洒地赚钱

网店和实体店一样，只要有商品，就需要仓储管理；只要有资金出入，就需要财务管理；只要有客户，就需要客户管理。由于网店的特殊性，其管理甚至比实体店更复杂，包括图片管理、发货管理等，都是实体店不会涉及的。所以，从这个角度来讲，做好一个网店，甚至需要比做好一个实体店投入更多的精力，花费更多的心血，掌握更多的技巧。

那么，如何做到有序管理呢？下面是皇冠级卖家在实践中总结的一些成功经验。

1. 合理安排时间

在淘宝网开店的卖家大都有时间不够用的感觉：为了保持店铺的新鲜感，必须进货、上货、拍照、处理图片，同时还得接受客户咨询、包装、发货等，特别是生意好的时候，往往忙得团团转。俗话说得好，“忙中出错”，如果没有有序的时间管理，恐怕不是发错货就是怠慢了客户，中差评就在所难免了。所以，合理进行时间管理，对每一个卖家来说都显得尤为重要。

那么，怎样才可以让时间相对够用呢？那就是对时间进行合理的划分，按淘宝网买家购物的时间规律及事情的轻重缓急来进行有序的安排。一周有一周的时间计划，每天有每天的时间安排，这样才能有条不紊，忙而不乱。

2．用表格管理，实现管理科学化

可以使用数据库，也可以使用 Excel 或 Word 表格来管理。

- 可以利用进销存表格进行仓储管理，随时了解货物的进出情况。哪种货物销得好、哪种货物销得差、每种货物还有多少库存都能够从这些表格里反映出来。
- 可以建立现金日记账，记录每天的现金收入与现金支出，随时掌握现金流量，计算现金周转率，据此制定销售策略，提高现金利用效率。
- 建立客户资料表，尽可能详细地记录每一位客户的资料，包括姓名、性别、地址、电话、年龄、生日、爱好等，以备不时之需。

当然，这些表格可以根据自身需求进行个性化设置。目前市场上也有一些现成的网店管理软件出售，规模大一些的卖家不妨考虑使用，可以大大提高管理效率。

3．进行客户关系管理，提升客户忠诚度及店铺美誉度

良好的客户关系是促进成交及再次成交的有力武器。

- 诚信经营是良好客户关系建立和得以持续巩固的前提。诚信包括硬件和软件两方面，在硬件方面要提供质量有保障的商品，在软件方面要重承诺、讲信用。
- 售前热情接受咨询；售中仔细包装，快速发货；售后全程跟踪，耐心指导——这就是服务的全过程。热情、耐心、细致的服务，是打造良好客户关系的必要条件。

4．利用阿里旺旺，让客户管理更加有序，宣传更加便捷

在淘宝网上开店，卖家使用最多的就是阿里旺旺了。阿里旺旺带来的不仅是沟通上的便利，有效利用它的一些功能还能让卖家事半功倍。

有效利用阿里旺旺分组，有针对性地进行信息发布。利用阿里旺旺分组，可以把买家与卖家分开管理，把咨询者与已购买者分开管理，把咨询类别不同的人分开管理。根据客户分类将买家关注的信息进行有针对性的传递，既不会让买家反感，又会让他们感觉受到了重视。只要分组得当，通过阿里旺旺群发信息给需要这些信息的人，阿里旺旺就成为店铺宣传的利器。

第 199 讲　主动出击，抓住潜在买家

很多卖家都反映，店铺的流量和浏览量上去了，就是成交量没有提高。问题的关键在于淘宝网上的交易主动权都掌握在买家手里，只要买家不拍下宝贝，不管他浏览过多少宝贝，卖家都不知道是谁对自己的宝贝感兴趣，只能被动地等买家与自己联系。

“生意参谋”是阿里巴巴中国站打造的一个非常实用的模块，可以直接反映店铺产品的综合情况，优化标题，诊断信息，查看流量、访客、排名等，如图 16-2 所示。

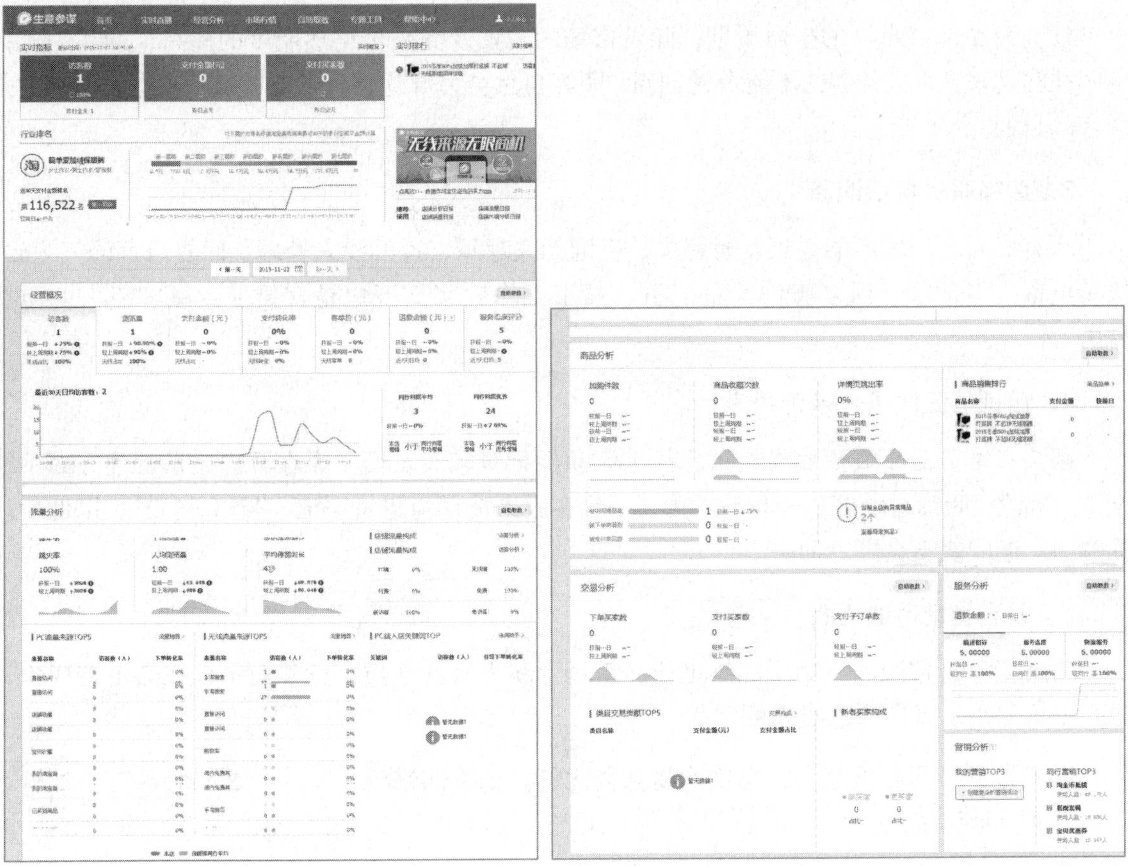

图 16-2　生意参谋

第 200 讲　防止老顾客流失的措施

老顾客流失已成为很多卖家所面临的问题。卖家大都知道，失去一个老顾客会带来巨大损失。顾客的需求不能得到切实有效的满足往往是导致顾客流失的最关键因素，一般表现在以下几个方面。

1. 店铺商品质量不稳定，顾客利益受损

很多店铺开始做的时候会选择质量好的商品来销售，但时间久了，卖家就会发现，有些质量低劣商品，只要图片漂亮，一样好卖，于是用便宜的劣质商品来充当高档次商品卖高价，

这样一来，顾客肯定会流失。

2．店铺缺乏创新，顾客“移情别恋”

任何商品都有自己的生命周期，随着市场的成熟及商品价格透明度的提高，顾客的选择空间往往越来越大。若店铺不能及时创新，顾客自然会另寻他路，毕竟买到最实惠的商品才是顾客的目的。

3．店铺服务意识淡薄

顾客提出的问题不能得到及时解决、咨询无人理睬、投诉没人处理、回复留言语气生硬、接听电话支支吾吾、回复邮件草草了事、员工工作效率低下也是直接导致顾客流失的重要原因。

4．店铺员工跳槽，带走顾客

很多卖家都是小规模雇人经营，员工流动性相对较大。而卖家在客户关系管理方面不够细致、规范，店铺对顾客影响相对乏力，一旦客服人员摸清进货渠道，“自立门户”，以低价恶性竞争，老顾客就会随之而去。

5．顾客受到新的诱惑

市场竞争日益激烈，为了能够迅速在市场上获得有利地位，竞争对手往往会不惜代价，通过低价促销、做广告来吸引顾客。

顾客为了买到低价商品，每次购物都会比价。如果店铺满足不了顾客的特殊需求，顾客就只好另觅他店了。

关于本书用纸说明

亲爱的读者朋友：您所拿到的这本书使用的是 **环保轻型纸**！

环保轻型纸在制造过程中添加化学漂白剂较少，颜色更接近于自然状态，具有纸质轻柔、光反射率低、保护读者视力等优点，其成本略高于胶版纸。为给您带来更好的阅读体验并与读者共同支持环保，我们在没有提高图书定价的前提下，使用这种纸张。愿我们共同分享纸质图书的阅读乐趣！

电子工业出版社博文视点